Auer

Deutschbuch 5

Ein kombiniertes Sprach- und Lesebuch

Erarbeitet von:
Hans Werner Huneke • Otto Mayr • Harald Müller • Dr. Klaus Sauerbeck • Gerd Schemel • Horst Schierhorn • Burkhard Vollmers

MORGEN. — MORGEN.
MORGEN! — MORGEN?
MORGEN! — MORGEN!

Auer Verlag GmbH

Ernst Klett Schulbuchverlag Leipzig
Leipzig Stuttgart Düsseldorf

Das Auer Deutsch Buch ist eine Kooperation mit dem Ernst Klett Verlag, Stuttgart
und wurde erarbeitet von

Hans Werner Huneke
Gerd Schemel
Horst Schierhorn
Burkhard Vollmers

Gedruckt auf umweltbewusst gefertigtem, chlorfrei gebleichtem
und alterungsbeständigem Papier.

1. Auflage. 2004
Nach der Neuregelung der deutschen Rechtschreibung
Ausnahmen bilden Texte, bei denen lizenzrechtliche, linguistische, historische und
künstlerische Gründe eine Änderung ausschließen.

Illustrationen: Maja Berg, Andrea Dölling, Cornelia Haas, Daniela Kropf, Stefan Lohr, Inge Voets,
Katja Wehner
Umschlaggestaltung: Albert Graf, Augsburg
Satz: Fotosatz H. Buck, Kumhausen
Druck und buchbinderische Verarbeitung: Ludwig Auer GmbH, Donauwörth
ISBN 3-403-0**4075**-5

INHALTSVERZEICHNIS

So arbeitet ihr mit diesem Buch:

Dieses Buch ist in fünf Lernbereiche gegliedert:
Sprechen, Zuhören, Spielen; Schreiben; Lesen; Rechtschreibung sowie **Grammatik**. Sie sind an den farbigen Balken zu erkennen. Auf diesen steht auch der Name des Lernbereichs.
Die Lernbereiche sind in kleinere Kapitel gegliedert. Jedes Kapitel beginnt mit einer Auftaktseite. Überschrift, Bilder kurze Texte oder einige Aufgaben sagen dir, worum es in dem jeweiligen Kapitel geht.

Am Anfang des Buches zeigt dir ein Inhaltsverzeichnis, welche Lernbereiche es gibt und welche Kapitel dazu gehören.

Am Ende des Buches findest du unter der Überschrift **Auf einen Blick** mehrere Übersichten:

- *Grammatische Begriffe und Regeln,*
- *Arbeitstechniken,*
- *Informationen über Autoren,*
- *Erklärungen zu den Textarten und Themen, die im Buch vorkommen,*
- *Kleines Computerlexikon,*
- *Register und Quellenverzeichnis.*

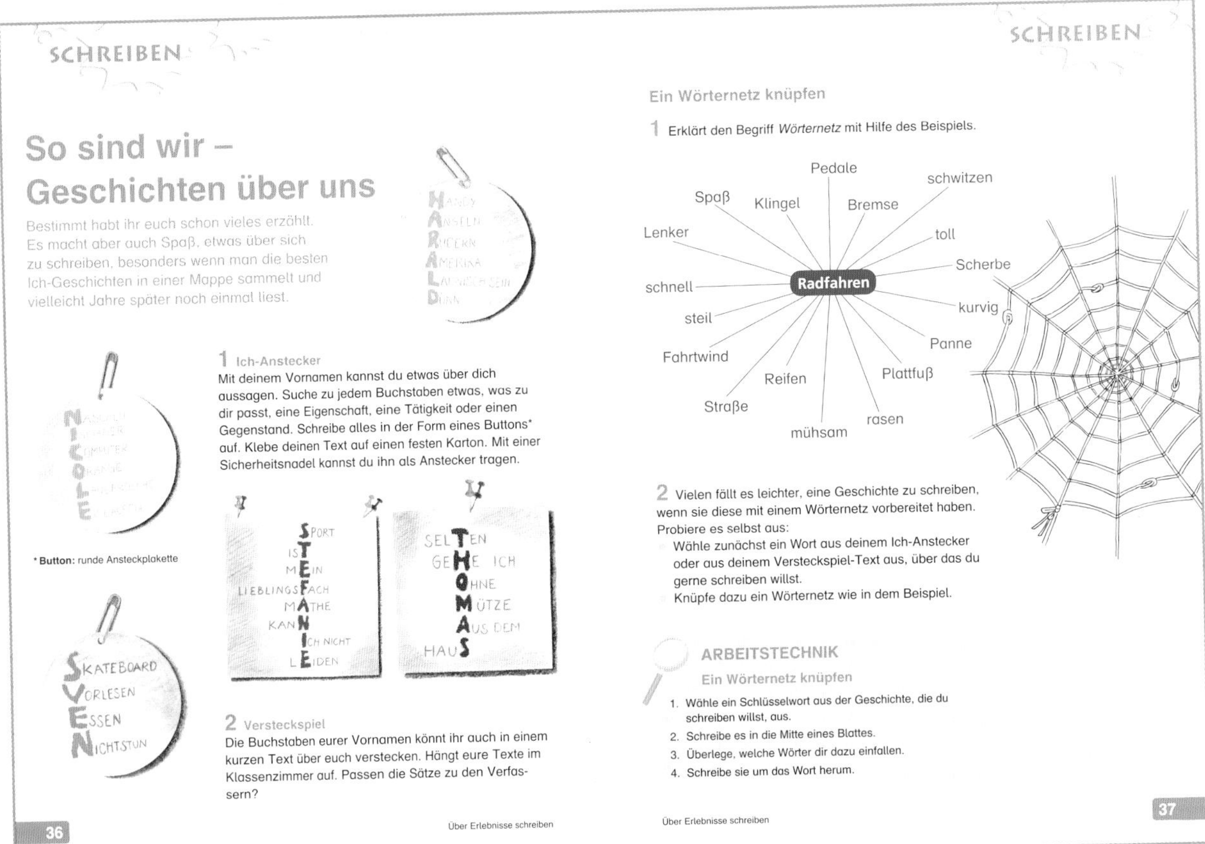

SCHREIBEN

So sind wir – Geschichten über uns

Bestimmt habt ihr euch schon vieles erzählt. Es macht aber auch Spaß, etwas über sich zu schreiben, besonders wenn man die besten Ich-Geschichten in einer Mappe sammelt und vielleicht Jahre später noch einmal liest.

1 Ich-Anstecker
Mit deinem Vornamen kannst du etwas über dich aussagen. Suche zu jedem Buchstaben etwas, was zu dir passt, eine Eigenschaft, eine Tätigkeit oder einen Gegenstand. Schreibe alles in der Form eines Buttons* auf. Klebe deinen Text auf einen festen Karton. Mit einer Sicherheitsnadel kannst du ihn als Anstecker tragen.

* **Button:** runde Ansteckplakette

2 Versteckspiel
Die Buchstaben eurer Vornamen könnt ihr auch in einem kurzen Text über euch verstecken. Hängt eure Texte im Klassenzimmer auf. Passen die Sätze zu den Verfassern?

36 Über Erlebnisse schreiben

SCHREIBEN

Ein Wörternetz knüpfen

1 Erklärt den Begriff *Wörternetz* mit Hilfe des Beispiels.

2 Vielen fällt es leichter, eine Geschichte zu schreiben, wenn sie diese mit einem Wörternetz vorbereitet haben. Probiere es selbst aus:
- Wähle zunächst ein Wort aus deinem Ich-Anstecker oder aus deinem Versteckspiel-Text aus, über das du gerne schreiben willst.
- Knüpfe dazu ein Wörternetz wie in dem Beispiel.

ARBEITSTECHNIK
Ein Wörternetz knüpfen
1. Wähle ein Schlüsselwort aus der Geschichte, die du schreiben willst, aus.
2. Schreibe es in die Mitte eines Blattes.
3. Überlege, welche Wörter dir dazu einfallen.
4. Schreibe sie um das Wort herum.

Über Erlebnisse schreiben 37

Auf vielen Seiten dieses Buches findest du **Symbole**. Sie stehen auf dem Seitenrand und haben unterschiedliche Aufgaben. Wenn du weißt, was sie bedeuten, kannst du die Aufgaben in den Kapiteln leichter lösen. Auf den abgebildeten Seiten siehst du Beispiele dazu.

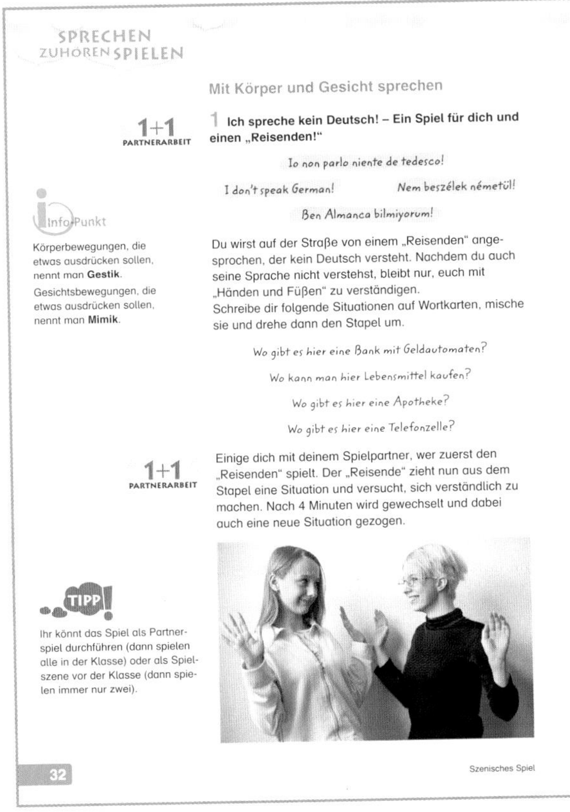

SPRECHEN ZUHÖREN SPIELEN

Mit Körper und Gesicht sprechen

1+1 PARTNERARBEIT

1 **Ich spreche kein Deutsch! – Ein Spiel für dich und einen „Reisenden!"**

Io non parlo niente de tedesco!

I don't speak German! *Nem beszélek németül!*

Ben Almanca bilmiyorum!

Info-Punkt

Körperbewegungen, die etwas ausdrücken sollen, nennt man **Gestik**. Gesichtsbewegungen, die etwas ausdrücken sollen, nennt man **Mimik**.

Du wirst auf der Straße von einem „Reisenden" angesprochen, der kein Deutsch versteht. Nachdem du auch seine Sprache nicht verstehst, bleibt nur, euch mit „Händen und Füßen" zu verständigen.
Schreibe dir folgende Situationen auf Wortkarten, mische sie und drehe dann den Stapel um.

Wo gibt es hier eine Bank mit Geldautomaten?

Wo kann man hier Lebensmittel kaufen?

Wo gibt es hier eine Apotheke?

Wo gibt es hier eine Telefonzelle?

1+1 PARTNERARBEIT

Einige dich mit deinem Spielpartner, wer zuerst den „Reisenden" spielt. Der „Reisende" zieht nun aus dem Stapel eine Situation und versucht, sich verständlich zu machen. Nach 4 Minuten wird gewechselt und dabei auch eine neue Situation gezogen.

TIPP!

Ihr könnt das Spiel als Partnerspiel durchführen (dann spielen alle in der Klasse) oder als Spielszene vor der Klasse (dann spielen immer nur zwei).

32 Szenisches Spiel

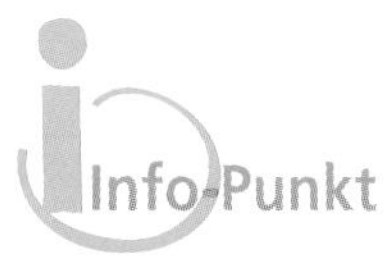

Hier findest du Erklärungen und Regeln.

Hier findest du Hilfen oder Hinweise zu Aufgaben.

Hinweise zum Erzählen S. 15

Der Pfeil verweist auf Seiten, auf denen du mehr zum Thema findest.

Die Aufgabe kannst du in Gruppen bearbeiten.

Die Aufgabe kannst du gemeinsam mit einem Partner bearbeiten.

Die Aufgabe kannst du mit Hilfe eines Computers lösen.

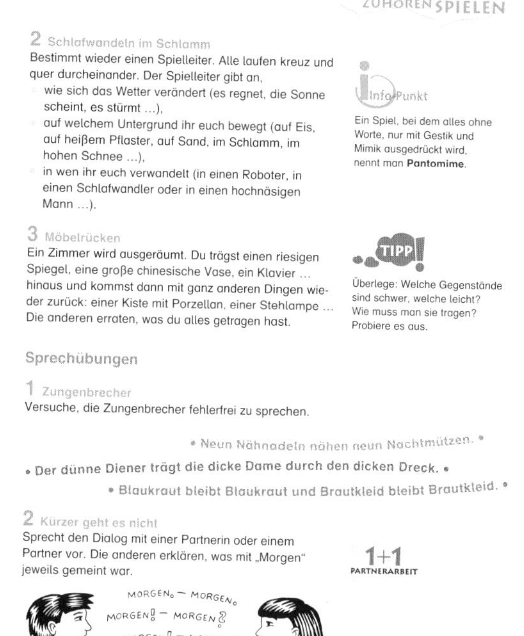

SPRECHEN ZUHÖREN SPIELEN

2 Schlafwandeln im Schlamm
Bestimmt wieder einen Spielleiter. Alle laufen kreuz und quer durcheinander. Der Spielleiter gibt an,
- wie sich das Wetter verändert (es regnet, die Sonne scheint, es stürmt ...),
- auf welchem Untergrund ihr euch bewegt (auf Eis, auf heißem Pflaster, auf Sand, im Schlamm, im hohen Schnee ...),
- in wen ihr euch verwandelt (in einen Roboter, in einen Schlafwandler oder in einen hochnäsigen Mann ...).

Info-Punkt

Ein Spiel, bei dem alles ohne Worte, nur mit Gestik und Mimik ausgedrückt wird, nennt man **Pantomime**.

3 Möbelrücken
Ein Zimmer wird ausgeräumt. Du trägst einen riesigen Spiegel, eine große chinesische Vase, ein Klavier ... hinaus und kommst dann mit ganz anderen Dingen wieder zurück: einer Kiste mit Porzellan, einer Stehlampe ... Die anderen erraten, was du alles getragen hast.

TIPP!

Überlege: Welche Gegenstände sind schwer, welche leicht? Wie muss man sie tragen? Probiere es aus.

Sprechübungen

1 Zungenbrecher
Versuche, die Zungenbrecher fehlerfrei zu sprechen.

- Neun Nähnadeln nähen neun Nachtmützen.
- Der dünne Diener trägt die dicke Dame durch den dicken Dreck.
- Blaukraut bleibt Blaukraut und Brautkleid bleibt Brautkleid.

2 Kürzer geht es nicht
Sprecht den Dialog mit einer Partnerin oder einem Partner vor. Die anderen erklären, was mit „Morgen" jeweils gemeint war.

1+1 PARTNERARBEIT

Szenisches Spiel 33

Ich, du, wir

„Reise nach Berlin“ – ein Kennenlernspiel

1. Stelle dich mit deinem Namen vor und nenne zwei Dinge, die dir so wichtig sind, dass du sie auf eine Klassenfahrt nach Berlin mitnehmen möchtest:
   Ich heiße Johanna und nehme für die Berlinreise mein Kuscheltier und mein Radio mit.
2. Nun ist dein Nachbar dran. Auch er stellt sich mit seinem Namen vor und nennt ebenfalls zwei Dinge, die ihm für die Reise wichtig sind. Anschließend wiederholt er, was die Vorgänger gesagt haben.
   Ich heiße Markus und nehme für die Berlinreise ein spannendes Buch und eine Taschenlampe mit, während Johanna ein Kuscheltier und ein Radio mitnehmen möchte.
3. Wenn all deine Mitschüler an der Reihe waren, dann kannst du mit den Namen auch Dinge verbinden. Das hilft dir beim Merken.

Steckbriefe oder „Richtig-oder-Falsch-Spiel“

1 Was wisst ihr noch über eure Mitschüler? Die Vornamen waren erst der Anfang.

Wählt A oder B:

A: Klassen, die Steckbriefe herstellen wollen, können sich unter A informieren.
B: Klassen, die das „Richtig-oder-Falsch-Spiel“ machen wollen, können sich unten unter B informieren.

A Besorge dir ein Blatt Papier in Heftgröße (Din A4). Überlege dir, was du den anderen über dich mitteilen möchtest, z. B. Geburtsort, Geburtsland, Hobbys, Lieblingstier, was du gut kannst usw. Es wäre schön, wenn du auch ein Foto von dir aufkleben würdest. Falls du nicht in Deutschland geboren bist, dann könnte der Ausschnitt einer Landkarte und auch Besonderheiten deines Geburtslandes sehr interessant sein.
Tipp: Wenn ihr das Spiel spannender gestalten wollt, könnt ihr Namen und Foto zunächst weglassen und eine Raterunde veranstalten.

B Besorge dir Papier in Postergröße (mindestens Din A3). Suche dir einen Partner und setze dich deinem Partner gegenüber an einen Tisch. Zeichne nun das Gesicht deines Partners ab (Porträt). Anschließend tauschst du mit deinem Partner die Plakate aus, so dass jeder das mit seinem Bild vor sich liegen hat. Teile den Bereich unter der Zeichnung in 4 Felder ein, sie bekommen folgende Überschriften:
was ich in meiner Freizeit gerne mache – was ich gerne esse – mein Lieblingsstar – meine Lieblingsmusik.
Zu jeder Überschrift schreibst du nun 3 oder 4 Antworten – eine davon muss allerdings falsch sein (welche solltest du aber noch nicht verraten). Die falsche Antwort müssen deine Mitschüler in einer Raterunde erraten.

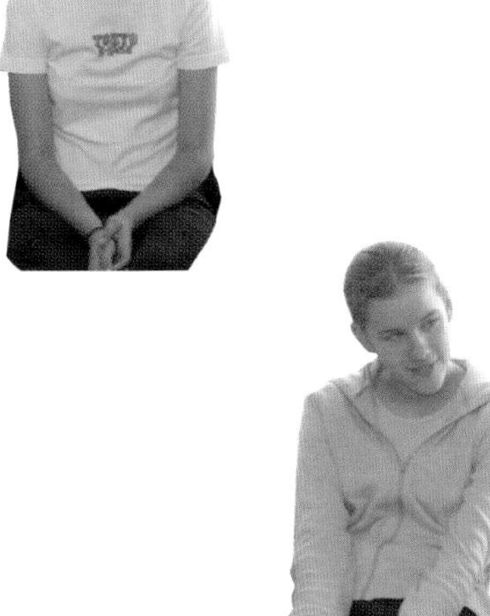

Geschichte von einem Schulausflug

Ursula Wölfel

Hannes fehlt

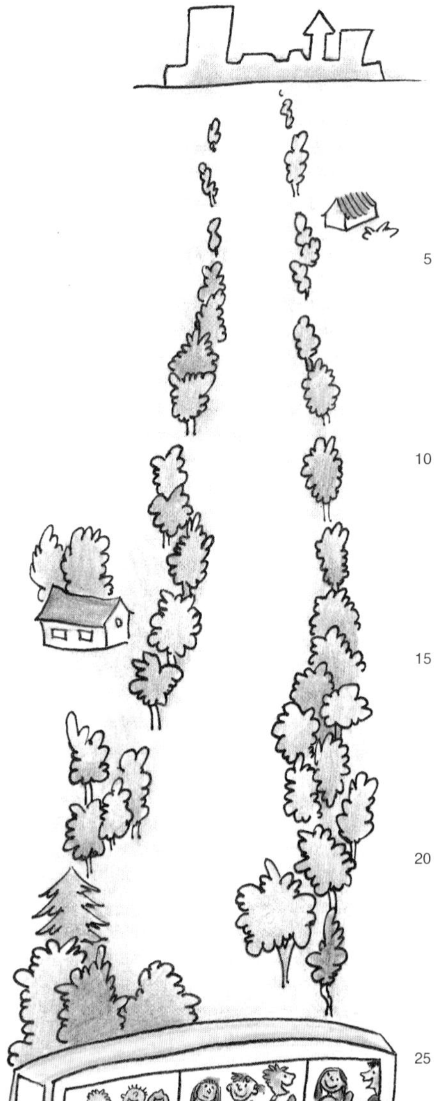

Sie hatten einen Schulausflug gemacht. Jetzt war es Abend und sie wollten mit dem Autobus zur Stadt zurückfahren. Aber einer fehlte noch.

Hannes fehlte. Der Lehrer merkte es, als er die Kinder zählte. „Weiß einer etwas von Hannes?", fragte der Lehrer. Aber keiner wusste etwas. Sie sagten: „Der kommt noch." Sie stiegen in den Bus und setzten sich auf ihre Plätze. „Wo habt ihr ihn zuletzt gesehen?", fragte der Lehrer. „Wen?", fragten sie. „Den Hannes? Keine Ahnung. Irgendwo. Der wird schon kommen." Draußen war es jetzt kühl und windig, aber hier im Bus hatten sie es warm. Sie packten ihre letzten Butterbrote aus.

Der Lehrer und der Busfahrer gingen die Straße zurück. Einer im Bus fragte: „War der Hannes überhaupt dabei? Den hab ich gar nicht gesehen." „Ich auch nicht", sagte ein anderer. Aber morgens, als sie hier ausstiegen, hatte der Lehrer sie gezählt und beim Mittagessen im Gasthaus hatte er sie wieder gezählt und dann noch einmal nach dem Geländespiel. Da war Hannes also noch bei ihnen. „Der ist immer so still", sagte einer. „Von dem merkt man gar nichts." „Komisch, dass er keinen Freund hat", sagte ein anderer, „ich weiß noch nicht einmal, wo er wohnt." Auch die anderen wussten das nicht. „Ist doch egal", sagten sie.

Der Lehrer und der Busfahrer gingen jetzt den Waldweg hinauf.

Die Kinder sahen ihnen nach. „Wenn dem Hannes jetzt etwas passiert ist?", sagte einer. „Was soll dem passiert sein?", rief ein anderer. „Meinst du, den hat die Wildsau gefressen?“ Sie lachten. Sie fingen an sich über die Angler am Fluss zu unterhalten, über den lustigen alten Mann auf dem Aussichtsturm und über das Geländespiel.

Mitten hinein fragte einer: „Vielleicht hat er sich verlaufen? Oder er hat sich den Fuß verstaucht und kann nicht weiter. Oder er ist bei den Kletterfelsen abgestürzt?“

„Was du dir ausdenkst!“, sagten die anderen. Aber jetzt waren sie unruhig. Einige stiegen aus und liefen bis zum Waldrand und riefen nach Hannes. Unter den Bäumen war es schon ganz dunkel. Sie sahen auch die beiden Männer nicht mehr. Sie froren und gingen zum Bus zurück. Keiner redete mehr. Sie sahen aus den Fenstern und warteten. In der Dämmerung war der Waldrand kaum noch zu erkennen.

Dann kamen die Männer mit Hannes. Nichts war geschehen. Hannes hatte sich einen Stock geschnitten und dabei war er hinter den anderen zurückgeblieben. Dann hatte er sich etwas verlaufen. Aber nun war er wieder da, nun saß er auf seinem Platz und kramte im Rucksack.

Plötzlich sah er auf und fragte: „Warum seht ihr mich alle so an?“ „Wir? Nur so“, sagten sie. Und einer rief: „Du hast ganz viele Sommersprossen auf der Nase!“ Sie lachten alle, auch Hannes. Er sagte: „Die hab ich doch schon immer.“

1 Sprecht darüber, wie die Beteiligten miteinander umgehen.

2 Klärt einige Fragen zum Inhalt:

1. Wie reagieren die Kinder am Anfang, als der Lehrer feststellt, dass Hannes fehlt.
2. Was erzählen die Kinder im Bus über Hannes?
3. Wie reagieren die Mitschüler später? Findet ihr das Verhalten der Schüler richtig?
4. Warum hat sich Hannes verspätet?

3 Überlegt, was diese Geschichte mit Kennenlernen zu tun hat.

Interviews

1+1
PARTNERARBEIT

1 Um noch mehr voneinander zu erfahren, könnt ihr euch gegenseitig befragen.

Dazu braucht ihr Wortkarten (Ereigniskarten) auf denen jeweils ein Begriff steht, der mit eurem Leben etwas zu tun hat, z. B.:

Film	Buch	Freizeit	Geschwister	Beruf
Angst	Popstar	Musik	Mathematik	Essen
Langeweile	Tiere	Schule	Lehrer	Traum
Wünsche	...	...	...	...

Dabei kann euch das **Kugellager-Spiel** helfen:

Baut zwei Stuhlreihen so auf, dass ihr euch gegenübersitzt, euch also ins Gesicht sehen könnt. Euer Lehrer zieht nun aus dem Stapel der Ereigniskarten eine heraus – das ist euer Thema, über das ihr euch mit eurem Gegenüber unterhalten könnt. Nach 4 Minuten wechselt jeder von euch im Uhrzeigersinn seinen Platz und euer Lehrer zieht eine andere Ereigniskarte. Das Ganze wird etwa 4–5-mal wiederholt. Abschließend könnt ihr in einem Sitzkreis erzählen, was ihr Bedeutendes von den anderen erfahren habt.

2 Ihr könnt eine Befragung auch ohne diese Spielform durchführen.
Erklärt zuerst den Begriff Interview. Denkt dabei an Rundfunk und Fernsehen. Ihr dürft auch in einem Wörterbuch nachschlagen.

3 Beachtet die Hinweise zu dieser Arbeitstechnik. Sprecht über die einzelnen Punkte und interviewt dann euren Partner oder euere Partnerin.

4 Stellt jetzt der Klasse eure Interview-Partner vor. Verwendet dazu eure Notizen.

5 Wenn ihr auf Seite 8 das Spiel „Steckbriefe" gewählt habt, könnt ihr anschließend die neuen Informationen in euren Steckbriefen aufnehmen. Wenn ihr keinen Platz mehr habt, dann hängt einfach die Interviewzettel zu euren Steckbriefen dazu.

6 Wertet das Interview aus. Prüft, ob ihr erfahren habt, was ihr wissen wolltet.

Ich habe
Irina interviewt.
Sie ist aus Kasachstan
und ...

ARBEITSTECHNIK

Ein Interview führen

1. Überlege, welche Personen befragt werden sollen und welche Fragen du ihnen stellen willst.
2. Notiere die Fragen. (Wähle nur solche Fragen, die in der gegebenen Zeit auch beantwortet werden können!)
3. Vereinbare einen Termin für das Interview.
4. Beim Interview begrüßt du natürlich deinen Interviewpartner und erklärst kurz, warum du das Interview durchführst.
5. Stelle nun deine Fragen und notiere die Antworten in Stichworten (ein Aufnahmegerät wäre natürlich noch idealer). Achte darauf, was dein Interview-Partner sagt, damit du nicht Dinge fragst, die schon gesagt wurden.
6. Werte dein Interview aus. Überprüfe, ob du erfahren hast, was du wissen wolltest. Fehlt dir etwas, dann überlege, ob du vielleicht die betreffende Frage anders formulieren hättest sollen.

Erzählstunden

Meine Geschichte für die nächste Erzählstunde heißt „Als ich einmal verschlafen habe".
Mahmut

1 Wenn ihr noch mehr voneinander erfahren wollt, könnt ihr „Erzählstunden" durchführen. In diesen Stunden erzählt und hört ihr Geschichten über euch. Seht euch das Foto an und sprecht darüber, wie die Kinder hier das Erzählen und Zuhören organisiert haben. Trefft Verabredungen für das Erzählen in eurer Klasse.

Ich erzähle die Geschichte „Mein Abenteuer auf Burg Schreckenstein" in der nächsten Erzählstunde.
Christine

2 Wer eine Geschichte über sich erzählen will, meldet sich am besten vorher an. Dazu hängt ihr für jede Geschichte einen Zettel an eure Pinnwand.
Sind mehrere Anmeldungen da, müsst ihr die Reihenfolge gemeinsam festlegen.

Toben hat das richtig spannend gemacht, als er erzählte, wie die Spinne ...

Bei Ines wusste man sofort, wo die Geschichte spielte und ...

Das konnte man sich gut vorstellen, wie das Schiff ...

3 Manche von euch können das, was sie erlebt haben, besonders gut und lebendig erzählen. Lasst sie zuerst erzählen. Hört zu.
Sprecht anschließend darüber, wie sie es machen.

4 Mahmut erzählt zum ersten Mal eine Geschichte. Damit er sich sicherer fühlt, hat er einen Stichwortzettel geschrieben.

Was hat er darauf notiert?

Wie hat er seinen Stichwortzettel aufgebaut?

Versucht, aus Mahmuts Stichworten die Geschichte zusammenzusetzen.

Mist! Verschlafen!

1. Wecker hat nicht geklingelt
2. weitergeschlafen
3. erschrocken aufgewacht
4. nächster Bus
5. zur Schule gerannt
6. außer Puste angekommen
7. erste Stunde ausgefallen
8. alle gelacht

5 Erzählt die Geschichte mehrere Male. Verwendet dafür wieder die Stichworte, mit denen Mahmut seine Geschichte vorbereitet hat. Beginnt aber immer mit einem anderen Punkt auf dem Zettel. Was ändert sich dadurch an der Geschichte? Wie gefällt sie euch am besten?

6 Sucht einen Gegenstand oder ein Foto, zu dem ihr eine Geschichte über euch erzählen wollt. Erinnert euch an ein Erlebnis, das besonders aufregend war. Seht euch die Überschriften am Rand an und besprecht, worüber die Kinder hier erzählen könnten. Welche Geschichte würdet ihr gerne hören? Warum?

Wenn Max nicht gewesen wäre!

Der erste Preis beim Schulfest

Hilfe, wir haben Gespenster!

Mein Fahrrad war Schuld

Da habe ich noch einmal Glück gehabt!

Als mein Rex verschwunden war

7 Bereitet jetzt eure Geschichte vor. Meldet sie an und erzählt sie in der Erzählstunde. Beachtet dabei die folgende Arbeitstechnik.

ARBEITSTECHNIK

Anderen eine Geschichte erzählen

1. Wähle zum Erzählen etwas aus, das du selbst erlebt hast.
2. Fange nicht sofort mit dem Erzählen an. Warte, bis dir alle zuhören.
3. Denke daran, dass die Zuhörer deine Geschichte nicht kennen. Erzähle ihnen, wann und wo es geschehen ist, wer alles dabei war …
4. Erzähle der Reihe nach. Vermeide Gedankensprünge. Du kannst einen Stichwortzettel verwenden.

Stichwortzettel
S. 28

Miteinander sprechen

1 Betrachte zunächst die Bilder auf Seite 16 und 17. Was sagst du zu diesen Situationen. Tausche dich mit deinen Mitschülern aus, wie die Schüler auf den Bildern miteinander umgehen.

2 Erinnere dich an Gespräche oder Diskussionen, die gut verlaufen sind und an solche, die dir nicht so gefallen haben. Überlege dir anschließend, wie sich die Gesprächspartner in einem guten Gespräch oder in einer guten Diskussion verhalten sollten und welches Verhalten dich an Gesprächs- oder Diskussionspartnern stören würde.

3a Beobachte über einen gewissen Zeitraum das Gesprächsverhalten in deiner Klasse – mache dir dazu Notizen.
Diskutiert dann im Sitzkreis darüber und erstellt ein Zwei-Zonen-Plakat dazu.
Zone 1: Unser Gesprächsverhalten – was schon gut funktioniert.
Zone 2: Unser Gesprächsverhalten – da haben wir noch Probleme.

3b Überlegt euch nun, an welchen Problemen ihr schon möglichst bald arbeiten wollt.

4 Das Echospiel

Setzt euch in einem großen Kreis zusammen. Sucht euch ein Gesprächsthema aus den Vorschlägen aus oder wählt ein eigenes.

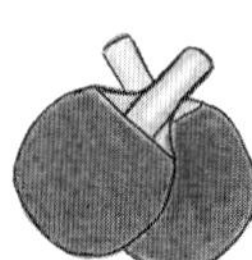

- **Mehr Unterricht außerhalb des Klassenzimmers**
- **Pflanzen und Tiere im Klassenzimmer**
- **Tischtennisplatten auf dem Schulhof**

Geht so vor:
- Jemand beginnt mit einer Meinungsäußerung.
- Der Nächste muss den vorangegangenen Beitrag möglichst mit den gleichen Worten wiederholen und äußert den eigenen Gedanken erst danach.
- Das Spiel endet, wenn jeder etwas gesagt hat.

5 So könnt ihr das Echospiel auswerten:
Was war für euch besonders schwierig?
Was ist schon gut gelungen?
Was ist der Sinn dieses Spiels, wozu soll es gut sein?

6 Wenn ihr schon richtige Zuhör-Profis seid, könnt ihr das Echospiel mit einer schwierigeren Variante spielen. Das Spiel selbst bleibt dabei gleich, aber ihr sollt nun die Worte eures Vorredners mit eigenen Worten wiederholen. Der Sinn muss dabei natürlich erhalten bleiben.
Der Vorredner muss dann überprüfen, ob seine Meinung richtig wiedergegeben wurde.

Ein Beispiel:

> Karl: „Wenn wir eine Leseecke hätten, könnten wir in den Kurzpausen ein wenig schmökern."
> Lisa (wiederholend): „Du bist also der Meinung, dass das Schmökern in Büchern eine gute Sache für unsere Kurzpausen wäre."
>
> Karl (überprüfend): „Ja das habe ich so gemeint" oder „Ja, das hast du richtig verstanden."
> Lisa (ihre Meinung ergänzend): „Schön wäre es auch, wenn wir viele verschiedene Bücher in unserer Bücherecke hätten …"

Übrigens: Die Gesprächs-Profis unter den Erwachsenen nennen das „aktives Zuhören". „Aktiv" deshalb, weil man nicht nur still zuhört. Man zeigt dem Gesprächspartner auch, dass man sich Mühe gibt, ihm zuzuhören und ihn zu verstehen.

7 Das Zuhörspiel

Auch wenn ihr nun schon richtige Profis seid, könnt ihr eure Fähigkeiten noch verbessern. Geht dazu in Dreiergruppen zusammen – jede Dreiergruppe besteht aus einem Sprecher, einem aktiven Zuhörer und einem Beobachter. Während des Spiels wird insgesamt dreimal (jeweils nach ca. 4 Minuten) durchgewechselt, so dass jeder von euch auch jede Rolle einmal übernehmen kann.

Jede Rolle bekommt eine eigene Aufgabe.

Aufgabe des Sprechers:

Du kannst das Thema auswählen.
Du erzählst dem Zuhörer, was dir dazu wichtig ist. Wenn der Zuhörer deine Aussage mit seinen Worten wiederholt (aktives Zuhören), überprüfst du, ob das alles auch so stimmt. Wenn er alles richtig wiedergegeben hat, dann teile ihm das mit – wenn nicht, erkläre es ihm noch einmal.

Aufgabe des Zuhörers:

Du hörst möglichst genau zu, was und wie der Sprecher erzählt. Dann versuchst du, die Aussagen des Sprechers mit eigenen Worten wiederzugeben (aktives Zuhören).

Aufgabe des Beobachters:

Du musst Sprecher und Zuhörer genau beobachten, finde heraus, was sie gut machen und wo sie noch üben müssen. Erkläre den beiden das, was du aus deiner Sicht wahrnehmen konntest. Frage beim Sprecher nach, ob er sich verstanden gefühlt hat.

Bodo Bach

Spülmaschinenfest

Rufton Telefon

Verkäuferin: Meissener Porzellan am Kurfürstendamm, guten Tag.
Anrufer: Ja, schönen guten Tag, Bach ist mein Name, Bodo Bach.
Verkäuferin: Guten Tag, Herr Bach.
Anrufer: Gut, dass ich dran bin, ich hätt' gern ein Problem: Ich hab' bei Ihnen ein neues Porzellangeschirr gekauft.
Verkäuferin: Und welches Dekor*? Oder ist es weißes Geschirr?
Anrufer: Es ist ganz weiß.
Verkäuferin: Ach, das ist das Weltspiel.
Anrufer: Also, sehr schön. Wissen Sie, meine Frau, die kocht nicht so gut und jetzt, auf den weißen Tellern sieht es wenigstens ein bisschen schöner aus.
Verkäuferin: (Lachen) Herr Bach!
Anrufer: Aber wissen Sie, was mir besonders gut gefällt, das ist die Idee mit dem Spülmaschinenfest. Das ist gut.
Verkäuferin: Ja?
Anrufer: Jetzt war die Frage, wann es genau ist?
Verkäuferin: Also, bei uns ist das so: Spülmaschinenfest ist jedes Dekor, was eine Unterglasurmalerei ist. Und alle anderen Sachen, die in Aufglasurmalerei gemalt sind, sind nicht spülmaschinenfest.
Anrufer: Das ist mir jetzt zu kompliziert, ich will einfach nur wissen, wann das ist?
Verkäuferin: Wann das entwickelt worden ist?
Anrufer: Da steht „Spülmaschinenfest", aber es steht gar kein Datum und nix dabei …

* **Dekor:** Muster

1 Lest den Text mit verteilten Rollen.

2 Wie gelingt es dem Anrufer, die Verkäuferin zu verwirren?

+3 Versucht selbst, solch ein Gespräch zu entwickeln. Ihr könntet z. B. folgende Dinge erworben haben: bruchfestes Geschirr, wasserfeste Kosmetik, rutschfeste Badewannenmatten, wetterfeste Bekleidung, bissfeste Nudeln …

Denkt daran, kein Mensch wird in Wirklichkeit gerne veräppelt. Deshalb macht bitte keine Spaßanrufe bei Fremden oder Firmen!

Hanna Hanisch

An einem Tag

Axel und ich auf dem Schulhof
brüten im Schwitzkasten.
Riss in der Hose,
Dreck im Gesicht.
Axel heult,
Ich pfeife vor Wut.

Zu Hause: Wie siehst du aus?
Hast du schon wieder …
Dass du mir nie mehr mit dem da,
marsch, in die Küche!
Am Telefon streiten sie:
Axels Vater und meiner.

Axel und ich auf der Mauer
tauschen postfrisch und gestempelt
Polen gegen Uruguay,
Max und Moritz gegen Apollo acht.
Axel grinst.
Ich pfeife mir eins.

Telefonieren die immer noch?

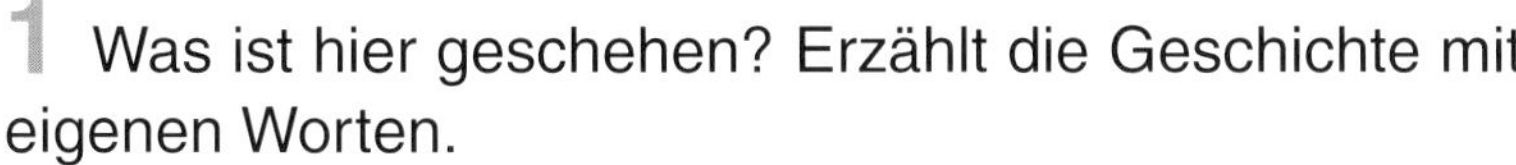

1 Was ist hier geschehen? Erzählt die Geschichte mit eigenen Worten.
Vergleicht die erste und die dritte Strophe des Gedichts.

Konflikte angehen

Erich Fried
Humorlos

Die Jungen
werfen
zum Spaß mit Steinen
nach Fröschen.

Die Frösche
sterben
im Ernst.

Sprecht über das Gedicht.
Warum werfen die Jungen mit Steinen?
Was will Erich Fried damit sagen?

Gewalt kann auch durch zwischenmenschliche Konflikte ausgelöst werden. Im Anschluss erfahrt ihr, wie ihr mit Konflikten positiv umgehen könnt.

Hier kannst du erfahren, wie du Konflikte durch ein sinnvolles Gespräch klären und bearbeiten kannst.

Schritt 1
Nachdenken über Konflikte – eigene Erfahrungen:

a) Welcher Konflikt hat mich so beschäftigt, dass ich ihn noch ganz genau vor Augen habe?
b) Worum ging es in dem Konflikt? Was war der Anfang, was war der Auslöser?
c) Wie habe ich den Konflikt erlebt, was waren meine Gedanken, Gefühle und meine Fantasien?

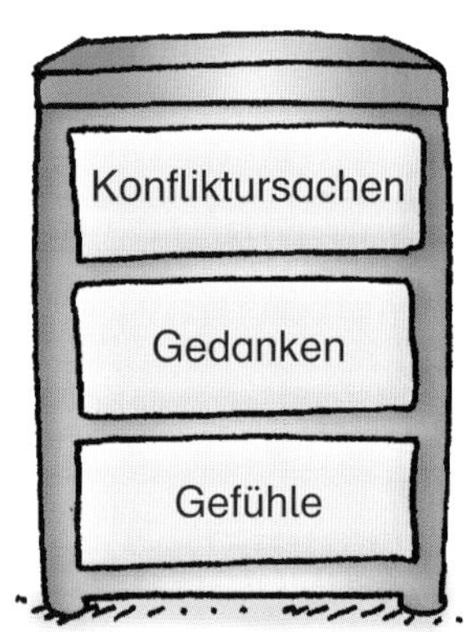

Schritt 2
Sammelt und vergleicht eure Erfahrungen im Gespräch und haltet sie auf einem Plakat fest. Ihr könnt dabei verschiedene „Schubladen“ bilden, z. B.: „Konfliktursache“, „Gedanken und Gefühle“ usw.

Schritt 3
Überlege dir, was aus deiner Sicht bei einem partnerschaftlichen Konfliktgespräch wichtig wäre. Gehe dabei folgenden Fragen nach:

- Wie könnte man mit dem Konfliktpartner ein Gespräch vereinbaren?
- Was sollte angesprochen werden und wie?
- In welcher Reihenfolge sollte man den Konflikt ansprechen?
- Wie sollten Kompromisse aussehen?

Arbeite für diesen Schritt in einer „wachsenden Gruppe" – also zuerst alleine, dann mit deinem Partner und dann mit einem weiteren Partnerpaar.

Schritt 4
Nachdem ihr euch selbst Gedanken gemacht habt, bekommt ihr auf den folgenden Seiten eine echte Profi-Information für den Ablauf und das Gelingen eines Konfliktgespräches.

1+1
PARTNERARBEIT

Schritt 5
So könnte ein partnerschaftliches Konfliktgespräch ablaufen:

1. Phase – Gesprächsvorbereitung
Jeder der Konfliktpartner bereitet sich auf das Gespräch vor, dabei können folgende Fragen helfen:

- Worum geht es eigentlich?
- Wie erlebe ich den Konflikt? Wie stark belastet er mich? Welche Gefühle habe ich?
- Was sind meine Konflikt-Anteile?
- Was möchte ich durch das Gespräch erreichen, in der Sache und in der Beziehung zu meinem Konfliktpartner?

Ziel ist es, dass du deine Sichtweise des Konfliktes in der ICH-Form darstellst und nicht anklagend oder vorwerfend – die Profis nennen das „Ich-Botschaften". Du lässt damit deinem Gesprächspartner die Chance, ebenso seine Sicht der Dinge darzulegen. Wenn du ihn verurteilst oder mit Vorwürfen überhäufst, dann hat er keine Chance mehr – außer die, sich zu wehren – dann allerdings habt ihr die partnerschaftliche Ebene verlassen.

2. Phase – Einstieg in das Konfliktgespräch
Spielregel: Wichtig dabei ist, dass jeder Konfliktpartner ohne Störung durch den anderen seine Sichtweise darlegen kann – es wird also grundsätzlich nicht diskutiert. Du kannst aber nachfragen, wenn du etwas nicht verstanden hast.

- Schildere nun deine Sichtweise des Konfliktes, dabei können dir die folgenden Formulierungshilfen helfen:
  - Ich sehe unseren Konflikt so …
  - Mir geht es dabei …, weil …
  - Ich möchte den Konflikt mit dir klären, weil …
  - Meine Ziele sind …
  - Ich möchte dir erklären …
- Fordere nun deinen Konfliktpartner dazu auf, den Konflikt aus seiner Sicht darzustellen (Er verwendet das gleiche Gesprächsmuster.).

3. Phase: Wir ziehen eine Zwischenbilanz
- Wo sehen wir beide Gemeinsamkeiten, wo stimmen wir in unserer Sichtweise überein?
- Wo sehen wir beide die Probleme anders, wo sind sie noch offen bzw. strittig?

4. Phase: Wir arbeiten an unserem Konflikt

- Wir einigen uns auf den Kern unseres Konflikts (in der Sache und in der Beziehung).
- Wir formulieren unsere Interessen (die gemeinsamen und die unterschiedlichen).
- Wir diskutieren darüber, was den Konflikt verursacht und was ihn ausgelöst hat.
- Wir suchen nach Lösungsideen.
- Wir bewerten unsere Vorschläge – womit können wir **beide** leben und womit nicht?
- Wir entscheiden uns für einen Lösungsweg und treffen eine Vereinbarung (das ist dann wie ein Vertrag).
- Wir vereinbaren einen weiteren Gesprächstermin, um zu klären, wie gut uns alles gelungen ist und wo es noch Probleme gibt.

Im Anschluss an diese Einheit könntet ihr die Streitschlichter an eurer Schule einladen. Sie könnten aus ihrer Arbeit berichten, und ihr könntet ihre Vorgehensweise mit der euren vergleichen und diskutieren.

Schritt 6

Wir üben die richtige Führung eines Konfliktgesprächs. Wenn sich nicht gerade ein aktueller Konflikt anbietet, könnt ihr das Konfliktgespräch auch in einem Rollenspiel üben.

Schritt 7

Sprecht nun anschließend über das Konfliktgespräch, vor allem darüber, was schon gut gelungen ist und was noch nicht.

Fotogeschichten

1 Setzt euch in einem großen Erzählkreis zusammen. Schaut gemeinsam das Foto an. Was seht ihr? Seid ihr selbst schon einmal in einer ähnlichen Situation gewesen? Erzählt davon.

2 Sicherlich hat jeder von euch eine Idee, wie es zu der Situation auf dem Foto gekommen ist. Stellt eure Ideen vor.

3 Überlegt jetzt, was danach passiert sein könnte. Bestimmt findet ihr mehrere Möglichkeiten. Welche Vorschläge gefallen euch am besten?

Hinweise zum
Erzählen S. 15

4 Erzählt jetzt die ganze Geschichte. Denkt an die richtige Reihenfolge.

Mehrere Fotos

1 Erzählt eine Geschichte zu mehreren Fotos.

Wählt A oder B:

A: Die Fotos gehören zusammen, sie bilden eine Fotoreihe.

B: Die Fotos gehören nicht zusammen, sollen aber zu einer Geschichte verbunden werden.

A

1. Seht euch die Fotoreihe genau an. Welche Situationen zeigen die Fotos? Sprecht darüber.
2. Überlegt euch eine passende Geschichte zu den Fotos. Arbeitet in Gruppen.
3. Jeder in der Gruppe übernimmt ein Foto und schreibt dazu Stichworte auf einen Zettel.
4. Jeder in der Gruppe erzählt mit Hilfe seines Stichwortzettels den entsprechenden Teil der Geschichte.
5. Gebt eurer Geschichte zum Schluss eine Überschrift.
6. Erzählt nun eure Geschichte mit Hilfe eures Stichwortzettels der Reihe nach im Erzählkreis.

1. Schaut euch die Fotos an. Denkt euch gemeinsam in der Gruppe eine Geschichte aus, in der alle Fotos vorkommen.
2. Bereitet eure Geschichte für den Erzählkreis vor. Notiert die wichtigsten Stichworte auf einem Zettel. Achtet dabei auf die richtige Reihenfolge. Markiert die einzelnen Abschnitte.
3. Sucht gemeinsam eine Überschrift für eure Geschichte.
4. Wer trägt die Geschichte im Erzählkreis vor? Einigt euch in der Gruppe.

ARBEITSTECHNIK

Stichwortzettel anfertigen

1. Schreibe nur die wichtigsten Wörter auf (Schlüsselwörter).
2. Achte auf die richtige Reihenfolge.
3. Markiere die einzelnen Abschnitte, den Anfang und das Ende.
4. Schreibe groß und deutlich.

2 Erzählt jetzt alle Geschichten im Erzählkreis. Bewertet die Gruppenergebnisse: Welche Gruppe hat die schönste, die interessanteste, die unwahrscheinlichste … Fotogeschichte erfunden?

3 Überlegt, ob ihr eine der Geschichten zu Hause aufschreiben wollt. Ihr könnt dazu auch den Computer benutzen.

4 Sucht selbst Bilder für Fotogeschichten.
Erzählt dazu Geschichten im Erzählkreis.
Vergesst nicht, Stichworte zu notieren.
Denkt auch an eine spannende oder lustige Überschrift.

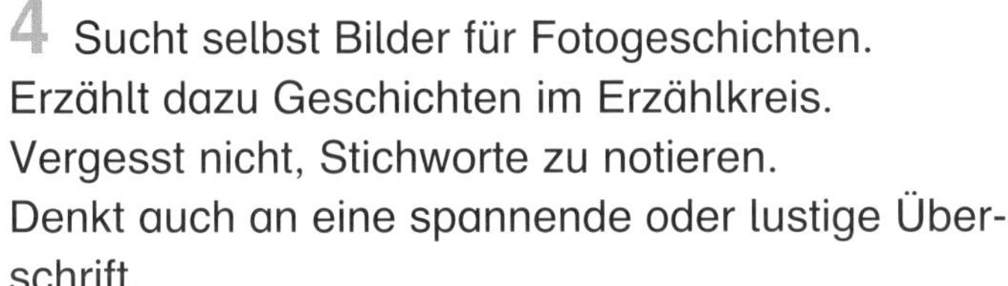

Ihr könnt Bilder aus Zeitungen, Zeitschriften, Illustrierten und Prospekten ausschneiden oder eigene Fotos verwenden.

Vorhang auf!

Viele träumen davon, einmal auf der Bühne zu stehen.
Die Zuschauer sind gebannt, Beifall ertönt …
Etwas von diesem Zauber könnt ihr schon bei einer kleinen Aufführung in der Schule spüren.

„Aufwärmen“

1 Tempolimit

Bestimmt einen Spielleiter. Stellt euch im Kreis auf, ganz locker, ganz entspannt.
Alle gehen kreuz und quer durcheinander. Dabei darf keiner den anderen berühren. Gehen alle entspannt, bezeichnet der Spielleiter dieses „Gruppentempo“ als „Tempo 50“. Nach und nach kann er jetzt das Tempo verändern: Tempo 70, 100 oder auch 30, 10 …

2 Das „aufblasbare Tier"

1+1
PARTNERARBEIT

Der eine liegt als zusammengerollte Hülle auf dem Boden. Der andere berührt mit dem Zeigefinger die Schulter des Partners und pumpt durch den Schlauch (Arm) und das Ventil (Finger) geräuschvoll Luft in das „Gummitier". Dieses richtet sich allmählich auf. Dann wird das „Ventil" herausgezogen und das Gummitier sackt wieder in sich zusammen. Natürlich muss man das auch hören.

3 Frei sprechen

Stellt euch in einem Kreis auf. Sagt das Wort „Hallo" dreimal hintereinander. Zuerst sprechen alle gemeinsam in normaler Lautstärke, dann ganz laut, dann sehr leise …
Jetzt spricht einer das Wort „Hallo" allein: freundlich oder böse, lachend oder … Dabei sieht sie oder er jemanden an, der „Hallo" in derselben Weise wiederholen soll. Dann darf derjenige „Hallo" vorsprechen …

4 Stegreifspiel

1+1
PARTNERARBEIT

Versucht, diese Situation in einem Stegreifspiel* darzustellen:
Jede Gruppe spielt der Klasse vor, was im Zugabteil passiert. Die anderen beobachten:

- Wie haben sich die Spieler bewegt?
- Wie haben sie ihr Gesicht verändert?
- Wie haben sie gesprochen?

***Stegreifspiel:** eine Spielszene, die vorher nicht geprobt wird

ENTSCHULDIGUNG, WANN KOMMEN WIR IN FRANKFURT AN?
FRANKFURT? WIR FAHREN DOCH NACH MÜNCHEN!

Mit Körper und Gesicht sprechen

1+1
PARTNERARBEIT

1 Ich spreche kein Deutsch! – Ein Spiel für dich und einen „Reisenden!"

Io non parlo niente de tedesco!

I don't speak German! *Nem beszélek németül!*

Ben Almanca bilmiyorum!

Info-Punkt

Körperbewegungen, die etwas ausdrücken sollen, nennt man **Gestik**.

Gesichtsbewegungen, die etwas ausdrücken sollen, nennt man **Mimik**.

Du wirst auf der Straße von einem „Reisenden" angesprochen, der kein Deutsch versteht. Nachdem du auch seine Sprache nicht verstehst, bleibt nur, euch mit „Händen und Füßen" zu verständigen.
Schreibe dir folgende Situationen auf Wortkarten, mische sie und drehe dann den Stapel um.

Wo gibt es hier eine Bank mit Geldautomaten?

Wo kann man hier Lebensmittel kaufen?

Wo gibt es hier eine Apotheke?

Wo gibt es hier eine Telefonzelle?

1+1
PARTNERARBEIT

Einige dich mit deinem Spielpartner, wer zuerst den „Reisenden" spielt. Der „Reisende" zieht nun aus dem Stapel eine Situation und versucht, sich verständlich zu machen. Nach 4 Minuten wird gewechselt und dabei auch eine neue Situation gezogen.

Ihr könnt das Spiel als Partnerspiel durchführen (dann spielen alle in der Klasse) oder als Spielszene vor der Klasse (dann spielen immer nur zwei).

2 Schlafwandeln im Schlamm

Bestimmt wieder einen Spielleiter. Alle laufen kreuz und quer durcheinander. Der Spielleiter gibt an,

- wie sich das Wetter verändert (es regnet, die Sonne scheint, es stürmt ...),
- auf welchem Untergrund ihr euch bewegt (auf Eis, auf heißem Pflaster, auf Sand, im Schlamm, im hohen Schnee ...),
- in wen ihr euch verwandelt (in einen Roboter, in einen Schlafwandler oder in einen hochnäsigen Mann ...).

Ein Spiel, bei dem alles ohne Worte, nur mit Gestik und Mimik ausgedrückt wird, nennt man **Pantomime**.

3 Möbelrücken

Ein Zimmer wird ausgeräumt. Du trägst einen riesigen Spiegel, eine große chinesische Vase, ein Klavier ... hinaus und kommst dann mit ganz anderen Dingen wieder zurück: einer Kiste mit Porzellan, einer Stehlampe ... Die anderen erraten, was du alles getragen hast.

Überlege: Welche Gegenstände sind schwer, welche leicht? Wie muss man sie tragen? Probiere es aus.

Sprechübungen

1 Zungenbrecher

Versuche, die Zungenbrecher fehlerfrei zu sprechen.

- Neun Nähnadeln nähen neun Nachtmützen.
- Der dünne Diener trägt die dicke Dame durch den dicken Dreck.
- Blaukraut bleibt Blaukraut und Brautkleid bleibt Brautkleid.

2 Kürzer geht es nicht

Sprecht den Dialog mit einer Partnerin oder einem Partner vor. Die anderen erklären, was mit „Morgen“ jeweils gemeint war.

MORGEN. – MORGEN.

MORGEN! – MORGEN?

MORGEN! – MORGEN!

Szenen ohne Worte

DIE FLIEGE

Ein Gast kommt in ein Lokal, setzt sich auf einen Stuhl. Der Ober kommt und bringt die Speisekarte. Der Gast sucht sich etwas aus und bestellt. Um die Zeit zu überbrücken, lässt er sich eine Zeitung bringen und liest. Es dauert nicht lange, bis ihn eine Fliege belästigt. Er versucht, sie zu fangen, aber es gelingt ihm nicht. Endlich bringt der Ober das Essen – aber nun wird die Fliege noch aufdringlicher. Wie geht die Geschichte wohl zu Ende – erfinde selbst einen Schluss.

FRISCH GESTRICHEN

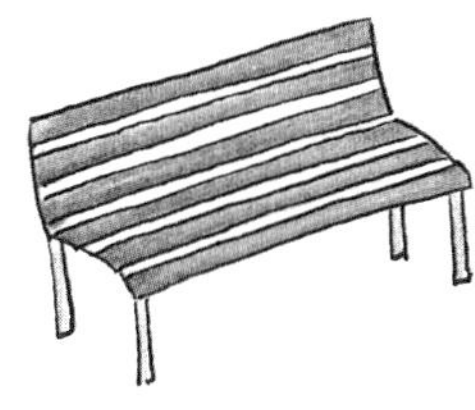

Ein Spieler kommt auf die Bühne und streicht eine Parkbank frisch an. Dann geht er weg. Ein zweiter Spieler kommt, genießt die frische Luft und die schöne Landschaft und setzt sich auf die Bank. Der erste kommt zurück und ist entsetzt. Er eilt zur Bank und versucht, den zweiten wegzuziehen. Doch dieser klebt bereits fest. Der erste Spieler ist verzweifelt und setzt sich ratlos ebenfalls auf die Bank. Beide kleben fest.

EINEN ANZUG KAUFEN

Ein Mann besucht ein Bekleidungsgeschäft, um sich einen Anzug zu kaufen. Leider trifft er auf einen zwar höflichen, aber doch sehr ungeschickten Verkäufer. Zuerst bringt dieser einen Anzug, der gar nicht passt – die Hose ist zu kurz und die Jacke zu eng. Beim nächsten Anzug ist die Hose viel zu weit und die Ärmel der Jacke zu lang.
Überlege dir nun, wie die Geschichte weitergehen könnte, was könnte noch alles schief gehen und wie geht die Geschichte aus?

1 Bereitet diese Szenen für eine Aufführung vor.

Szenen mit Worte

DER MARATHONLÄUFER

nach Martina Beranek

Personen: *Reporter, Sieger, Mann*

(Im Vordergrund ist das Ziel, das von zwei Statisten mit einem Zielband markiert wird. Daneben steht ein Reporter mit Mikrofon.)

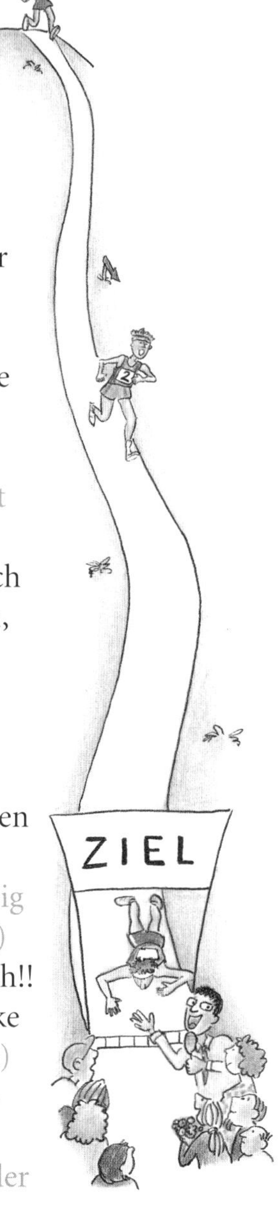

REPORTER (mit hektischer Stimme): Liebe Sportfreunde, hier ist wieder Ihr rasender Reporter Rudi live am Mikrofon! Die Spannung am Ziel des gigantischen Marathonlaufs von Walderstadt ist unerträglich! Jede Sekunde erwarten wir den ersten Läufer. Über 40 km sind zu laufen. Eine gigantische Distanz! Seit Stunden kämpfen diese Athleten um den Pokal der Amateure!

(Der erste Läufer biegt keuchend in die Zielgerade ein, strauchelt, kriecht auf allen Vieren, bis er kurz vor dem Ziel zusammenbricht.)

REPORTER: Der erste Läufer ist in Sicht! Die Strapazen sind ihm deutlich ins Gesicht geschrieben! Nur noch wenige Meter bis zum Ziel, doch nein, er stürzt, oh mein Gott, er schleppt sich weiter, die Menge tobt, kurz vor dem Ziel – er bricht zusammen!

(Der zweite Läufer torkelt auf wankenden Knien heran und klappt kurz vor dem Zielstrich zusammen, desgleichen der dritte.)

REPORTER: Sportfreunde, es ist ja unglaublich, was hier los ist, die beiden folgenden Läufer sind ebenfalls vor dem Ziel zusammengebrochen.

(Endlich erscheint der vierte Läufer, der unter großem Applaus leichtfüßig über die zusammengebrochenen Läufer springend, die Ziellinie passiert.)

REPORTER: Gratuliere, Sie sind der Sieger des Marathonlaufs! Fantastisch!!

SIEGER (wichtig): Danke, danke, ich war heute wirklich gut, diese Strecke liegt mir einfach! (schnauft, lockert seine Beine, läuft lässig auf der Stelle) Ich trainiere nach einem maßgeschneiderten Plan, alles auf meinen Körper abgestimmt, Sie verstehen?

(Auf der Zielgeraden erscheint mit hochrotem Kopf ein Mann in normaler Straßenbekleidung, eine Schirmmütze auf dem Kopf, in der Hand einen Zettel. Der Blick des „Siegers" erstarrt, als er ihn sieht, er wendet sich um und läuft davon.)

MANN (brüllt hinter ihm her): He, Mann, bleiben Sie stehen! Unverschämtheit, erst lässt er sich 40 km im Taxi spazieren fahren, aber dann bezahlt er die Rechnung nicht. Heee! Stehen bleiben!

1 Bereitet auch diese Szene für eine Aufführung vor. 1+ GRUPPENARBEIT

So sind wir – Geschichten über uns

Bestimmt habt ihr euch schon vieles erzählt. Es macht aber auch Spaß, etwas über sich zu schreiben, besonders wenn man die besten Ich-Geschichten in einer Mappe sammelt und vielleicht Jahre später noch einmal liest.

1 Ich-Anstecker

Mit deinem Vornamen kannst du etwas über dich aussagen. Suche zu jedem Buchstaben etwas, was zu dir passt, eine Eigenschaft, eine Tätigkeit oder einen Gegenstand. Schreibe alles in der Form eines Buttons* auf. Klebe deinen Text auf einen festen Karton. Mit einer Sicherheitsnadel kannst du ihn als Anstecker tragen.

* **Button:** runde Ansteckplakette

2 Versteckspiel

Die Buchstaben eurer Vornamen könnt ihr auch in einem kurzen Text über euch verstecken. Hängt eure Texte im Klassenzimmer auf. Passen die Sätze zu den Verfassern?

Ein Wörternetz knüpfen

1 Erklärt den Begriff *Wörternetz* mit Hilfe des Beispiels.

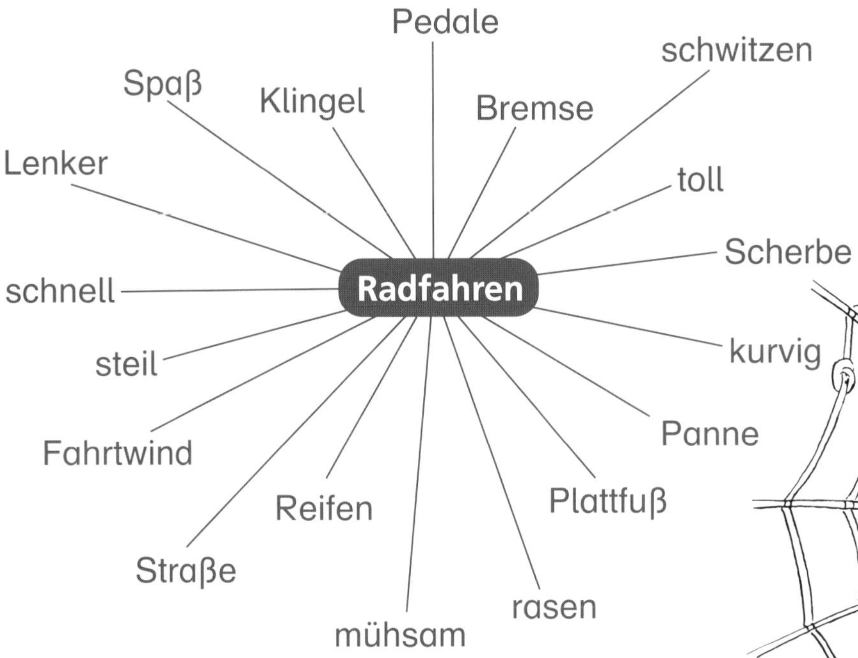

Radfahren

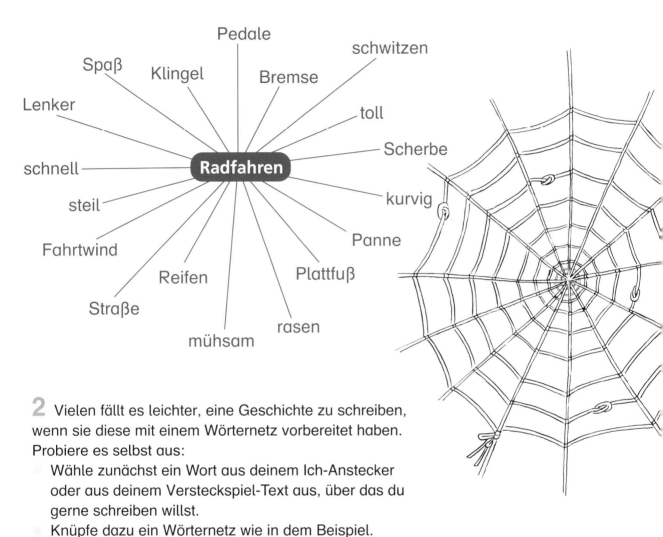

Pedale
schwitzen
Spaß
Klingel
Bremse
Lenker
toll
Scherbe
schnell
kurvig
steil
Panne
Fahrtwind
Reifen
Plattfuß
Straße
rasen
mühsam

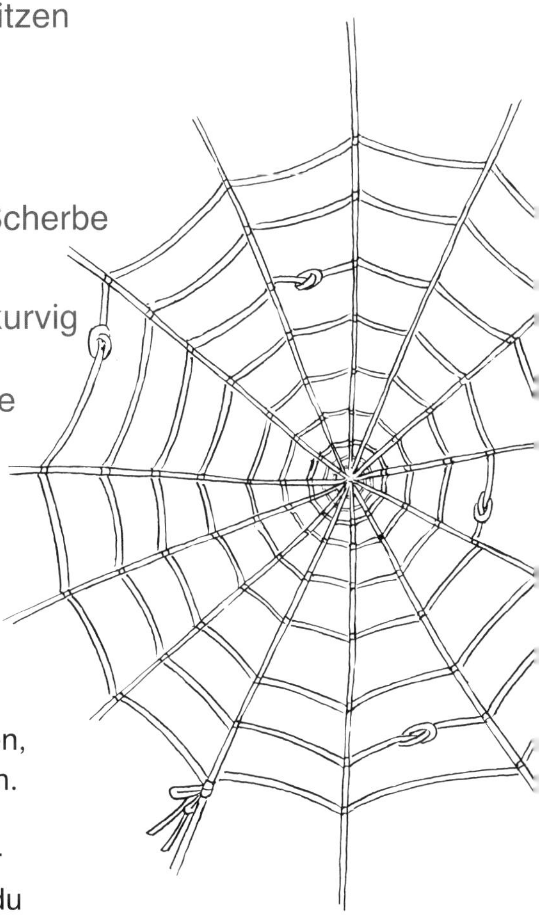

2 Vielen fällt es leichter, eine Geschichte zu schreiben, wenn sie diese mit einem Wörternetz vorbereitet haben. Probiere es selbst aus:

- Wähle zunächst ein Wort aus deinem Ich-Anstecker oder aus deinem Versteckspiel-Text aus, über das du gerne schreiben willst.
- Knüpfe dazu ein Wörternetz wie in dem Beispiel.

ARBEITSTECHNIK

Ein Wörternetz knüpfen

1. Wähle ein Schlüsselwort aus der Geschichte, die du schreiben willst, aus.
2. Schreibe es in die Mitte eines Blattes.
3. Überlege, welche Wörter dir dazu einfallen.
4. Schreibe sie um das Wort herum.

Kurze Ich-Texte schreiben

1 Übe jetzt, mit Hilfe deines Wörternetzes einen Text zu schreiben.

Wähle A oder B:

A: Eine Stichwortgeschichte schreiben
B: Ein Gedicht schreiben

A

1. Lies das folgende Beispiel durch. Alle rot gedruckten Wörter sind aus dem Wörternetz von Seite 37.

Radfahren

Ich halte mich am	Lenker	fest und
trete kräftig in	die Pedale.	
Es macht besonders	Spaß,	durch die Pfützen
zu	rasen.	
Der	Fahrtwind	pfeift mir um die Ohren.
Plötzlich rollt mein	Reifen	über eine Scherbe.

2. Wähle nun einige Wörter aus deinem Wörternetz aus und schreibe sie unter das Wort aus der Mitte. Nun kannst du nach dem obigen Beispiel eine eigene Stichwortgeschichte schreiben.
3. Lies deine Stichwortgeschichte in der Klasse vor.

B

1. Du hast dich für das Gedicht entschieden. Dieses Gedicht heißt Elfchen, weil es aus elf Wörtern besteht. Schaue dir den Bauplan und das Beispiel an.

1. Zeile (1 Wort)	**Radfahren**
2. Zeile (2 Wörter)	Die Straße
3. Zeile (3 Wörter)	kurvig und steil –
4. Zeile (4 Wörter)	Ich trete die Pedale.
5. Zeile (1 Wort)	Mühsam!

2. Schreibe nun mit Hilfe deines Wörternetzes ein Elfchen.
3. Lies anschließend der Klasse dein Gedicht vor. Du wirst feststellen, dass alle Gedichte gut klingen – trotzdem sind sie nicht alle gleich gut. Überlege, woran das liegen könnte und gib dem Autor hilfreiche Tipps.

Elfchen-Bauplan

1. Zeile:
Eingerahmtes Wort aus dem Wörternetz

2. Zeile:
Gegenstand oder Person (Nomen aus dem Wörternetz)

3. Zeile:
Wie ist die Person oder der Gegenstand? (Adjektive aus dem Wörternetz)

4. Zeile:
Was tue ich?

5. Zeile:
Ein Schlussgedanke.

Eine Ich-Geschichte verfassen

1 Mit Hilfe des Wörternetzes kannst du auch eine vollständige Geschichte schreiben. Überlege, ob du einen Gegenstand besitzt, der dich an ein bestimmtes Erlebnis erinnert: einen Stein, ein Foto, ein paar Briefmarken, eine zerbrochene Diskette, ein Stück Gipsverband mit Unterschriften … Wähle einen Gegenstand für deine Geschichte aus.

2 Schaue dir das Beispiel an. Sarah hat ihre Geschichte zum „Gipsverband" geschrieben.

3 Versuche nun, zu deinem Gegenstand ein Wörternetz zu knüpfen und eine vollständige Geschichte zu schreiben. Beachte dabei die folgende Arbeitstechnik.

Sarahs Geschichte beginnt so:

Ich heiße Sarah. Vor ein paar Wochen bin ich vom Fahrrad gestürzt und habe mir dabei mein linkes Bein gebrochen. Und das ist so passiert …

ARBEITSTECHNIK

Interessant und spannend schreiben

1. Denke daran, dass die Leser deine Geschichte nicht kennen. Schreibe, wann und wo es geschehen ist, wer alles dabei war …
2. Die Geschichte wird spannender, wenn du folgende Zeitangaben verwendest: *plötzlich, auf einmal, gerade als …* Auch durch Adjektive kannst du die Spannung erhöhen: *stockdunkel, gefährlich …*
3. Erinnere dich daran, was du während des Erlebnisses gedacht und gefühlt hast z. B.: *Was war das? Ob das gut geht? Ich hatte Herzklopfen. Ich zitterte …*
4. Berichte auch darüber, was gesprochen wurde. Verwende die direkte (wörtliche) Rede.
5. Gib deiner Geschichte eine pfiffige Überschrift, die neugierig macht, aber nicht zu viel verrät.

Direkte (wörtliche) Rede S. 243 f.

Irina Korschunow

Vielleicht wird alles gut

Ich heiße Lena. Ich bin ziemlich schlecht in der Schule. Ich kann nicht gut lesen und beim letzten Diktat hatte ich achtzehn Fehler.

„Achtzehn Fehler, Lena!", hat Frau Kammer gesagt. „Ich glaube, du musst dich etwas mehr anstrengen, sonst wirst du womöglich nicht versetzt."

Ich habe einen großen Schrecken bekommen, als ich das hörte. Ich will nicht sitzen bleiben. Ich will in keine andere Klasse gehen. Ich mag Frau Kammer gern. Und ich möchte weiter neben Regine Ohme sitzen, so wie jetzt.

„Bitte doch deine Mutter, dass sie jeden Tag mit dir lernt", hat Frau Kammer noch gesagt. „Dann wird es schon werden."

Aber meine Mutter kann nicht mit mir lernen. Sie geht nachmittags arbeiten. Ich bin die Älteste, ich muss aufräumen und einkaufen. Um vier kommt mein Vater, der schimpft so viel. Er stellt auch gleich den Fernseher an und meine Geschwister toben herum und dabei soll ich Schulaufgaben machen. Mein Bett steht im Wohnzimmer und meistens kann ich nicht einschlafen, weil der Fernseher läuft.

Das alles hätte ich gern Frau Kammer erzählt. Ich traute mich nur nicht. „Was bei uns los ist, braucht niemand zu wissen", sagt meine Mutter immer.

Als die Schule aus war, wollte ich am liebsten mit keinem reden. Doch Regine kam hinter mir hergerannt.

Regine ist noch nicht lange in unserer Klasse. Sie hat sich am ersten Tag ganz von allein neben mich gesetzt und mittags gehen wir oft zusammen bis zur großen Kreuzung.

„Sei doch nicht so traurig", sagte sie. „Ich habe auch elf Fehler. Aber meine Mutter diktiert mir jetzt jeden Tag eine Seite, das hilft bestimmt. Das musst du auch machen."

Plötzlich bin ich wütend geworden. Die hatte ja keine Ahnung! „Halt doch die Klappe!“, habe ich sie angebrüllt und dann musste ich heulen.

Regine ist neben mir stehen geblieben. „Was ist denn los?“, hat sie immer wieder gefragt – Da habe ich ihr alles erzählt. Sie hat zugehört und ein ganz komisches Gesicht gemacht und nichts mehr gesagt. Kein Wort. Nicht mal „Auf Wiedersehen“.

Zu Hause stand ein Haufen Geschirr herum, das musste ich abwaschen. Danach bin ich auf die Straße gegangen. Schularbeiten habe ich nicht gemacht. Ich habe mich auf die Treppenstufen gesetzt und gedacht: „Es hat ja doch keinen Zweck.“

Auf einmal stand Regine neben mir.

„Tag, Lena“, sagte sie. „Ich will dich abholen.“

„Warum denn?“, fragte ich und dachte: „Das meint sie ja doch nicht ernst.“

„Du sollst mit zu uns kommen“, sagte sie. „Dann können wir zusammen mit meiner Mutter Diktat üben.“

„Warum denn?“, fragte ich wieder und da sagte Regine: „Weil du versetzt werden sollst. Ich möchte gern mit dir in einer Klasse bleiben.“

Wirklich, das hat sie gesagt. Genau so! Zuerst wollte ich es immer noch nicht glauben. Aber dann bin ich mit zu ihr gegangen und vielleicht wird jetzt alles gut.

1 Könnt ihr die Reaktionen von Lena verstehen? Vielleicht hat der eine oder andere von euch etwas Ähnliches erlebt? Sprecht darüber in einem Kugellagerspiel.

Kugellager-Spiel
S. 12

2 Folgende Hinweise helfen dir, die Geschichte etwas genauer zu erkunden:

Lena hat gleich mehrere Probleme auf einmal – finde sie heraus und schreibe sie auf Wortkarten. Überlege nun, wie diese Probleme zusammenhängen. Ordne die Wortkarten dann entsprechend auf einem Papier an und verbinde sie sinnvoll mit Pfeilen, so dass der Zusammenhang auch sichtbar wird.

Regine hat in dieser Geschichte eine wichtige Bedeutung – finde ihre Rolle heraus.

1 Welche fantastischen Gestalten kennt ihr? Schreibt die Wörter an die Tafel. Sie sollen später in einer Fantasiekiste gesammelt werden.

Nixe	*Tabaluga*
Hagrid	*Wolkenmädchen*
Kobold	*Muggel*
Flaschengeist	*Eule*
Gandalf	*...*

Die Fantasiekiste

2 Die Fantasiekiste lässt sich schnell herstellen. Ihr könnt dafür entweder einen Schuhkarton oder sechs Briefumschläge verwenden. Schreibt die Bezeichnungen der sechs Wortgruppen auf große Blätter oder auf Briefumschläge. Kennzeichnet sie mit verschiedenen Farben an der rechten Ecke wie in der Abbildung.

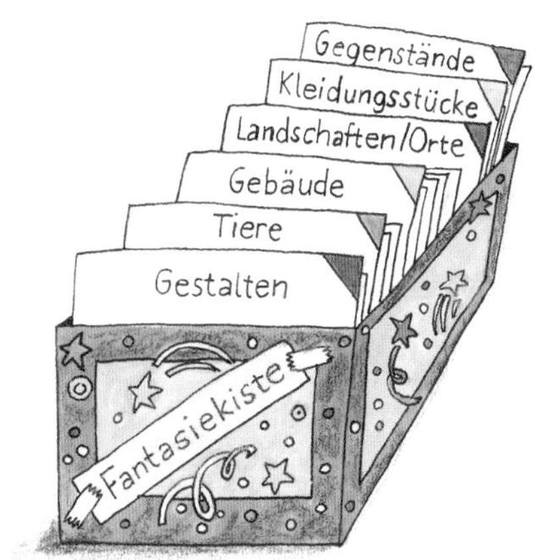

1 Gestalten
2 Tiere
3 Gebäude
4 Landschaften und Orte
5 Kleidungsstücke
6 Gegenstände

3 Schreibt nun die Fantasiewörter von Seite 42 auf Wortkarten und ordnet diese in euere Kiste ein.

4 Für euere Fantasiegeschichten braucht ihr noch viele Wörter. Übertragt nun alle folgenden Fantasiewörter auf Wortkarten und ordnet sie richtig ein.

5 Erfindet selbst Fantasiewörter, um eure Fantasiekiste aufzufüllen.
Schreibt alle Wörter auf, die euch einfallen, z. B.:

Wunderei *Silberspiegel* *Zauberhummel*

Ordnet sie dann den sechs Wörtergruppen zu.

1+ GRUPPENARBEIT

Fantastische Wörtergeschichten

1 Erfindet gemeinsam eine Geschichte.
Sucht aus jedem Fach eurer Fantasiekiste oder aus jedem Umschlag einen Zettel. Legt alle sechs Zettel in die Mitte.

Am leichtesten fällt der Anfang mit der Fantasiegestalt.

2 Denkt darüber nach: Was fällt euch dazu alles ein? Wer eine Idee für den Anfang der Geschichte hat, nimmt den Zettel, mit dem er beginnen will.

3 Erzählt nun die Geschichte nacheinander.
Wenn der Erzähler nicht mehr weiterweiß, ist der Nächste dran … und so weiter …, bis alle Wörter „verbraucht" sind und die Geschichte fertig ist.

… Ein Kobold lebte schon seit vielen Jahren glücklich in einem Spukschloss. Manchmal besuchte er mit seiner Tarnkappe, die ihn unsichtbar machte, die Seeschlange …

… Denn die Seeschlange war das gefährlichste Tier auf der Honiginsel und man kam ihr besser nicht zu nahe …

Als er die Seeschlange wieder einmal besuchte, verlor er seinen Flugbesen im Wasser. Die Schlange konnte sich den Besen greifen und nun machte sie Ausflüge rund um die Insel. Der Kobold musste nun für immer in seinem Schloss bleiben …

4 Wie hat euch eure Geschichte gefallen? Haben alle Einfälle gut zusammengepasst oder möchtet ihr die Geschichte noch einmal anders erzählen?

5 Erfinde jetzt selbst eine Fantasiegeschichte zum Aufschreiben. Dazu suchst du dir sechs Fantasiewörter, zu denen du die Geschichte schreiben möchtest, aus der Kiste.

6 Denke dich zuerst in eine Fantasiegestalt hinein. Notiere deine Ideen auf einem Stichwortzettel.

7 Überlege, wie du die fünf anderen Fantasiewörter mit deiner Gestalt verbinden kannst.
Male eine rote Linie auf ein großes Blatt. Das ist der „Rote Faden". Lege die Zettel so auf den „Roten Faden", wie die Wörter in deiner Geschichte vorkommen.

Wer ist …?
Wie sieht … aus?
Was kann …, was nicht?
Wo genau lebt …?
Wie fühlt sich …?
Was denkt …?
Was will …?
Wohin geht …?
Was erlebt … allein oder mit anderen?
Was entdeckt …?
Wem begegnet …?

8 Wie beginnt deine Geschichte?
Schreibe zuerst deinen Einleitungssatz auf.

Eines Tages …
Es war einmal …
Als …
Immer wenn …
Plötzlich …

9 Schreibe nun deine Geschichte auf.
Denke auch an einen passenden Schlusssatz.

Bis heute weiß niemand …
Seither sieht man …
Deshalb gab es zum Schluss …

10 Bespreche deine Geschichte mit anderen in einer Schreibkonferenz.

ARBEITSTECHNIK

Eine Schreibkonferenz durchführen

1. Setzt euch in Gruppen zusammen. Die Gruppe bildet eine Redaktion.
2. Einer aus der Gruppe liest seine Geschichte vor. Im Anschluss könnt ihr Fragen stellen, falls euch etwas in der Geschichte unklar sein sollte.
3. Sagt zuerst, was euch gefallen hat. Sprecht dann darüber, was verbessert werden sollte. Denkt dabei an die Hinweise zum Geschichtenschreiben auf S. 39.
4. Als Autor überarbeitet ihr nun eure Geschichte.
5. Übertragt den Text in sauberer Schrift auf ein Blatt Papier. Ihr könnt dazu auch den Computer nutzen.

Lippels Fantasiegeschichte

Lippel heißt eigentlich Philipp. Jede Nacht liest er heimlich in seinem Versteck die tollsten Geschichten. Als seine Eltern eines Tages dienstlich nach Wien fahren, soll Frau Jakob, eine Bekannte, auf ihn aufpassen. Mit ihr kommt Lippel nicht besonders gut zurecht. Als er eines Nachts wieder heimlich in seinem Versteck sitzt und in einem spannenden Buch liest, erwischt ihn Frau Jakob und nimmt ihm das Buch weg. Lippel weiß, dass sie es nicht mehr hergeben wird, bevor seine Eltern zurück sind. Und dabei hätte er zu gerne gewusst, wie es in der Geschichte mit dem Prinzen weitergeht. Ob der Prinz es schaffte, eine Woche lang kein einziges Wort zu sagen? Lippel nimmt sich vor, die Geschichte einfach weiterzuträumen.

So beginnt sein erster Traum:
Der morgenländische Palast, sah ganz so aus, wie es sich Lippel beim Lesen vorgestellt hatte: An den Wänden hingen kostbare Teppiche, die gewölbte Decke wurde durch weiße Säulen gestützt, die mit goldenen Mustern geschmückt waren. In der Mitte des Raumes stieg der helle Strahl eines Springbrunnens aus einem Mamorbecken auf, vor einem besonders prächtigen Teppich stand ein Thron und auf diesem saß der König.

Neben dem König stand eine Frau. Sie war in grüne Gewänder gehüllt und wenn sie redete, sah man, dass ihre oberen Zähne etwas nach vorne standen. Das war nicht die Königin. Lippel wusste es sofort, als er sie sah. Es war die Tante des Prinzen, die Witwe des Bruders des Königs.

Die Tante hatte lange Jahre gehofft, dass ihr Sohn der Nachfolger des Königs werden und seine Schätze erben würde. Deshalb war sie so böse, als dem König schließlich doch ein Sohn geboren wurde, und hasste den Prinzen aus tiefstem Herzen. Jetzt, da der Prinz stumm war, sah sie die Gelegenheit gekommen, ihre Wut an ihm auszulassen.
Sie entwendete das Lieblingsbuch des Königs und versteckte es heimlich unter dem Kopfkissen des Prinzen …

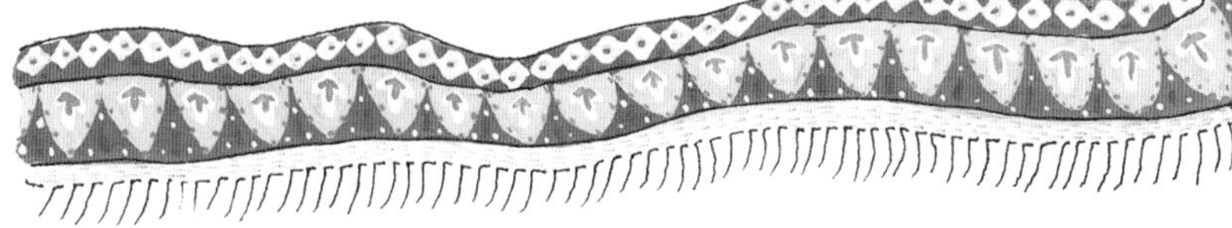

1 Sucht Textstellen, in denen der Ort des Geschehens beschrieben wird. Lest sie vor.
Besprecht, wodurch es dem Autor gelingt, dass sich der Leser den Raum gut vorstellen kann.

2 Zeichnet die Tante des Prinzen oder schreibt auf, wie ihr sie euch vorstellt.
- Lest dazu noch einmal nach, wie sie dargestellt wird.
- Vergleicht eure Zeichnungen oder Beschreibungen. Was ist bei allen gleich, was ist unterschiedlich? Woran könnte das liegen?

3 Wenn ihr wissen wollt, wie Lippels Geschichte weitergeht, dann beschafft euch das Buch „Lippels Traum“ von Paul Maar.

Geheimnisvolle Vorgänge

Was passiert hier?

1 Seht euch das Erzählbild genau an. Was fällt euch dazu spontan ein?
Sammelt eure Ideen an der Tafel.
Ihr könnt auch ein Wörternetz nutzen.

Wörternetz S. 37

Festessen auf dem Meeresgrund
Die Nixe mit der Maske
Heute gibt es Fisch
...

2 Erfinde nun selbst eine Geschichte zum Bild und schreibe sie auf.

3 Lies deine Geschichte in der Klasse vor und tausche dich mit deinen Mitschülern aus:
- Was hat euch gefallen?
- Was kann man noch besser machen?

Eine Geschichte planen ...

1 Manchmal muss man etwas länger überlegen und die Geschichte, die man schreiben will, planen.
Seht euch dieses Erzählbild genau an und sammelt wieder eure Ideen an der Tafel.

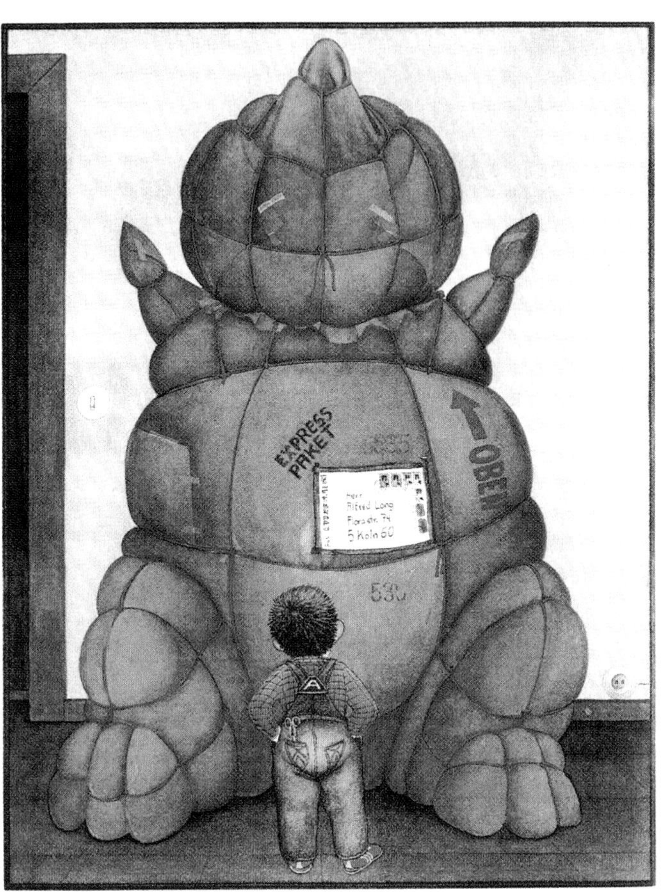

2 Ordnet nun eure Ideen. Am besten geht ihr so vor: Stellt euch einen Schrank mit Schubladen vor. Damit man weiß, was in den Schubladen drin ist, bekommen sie einen Namen. In jede Schublade gehören also nur die Dinge, die zu diesem Namen passen.
Eine Schublade könnte heißen *Der Junge*. Hier wird alles hineingelegt, was mit dem Jungen zu tun hat (z. B.: wie er heißt, was er denkt usw.).
Eine andere Schublade könnte heißen *Das Paket*. Hier wird alles hineingelegt, was mit dem Paket zu tun hat (z. B. Größe, Form, Inhalt usw.).

... schreiben und besprechen

3 Bevor ihr mit dem Schreiben beginnt, überlegt gemeinsam einen ersten Satz. Der erste Satz einer Geschichte ist wichtig. Am Rand sind zwei Vorschläge:

- Was gefällt euch an diesen Sätzen?
- Wie würdet ihr den ersten Satz formulieren?
- Schaut nach, wie die Schriftstellerin Ursula Wölfel in ihrer Geschichte „Hannes fehlt“ (S. 10) den ersten Satz formuliert hat.

Heute ist für den kleinen Alfred Long ein besonderer Tag …

So hatte sich Alfred das nicht vorgestellt.

4 Nun schreibt jeder eine Geschichte.
Denkt daran, dass ihr die Geschichte nicht nur für euch, sondern auch für andere schreibt. Sie muss verständlich sein. Vergesst deshalb nichts Wichtiges und macht keine Gedankensprünge, sonst entstehen „Erzähllöcher“.

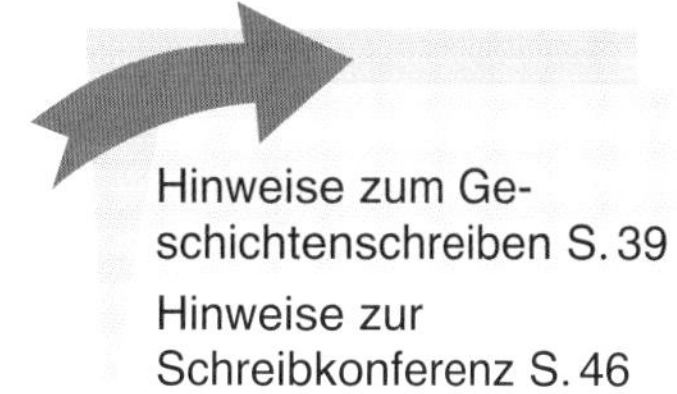
Hinweise zum Geschichtenschreiben S. 39
Hinweise zur Schreibkonferenz S. 46

5 Lest eure Geschichte genau durch und gebt ihr eine pfiffige Überschrift.

6 Besprecht eure Geschichten in einer Schreibkonferenz. Folgende Hinweise können euch dabei helfen:

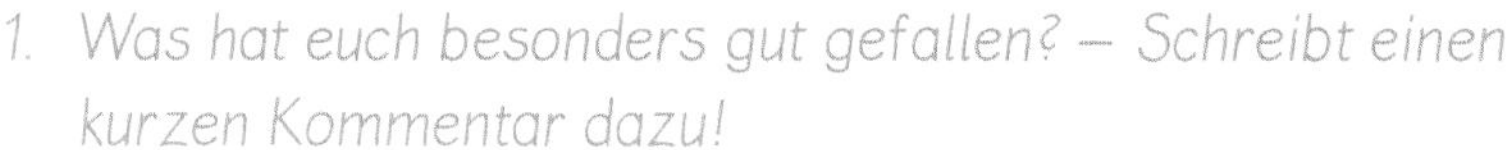

1. *Was hat euch besonders gut gefallen? – Schreibt einen kurzen Kommentar dazu!*
2. *Wenn euch etwas nicht so gefallen hat, schlagt dem Autor etwas anderes vor!*
3. *Wenn ihr der Geschichte bis zum Schluss gut folgen konntet, dann teilt dies dem Autor mit – wenn ihr „Erzähllöcher“ entdeckt habt oder die Reihenfolge unklar ist, dann gebt dem Autor Tipps, damit er es besser machen kann.*
4. *Wie findet ihr den ersten Satz – Schreibt dem Autor einen kurzen Kommentar.*
5. *Was meint ihr zur Überschrift? – Schreibt dem Autor einen kurzen Kommentar.*

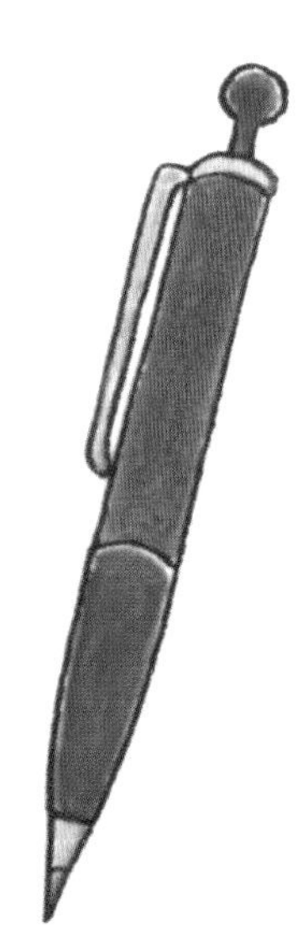

7 Lies deine Geschichte nach der Besprechung noch einmal durch. Vielleicht kannst du noch etwas verbessern. Achte dabei auch auf die Rechtschreibung.

Projekt Schreibwettbewerb

1 Vielleicht habt ihr Lust, einen Schreibwettbewerb zu einem Erzählbild zu veranstalten.
Hier findet ihr einen Bildvorschlag, ihr könnt aber auch selbst auf die Suche nach einem Bild gehen.

2 Legt fest,
1. welches Bild ihr nehmen wollt,
2. wie die Geschichte abgegeben werden soll: mit dem PC oder sauber mit der Hand geschrieben,
3. wann die Geschichte fertig sein soll,
4. wer die Jury bildet und die besten Geschichten auswählt,
5. welche Preise es geben soll.

3 Besprecht, wie die Jury die Punkte verteilen könnte, z. B.:

Punkte	Überschrift	Der erste Satz	Was geschah vorher?	Was geschah nachher?	Verständlichkeit
3	*pfiffig*	*passt zum Text*	*gut vorstellbar*	*gut vorstellbar*	*man versteht alles*
2	*geht so*	*passt ein wenig*	*kann man erahnen*	*kann man erahnen*	*man versteht fast alles*
1	*langweilig*	*passt kaum*	*wurde nur angedeutet*	*wurde nur angedeutet*	*man versteht vieles nicht*
0	*keine*	*passt nicht*	*keine Vorgeschichte*	*es passiert nichts mehr*	*man versteht gar nichts*

Von der Geschichte zum Bild

1 Ines Janke und Mareike Götte (beide 11 Jahre alt) haben eine Geschichte zu einem Bild geschrieben. Vergleicht die beiden Texte. Was fällt euch auf? Besprecht die Texte. Beachtet die Fragen von Aufgabe 6 auf Seite 51.

Das riesengroße Ei

Irgendwann, vor langer Zeit, legte ein Huhn ein Ei. Das war ja nichts Besonderes, aber dieses Ei wuchs und wuchs, und nach und nach hob es vom Boden ab. In diesem Ei aber wohnte ein Mädchen. Jeden Morgen, nachdem es aufgestanden war, öffnete es eine Klappe und guckte sich die Welt unter sich an. Das Mädchen war acht oder neun Jahre alt und hieß Susanne. Susanne hatte sich in dem Ei eine sehr gemütliche Wohnung eingerichtet. Ihr fehlte es an nichts und sie war sehr glücklich. Einmal im Jahr kam sie auf die Erde, um das Huhn zu besuchen, das das Ei gelegt hatte, in dem sie wohnte. Das Huhn war ja sozusagen ihre Mutter. Ihre Mutter erzählte ihr jedes Mal, wenn sie kam, folgende Geschichte: Irgendwann, vor langer Zeit, legte ein Huhn ein Ei. Das war ja nichts Besonderes …

Jana im Ei

Jana war in ihrer Klasse eine Außenseiterin. Keiner wollte etwas mit ihr zu tun haben, denn sie war verträumt, sehr verträumt. Jana dachte nie an die Realität, sondern sie dachte, sie wäre ein Hund oder ein Baum. Aber sie selbst war sie nie. Eines Nachts kam ein kleiner Drache zu ihr. Er sagte: „Jana, du musst du sein und kein Vogel und kein Baum. Du musst endlich zu dir finden, und deshalb sperre ich dich jetzt in ein großes fliegendes Ei, mit dem du die Erde von oben anschauen kannst, um endlich zu dir zu finden. Wenn du wieder du bist, darfst du unten auf der Erde leben.“ Doch auch im großen, fliegenden Ei fand sie nicht zu sich. Deshalb kam sie nie mehr auf die Erde, sondern schaute sie immer von oben an.

2 Malt jetzt ein Bild zu den Geschichten.

Und wie geht es weiter?

1 Kennt ihr Geschichten des Jugendbuchautors Paul Maar? Lest den Anfang seiner Geschichte „In der neuen Klasse“.

Paul Maar

In der neuen Klasse

Nun ist Robert schon drei Wochen in der neuen Klasse. Aber Freunde hat er immer noch nicht. Manche aus seiner Klasse kann er gut leiden. Aber die haben alle schon einen Freund. Am besten gefällt ihm die Simone aus der zweiten Bank. Simone hat kurze, dunkle Haare.
Wenn Simone lacht, werden ihre Augen ganz schmal. Wie bei einer Eskimofrau. Simone lacht oft.
Das gefällt Robert so gut an ihr. Ihm hat sie auch schon einmal zugelacht. Aber Simone ist ausgerechnet mit Frank befreundet. Und den kann Robert überhaupt nicht leiden.
Frank ist der Stärkste aus der Klasse. Das will er jeden Tag beweisen. Außerdem ist er ein Angeber. Robert kann gar nicht verstehen, was Simone an Frank findet.

2 Was meint ihr, wie fühlt sich Robert in der neuen Klasse? Sprecht darüber.

3 Lies jetzt die Geschichte weiter.

In der großen Pause, als Frank gerade mit Jürgen rauft, geht Robert zu Simone. Sie steht am Zaun und isst ihr Pausenbrot. „Was meinst du, wer gewinnt?“, fragt Robert, „Frank oder Jürgen?“

„Ist mir doch egal“, sagt Simone.

„Das ist dir egal?“, fragt Robert erstaunt. „Frank ist doch dein Freund. Willst du nicht, dass er gewinnt?“

„Wer sagt denn, dass Frank mein Freund ist? Außerdem kann ich Schlägereien sowieso nicht leiden.“

„Ach so“, sagt Robert. Er kramt in seiner Jackentasche und holt eine Dose heraus. Er öffnet sie. Sie ist bis an den Rand gefüllt mit lauter weißen Kügelchen.

„Magst du ein Bonbon?“, fragt Robert und hält Simone die Dose hin.

„Das sind Bonbons? Die sehen aus wie Kopfschmerztabletten“, sagt Simone.

„Das sind Pfefferminzbonbons. Probier doch mal! Sie schmecken gut“, sagt Robert.

Als Simone gerade in die Dose greifen will, kommt Frank zurück. Er schlägt von unten gegen die Dose. Alle Bonbons fliegen heraus und liegen auf dem Schulhof …

4 Erzähle mit deinen eigenen Worten, was im zweiten Abschnitt der Geschichte passiert.

5 Überlegt in Gruppen, wie die Geschichte weitergehen könnte. Es kommt darauf an, welche Personen dabei sind, wie sie handeln und reagieren. Besprecht verschiedene Möglichkeiten.

Frank
lacht
schlägt zu
entschuldigt sich
...

Robert
dreht durch
bleibt gelassen
weint
...

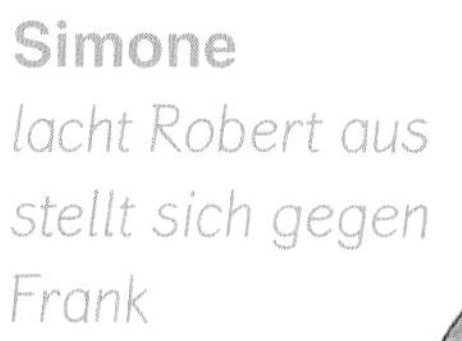

Simone
lacht Robert aus
stellt sich gegen Frank
...

der Hausmeister
...

die Lehrerin/der Lehrer
...

die Klassenkameraden
mischen sich ein
helfen Robert
rufen die Lehrerin
...

Überlegt auch, wann und wo die Geschichte endet: nach der Pause, im Klassenzimmer, am Nachmittag, Tage später …

6 Schreibt euren Plan in kurzen Sätzen auf, zum Beispiel:

- *Robert dreht durch.*
- *Die Klassenkameraden lachen.*
- *Frank macht Witze darüber.*
- *...*

7 Paul Maar verwendet in seiner Geschichte die direkte (wörtliche) Rede. Auch die Personen, die ihr für eure Fortsetzung gewählt habt, sprechen miteinander. Probiert in einem Rollenspiel das Gespräch aus und spielt es dann den anderen Gruppen vor.

8 Wie haben sich Frank, Robert, Simone ... in den verschiedenen Rollenspielen verhalten? Sprecht über die Lösungen. Welches Rollenspiel hat euch am besten gefallen? Warum?

Zu einem **Wortfeld** gehören Wörter mit ähnlicher Bedeutung.

9 Überlegt, wie die Personen miteinander gesprochen haben: *laut* oder *leise, deutlich* oder *undeutlich, langsam* oder *schnell, ruhig* oder *aufgeregt* …
Für das Verb „sagen" gibt es verschiedene Ausdrücke: *flüstern, brüllen* … Damit ihr später für eure Geschichte die passenden Wörter auswählen könnt, stellt ihr ein Wortfeld „sagen" an der Tafel zusammen.
Ihr dürft es auch durch Wörter, die ihr im Thesaurus* des Computer-Textprogramms findet, ergänzen.

* **Thesaurus:** Wortschatzsammlung

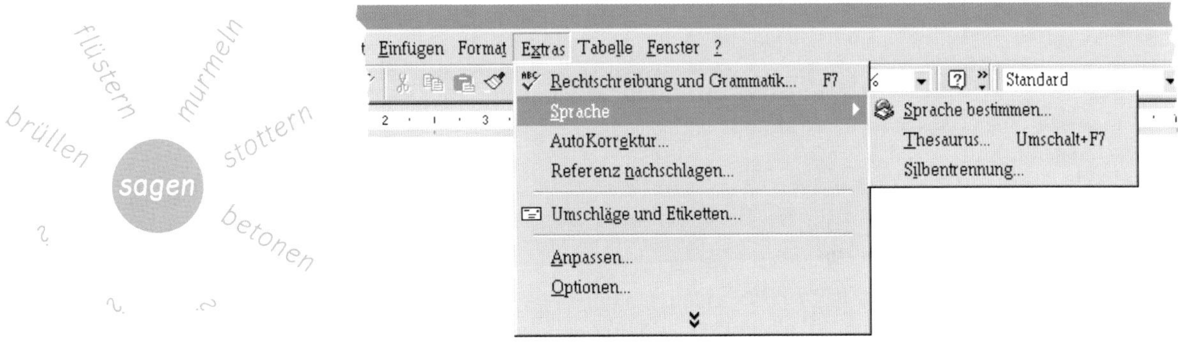

10 Die direkte (wörtliche) Rede ist in Texten besonders gekennzeichnet. Woran erkennst du sie?

Direkte (wörtliche) Rede S. 238 f.

„Was meinst du, wer gewinnt?", fragt Robert.
„Ist mir doch egal, wer gewinnt", sagt Simone.
„Das ist dir egal? Frank ist doch dein Freund", fragt Robert erstaunt.

11 Stelle die Sätze aus Aufgabe 10 so um, dass der Begleitsatz einmal vor der direkten Rede und einmal zwischen der direkten Rede steht.

12 Schreibe nun deine Geschichte auf. Du kannst dazu auch den Computer benutzen. Denke an die Schreibtipps, die du schon kennst, und verwende auch die direkte Rede.

Hinweise zum Schreiben von Geschichten S. 39

13 Lest euch eure Texte gegenseitig vor. Besprecht, was euch an den Geschichten gefallen hat und was ihr noch verbessern könnt.
Überlegt, wie ihr sie veröffentlichen wollt. Prüft vorher, ob ihr keine Rechtschreibfehler gemacht habt.

14 Hier zwei Vorschläge zum Weiterschreiben.

Wähle A oder B:

A: Mit neuen Ideen die Geschichte von Paul Maar fortsetzen.
B: Zu einer Geschichte eine Fortsetzung erfinden.

A Entscheide dich für eine der beiden Situationen, plane deine Geschichte und schreibe los.

Tom war eigentlich Franks bester Freund, aber das ging ihm doch zu weit. Er …

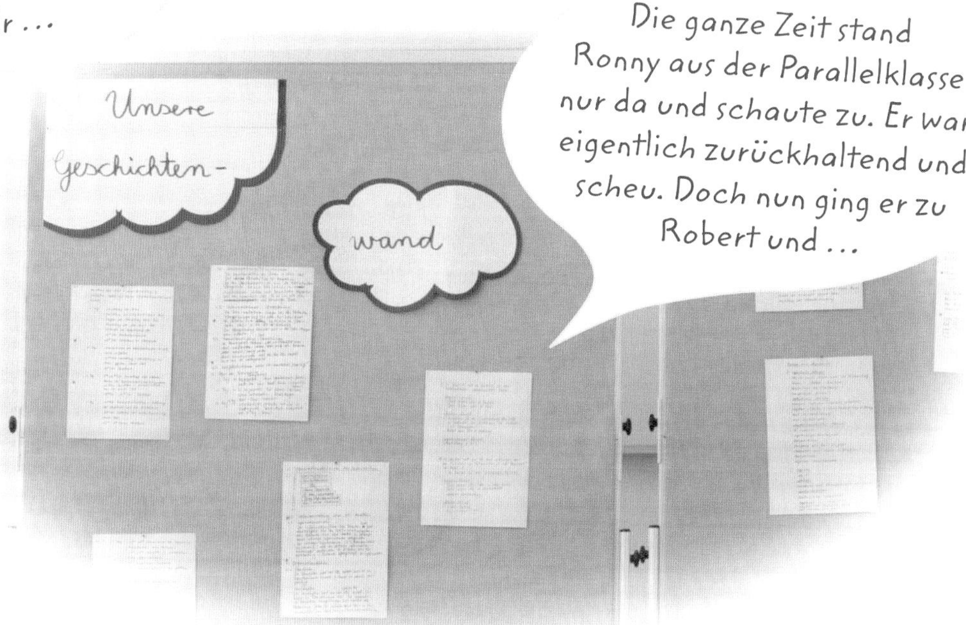

Unsere
Geschichten-
wand
Die ganze Zeit stand Ronny aus der Parallelklasse nur da und schaute zu. Er war eigentlich zurückhaltend und scheu. Doch nun ging er zu Robert und …

B Schreibe eine der Geschichten weiter. Plane deine Fortsetzung zuerst in Stichworten.

Jürg Schubiger

Was hast du?

„Was hast du?“, fragte die Mutter.
„Nichts“, sagte Markus.
Susanne sagte: „Er ist wütend.“
„Auf wen?“, fragte der Vater. Markus schwieg.
„Weil er verloren hat“, sagte Susanne.
„Schafskopf!“, sagte Markus laut.
Susanne sagte: „Vor dem Spielen warst du jedenfalls nicht wütend.“
„Ich bin’s auch jetzt nicht“, sagte Markus.
„Doch“, sagte Susanne, „sonst hättest du nicht eben ‚Schafskopf‘ gesagt.“
„Wer nicht verlieren kann, soll auch nicht spielen“ sagte der Vater.
Und die Mutter: „Einer muss halt verlieren, Peter.“
Mit einem Ruck stand Peter auf …

Gina Ruck-Pauquèt

Ist ja auch nichts für ein Mädchen

Eigentlich hatte es ganz friedlich angefangen. Jürgen war über den Zaun gesprungen und Anke ihm nach. „Prima!“, sagte er. „Aber jetzt kommst du nicht mehr drüber“ Und er hatte einen Stock oben über die Pfähle gelegt. „Das ist zu hoch für dich.“ Anke schaffte es aber doch. „Na ja“, sagte Jürgen. Dann rannten sie los. Anke war schneller. Sie standen da, keuchten und schnappten nach Luft und Jürgen war sauer. Anke lachte. „Ruh dich aus“, sagte sie und setzte sich ins Gras.
Jürgen kaute auf einem Holzspan herum und spuckte ihn aus. Starrte in die Ferne.
„Für’n Mädchen bist du ganz gut“, sagte er. „Aber wenn wir ’n Ringkampf machen, verlierst du.“ Anke zuckte die Achseln. „Traust dich ja auch nicht.“ „Schon“, sagte Anke. „Überhaupt nicht“, sagte Jürgen. „Ist ja auch nichts für ’n Mädchen.“ Anke stand auf …

Briefgeheimnisse

1 Das kennt ihr alle:
Nachrichten werden gesendet und empfangen.
Sprecht über die dargestellten Möglichkeiten.
Welche nutzt ihr selbst, welche nicht?

2 In der Schweiz kennen das sehr viele Schüler, bei uns vermutlich nur wenige. Viele Schüler in der Schweiz führen Lerngeschichtenbücher, dort schreiben sie hinein, wie sie lernen, was sie gelernt haben und wo sie noch Probleme haben. Von Zeit zu Zeit werden diese Lerngeschichtenbücher ausgetauscht und die Mitschüler schreiben dann kleine Kommentare oder Hinweise hinein. Manchmal entsteht daraus auch ein Hilfeangebot, wenn jemand merkt, dass er einen anderen unterstützen kann.

Auf Seite 62 findest du ein Beispiel aus dem Mathematikunterricht. Isabella hat eine kleine Textaufgabe erfunden und in ihr Lerngeschichtenbuch geschrieben. Dazu haben ihr zwei Mitschüler kurze Hinweise geschrieben.

Lerngeschichtenbücher

Auf einem Apfelbaum sind 16 Äpfel, dann kommen 9 Würmer, wie viele Äpfel sind noch rot?

Lustige Idee: Die Geschichte ist noch nicht ganz fertig.

Was machen die Würmer? Was geschieht mit den Äpfeln.

1 Probiert doch Lerngeschichtenbücher auch einmal aus, beschränkt euch zunächst aber immer auf ein Fach. Was könnte in einem Lerngeschichtenbuch stehen? Hier ein paar Ideen:

Ich denke über mein eigenes Lernverhalten nach: Was kann ich schon gut? Wo habe ich noch Probleme? Was nehme ich mir vor? Was stört mich beim Lernen, was lenkt mich ab?

In Lerngeschichtenbüchern für den Deutschunterricht und für die Lernfächer, z. B. Erdkunde, stehen: kleine Geschichten (selbst erfundene, in Büchern entdeckte) und Bilder zum Thema, das gerade behandelt wird.

Fragen zu einem Unterrichtsthema, auf die du gerne eine Antwort bekommen möchtest.

Im Lerngeschichtenbuch rund um das Thema *Mathematik* stehen wichtige Formeln, Ideen für die Lösung einer Aufgabe, ein kurzer Text, in dem du beschreibst, wie du eine Aufgabe löst (Bsp.: „Zuerst …, dann …“), selbst erfundene Aufgaben.

Informationen aus dem Internet

Bilder aus anderen Büchern, Fotos

Stimmungsbarometer („Mir geht es gerade in Mathematik …)

2 Tauscht dann eure Lerngeschichtenbücher in der Kleingruppe aus. Versucht, in euren Kommentaren so auf den Verfasser einzugehen, dass sie auch hilfreich sind – hier einige Fragestellungen, die euch bei der Kommentarerstellung helfen sollen:

Wo ist etwas super gelöst?
Wo fehlt noch etwas – welche Fragen muss ich dem Verfasser stellen, damit er durch eigene Kraft weiterkommt?
Wo kann ich Hilfe anbieten?
Wo habe ich eine Idee, die den Verfasser weiterbringen könnte? usw.

3 Lest im Sitzkreis einige Ausschnitte von Lerngeschichtenbüchern vor und sprecht über die Vorteile für das Lernen, aber auch über die Probleme, die ihr mit dem Lerngeschichtenbuch vielleicht noch habt.

ÄGYPTEN

Heute besprachen wir das Alte Ägypten in der Schule. Besonders beeindruckend fand ich die Schrift der Ägypter. Die Schriftzeichen nennt man Hieroglyphen. Hieroglyphen sind sehr schwer zu entziffern. Frau Mayer hat uns erklärt, dass es Tausende von Schriftzeichen gab. Aber selbst ein Ägyptischer Schreiber kennt nicht alle.

Leider sind nicht mehr viele Schriften erhalten, denn die bedeutendste Bibliothek der Antike, die Bibliothek von Alexandria, ist abgebrannt.
Frau Mayer hat erzählt, was die Ägypter schriftlich festhielten. Sie schrieben auf, wie viele Schweine, Ochsen usw. für den ägyptischen Hof gekauft wurden. Außerdem schrieb man über die Jagd, das Handwerk und hielt die Namen der Pharaonen fest.
Heute kann man auch nicht mehr genau sagen, wie die Alten Ägypter genau sprachen, da die Sprache ausgestorben ist. Im modernen Ägypten spricht man arabisch. Mich würde interessieren, wie mein Name in Hieroglyphen geschrieben wird.

Wenn du ein Lerngeschichtenbuch anlegen möchtest, überlege dir, ob nicht vielleicht ein Klarsichthefter oder ein Ringbuch praktischer ist als ein Heft (das Einheften von Kopien, Bildern usw. ist einfacher zu regeln).
Ein Lerngeschichtenbuch ist auch etwas ganz Besonderes, daher könntest du es fantasievoll verzieren.

Das Geheimnis des Briefschreibens

Peter, Karin und Gabi sind auch in meiner Klasse ...

Im Herbst ...

Klassenfahrt in den Bayerischen Wald oder nach München

Herr Müller unterrichtet Englisch, Biologie und Sport ...

1 Stelle dir vor, du willst einen Brief an deinen Lehrer aus der Grundschule schreiben. Bestimmt gibt es über die neue Klasse und die neue Schule viel zu berichten. Vielleicht möchtest du aber auch an Freunde, die weggezogen sind, schreiben.
Überlege zunächst, was für deinen Leser interessant sein kann. Notiere deine Ideen.

2 Überlegt euch zunächst gemeinsam folgende Punkte:

1. Überlegt, wie ihr euren Brief beginnen wollt. Seht euch die Briefausschnitte genau an und vergleicht sie.
2. Überlegt, welcher Zusammenhang zwischen der Höflichkeitsform in der Anrede und dem Adressaten* besteht. Tauscht dazu einfach verschiedene Höflichkeitsformen aus und probiert, was jeweils am besten passt.

* **Adressat:** Empfänger

Passau, den 12. Oktober ...

Sehr geehrte Frau Fossenberger-Roy,
wie geht es Ihnen? Jetzt bin ich schon zwei Monate ...

Bamberg, den 30. November ...

Lieber Herr Müller,
Sie werden sich sicher wundern, dass wir Ihnen ...

Augsburg, 1. 3. ...

Liebe Friederike,
heute Mittag lag dein langer Brief im Briefkasten. Ich habe mich riesig darüber gefreut ...

Wenn ihr jemanden in einem Brief mit „Sie“ ansprecht, schreibt ihr die Anredepronomen **Sie, Ihr, Ihre, Ihnen** groß.

3 Ihr könnt eure Briefe unterschiedlich beenden. Achtet darauf, dass der Schluss zum Briefanfang passt. Probiert nun auch verschiedene Briefabschlüsse aus.

Mit lieben Grüßen
Ihr …

Mit freundlichen Grüßen
Ihre …

Schreib mal wieder!
Dein …

4 Schreibe jetzt deinen Brief an deinen Lehrer, deinen Freund …
Vergiss nicht, die Rechtschreibung zu überprüfen.

5 Damit dein Brief schnell ankommt, ist es wichtig, dass du den Briefumschlag richtig und leserlich beschriftest. Denke auch an die Briefmarke.

Friederike Kluge
Hauptstr. 4
91564 Neuendettelsau

Frau
Heike Esser
Goethestr. 7
97072 Würzburg

E-Mail und Nachrichten per Handy

1 Briefe können auch auf anderen Wegen an das Ziel gelangen. Sprecht über die dargestellten Möglichkeiten und tauscht eure Erfahrungen aus. Seht euch dazu noch einmal Seite 60 an.

Eine E-Mail schreiben:

Von wem?

An wen?

Mitteilung (Brief)

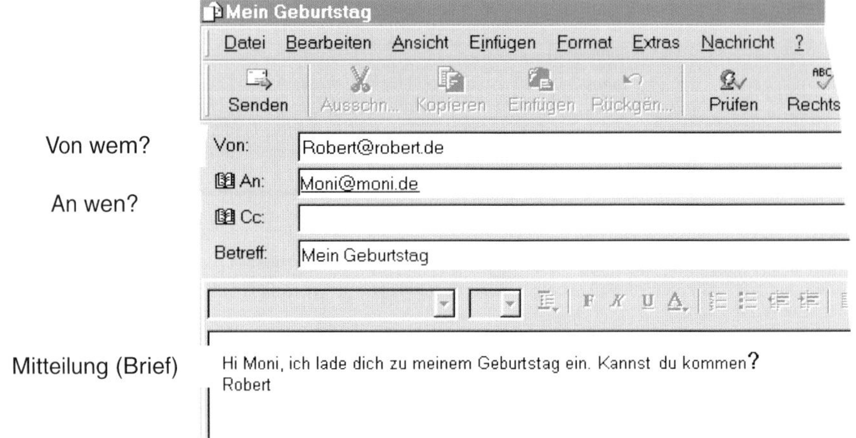

Smileys:

:-) lächelnd ;-) Augenzwinkernd :-(traurig, entäuscht sein

Mit dem Handy eine SMS verschicken:

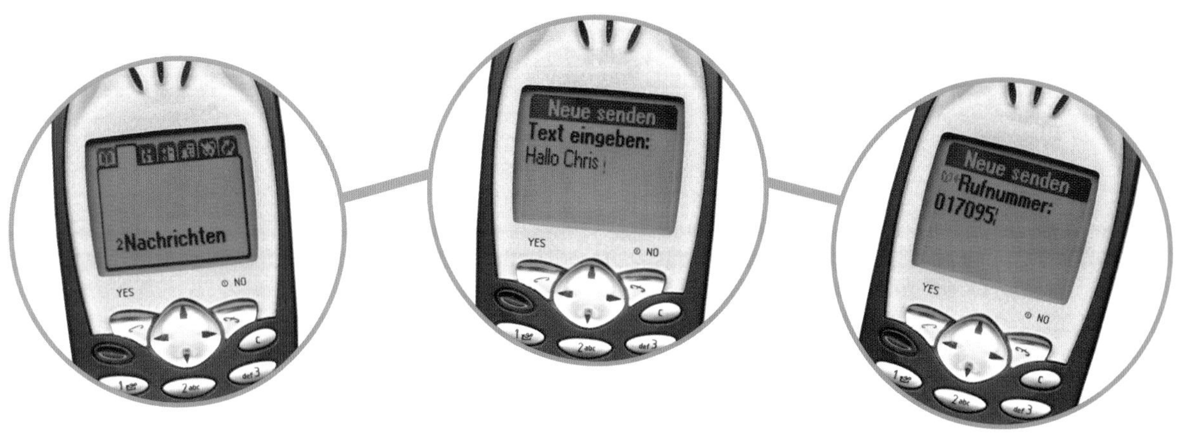

1+1
PARTNERARBEIT

2 Erklärt euch gegenseitig, wie man eine E-Mail und eine Nachricht per Handy verschickt.

Susanne Kilian

Der Brief

In der Deutschstunde stieß Karin die Ingrid an.

„Guck mal, der Oliver schaut mich schon wieder so an!“, flüsterte sie ihr zu.

Sie sahen beide zu Oliver hin. Der drehte sich weg. Er hatte die ganze Zeit die Karin angestarrt. Jetzt sah er nach vorne zur Tafel. Die Karin und die Ingrid kicherten hinter vorgehaltenen Händen.

Verdammt! Jetzt hatte die Lehrerin sich zu ihnen umgedreht. Und sie wollten bei dem blöden Gedicht auf keinen Fall drankommen. Gerade fing der Klaus an: „Mietegäste, vier im Haus, hat die alte Buche …“ Die Mädchen setzten sich ordentlich zurecht und machten aufmerksame Gesichter.

Inzwischen sagte die Gerti weiter: „Weiter oben im Geäst pfeift ein winzig kleiner …“

„Der Oliver ist verliebt in dich!“, wisperte Ingrid.

Karin wischte ihr unterm Tisch eins gegen die Beine: „Aber ich nicht in ihn!“, zischte sie.

Klar, dass der Oliver sie mochte, wusste sie schon lange. Immer wartete er, bis sie zum Schultor reinging. Zum Glück hatte sie immer all ihre Freundinnen um sich rum. Und sie beachtete den Oliver gar nicht. Nie. Auch wenn er mittags zehn Schritt Abstand hinter ihr herging. Er wohnte nur eine Ecke weiter. Sie fand Jungs an sich schon blöd. Aber der Oliver, wie er sie immer ansah, er war einfach Luft für sie.

In der Pause beriet Karin sich mit ihren Freundinnen. Sie wollten dem Oliver eins auswischen. Der würde die Glotzerei schon bleiben lassen. Sie drängelten sich in eine Schulhofecke und machten einen Kreis um Karin, dass man nicht sehen konnte, was sie machte. Sie benutzte die Mauer als Unterlage und krakelte auf einen Fetzen Butterbrotpapier, was die Freundinnen ihr flüsternd diktierten:

Lieber Oliver, ich fände es schön, wenn ich mal mit dir nach Hause gehen könnte. Würdest du auch meine Schultasche tragen?
Einen heißen Kuss von deiner dich liebenden Karin.

1 Verliebtsein ist anscheinend keine einfache Sache – was macht Verliebtsein manchmal so schwierig, aber auch so schön.
Überlege dir auch, ob Mädchen und Jungs vielleicht unterschiedlich damit umgehen – wo entdeckst du Gemeinsamkeiten und wo Unterschiede?

Flieger selbst gemacht

1 Informiert euch im Lexikon oder im Internet über die Geschichte des Flugzeugs und der Luftfahrt. Was könnt ihr mit Hilfe der Informationen zu den abgebildeten Flugkörpern sagen?

2 Fast alles kann man kaufen: Es geht aber auch anders. Sprecht darüber, warum viele lieber etwas selbst herstellen. Habt ihr auch schon einmal etwas gebastelt? Berichtet über eure Erfahrungen.

3 Warum ist zum Basteln eine genaue und verständliche Anleitung wichtig?

Fliegen, fliegen, fliegen!

1 Könnt ihr das?
Faltet einen einfachen Flieger und erklärt eurem Partner oder eurer Partnerin, wie ihr vorgegangen seid.

1+1
PARTNERARBEIT

2 Sicher habt ihr bemerkt, dass es gar nicht so einfach ist, eine Bastelanleitung zu geben.
Versucht es einmal so: Kleine Zeichnungen und erklärende Sätze ergeben eine Bastelanleitung.
Arbeitet mit einem Partner oder einer Partnerin.
Legt Schere, Papier im Rechteckformat, Lineal, Klebestreifen und Büroklammer bereit. Versucht, den Flieger nach der gezeichneten Anleitung zu bauen.

Achtung! Ihr müsst die Arbeitsschritte erst in die richtige Reihenfolge bringen.

Der Gleiter

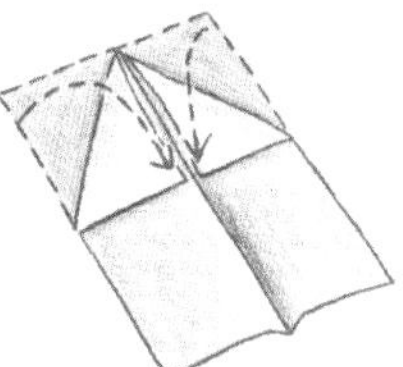

• Ecken einschlagen

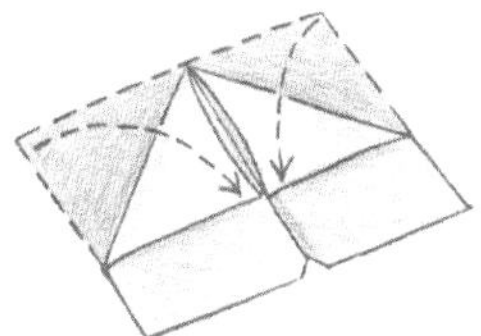

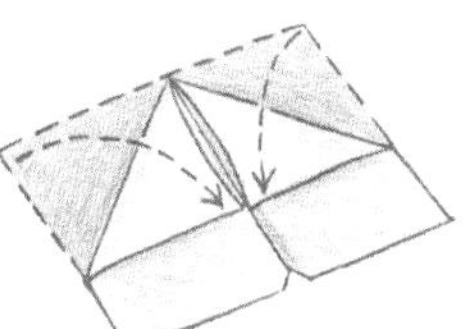

• Ecken noch einmal …

• Falten – entfalten

• Spitze umklappen

Büroklammer

• … richtige Stelle …
… Flugtest machen

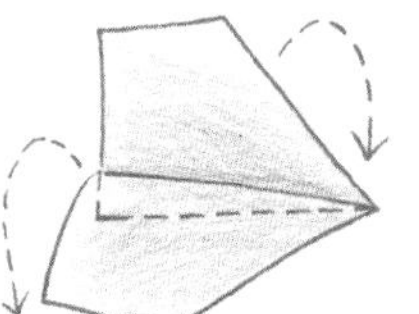

• Flügel umknicken

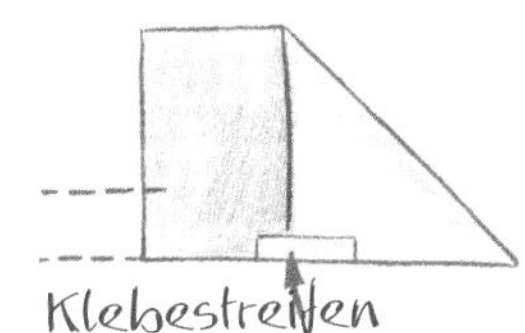

• … zusammenklappen

3 Schreibt die einzelnen Arbeitsschritte auf Kärtchen und nummeriert sie von 1 bis 7. In der Materialkiste findet ihr kurze Hinweise, die euch später beim Formulieren nützlich sind. So könnt ihr z. B. den ersten Arbeitsschritt formulieren. Erklärt die Unterschiede in den Formulierungen:

- Du faltest das Papier der Länge nach in der Mitte.
- Das Papier der Länge nach in der Mitte falten.
- Falte zuerst das Papier der Länge nach in der Mitte.

4 Vergleicht eure Ergebnisse mit denen anderer Partnergruppen. Haben alle die gleiche Reihenfolge gewählt?

5 Welche Beschreibungstechnik (Du-Form, Grundform, Befehlsform …) haben die verschiedenen Partnergruppen gewählt? Welche Lösung gefällt euch am besten?

6 Zeichne und schreibe jetzt die vollständige Bastelanleitung auf. Verwende die Beschreibungstechnik, die dir am besten gefallen hat. Du kannst die folgende Materialkiste dazu verwenden, um die einzelnen Schritte sinnvoll miteinander zu verbinden.

Materialkiste

Und noch mehr Flieger!

1 Bastle noch einen Flieger und schreibe eine Bastelanleitung dazu.

Wähle A oder B:

A

Der schnelle Gleiter

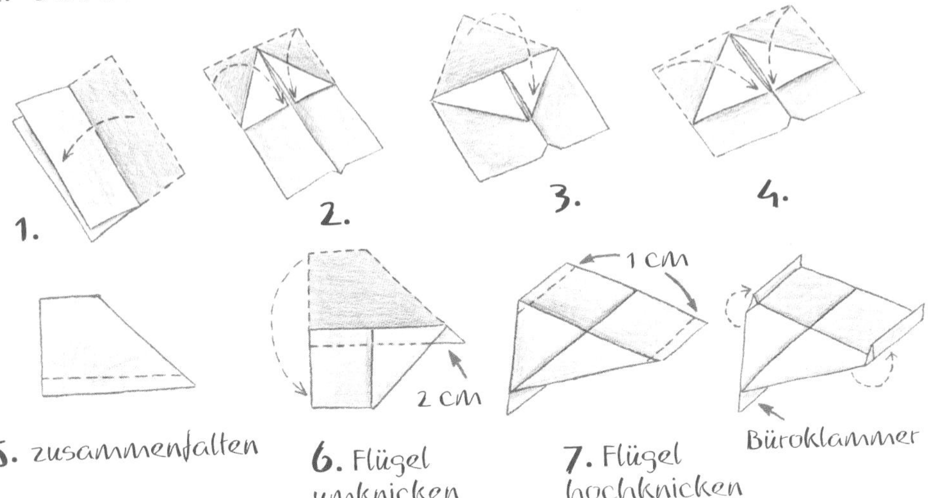

B

Hubschrauber

Um den Hubschrauber bauen zu können, benötigst du Karton. Außerdem musst du sorgfältig messen und schneiden.

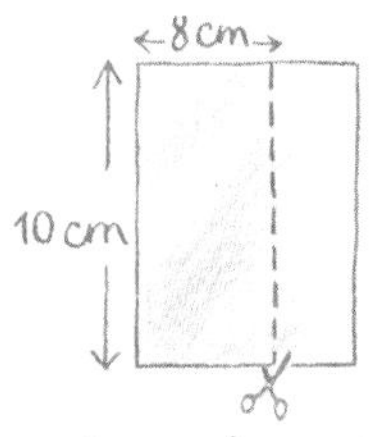

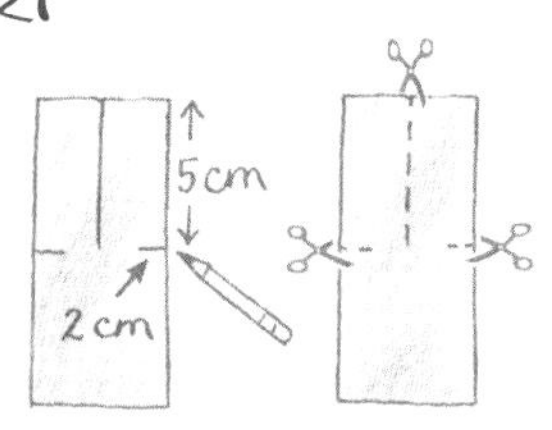

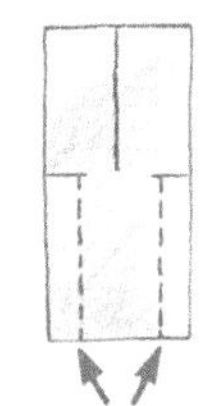

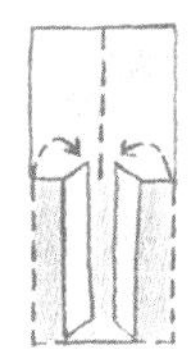

1. auf Größe schneiden

2. Linien zeichnen und einschneiden

3. falzen …

4. an den Falzlinien

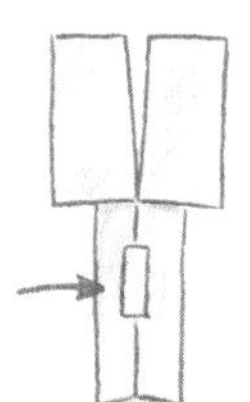

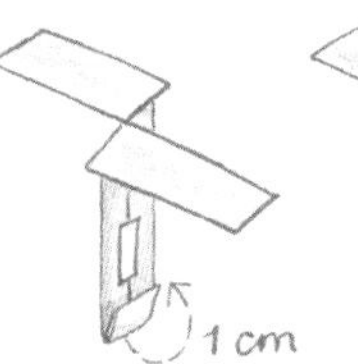

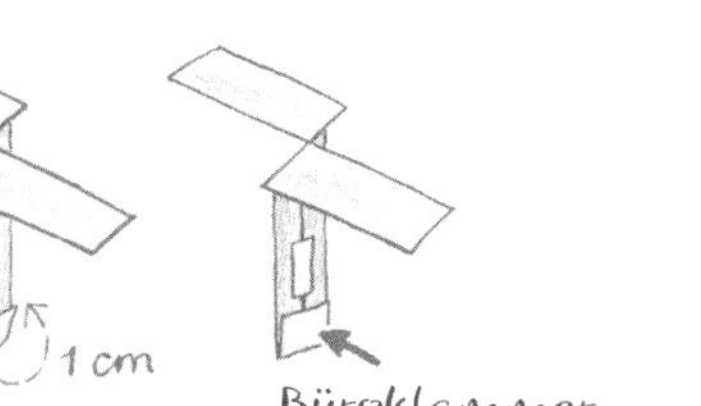

5. Klebeband

6. umknicken

7. einen Rotor nach rechts, den anderen …

Günter Karl

Erfinder Fritz Pillmann berichtet

Einen vollen Monat brauchte ich für meine Maschine. Ich schloss mich in meine Werkstatt ein und arbeitete fast ohne Unterbrechung Tag und Nacht. Erbaut wurde meine Vogelmaschine aus Eisen, Blech und Stahl.

Dann kam der große Tag. Die Flugmaschine war fertig. Ich blieb beim Betrachten meines Werkes vor Erstaunen wie festgenagelt stehen, so fantastisch war es gelungen. Der Probeflug der „Robot", so hatte ich meine Flugmaschine getauft, sollte am nächsten Tag stattfinden.

Früh am Morgen startete ich meine Flugmaschine. Mit ohrenbetäubendem Lärm schoss sie wie eine Rakete pfeilschnell empor. Robot zwinkerte mir noch einmal zu und rief: „Vielen Dank". Alsbald verschwand meine Flugmaschine als kleiner Punkt im Weltall und wurde nie mehr gesehen …

2 Was sagt ihr zu dieser Flugmaschine?

3 Wodurch unterscheidet sich dieser Text von euren Bastelanleitungen für die Papierflieger?

Müll unter der Lupe

Die Müllberge wachsen und wachsen!
Wir wissen bald nicht mehr, wohin mit unserem Müll.

1 Wie kann man solche Müllberge vermeiden? Sprecht in eurer Klasse über die Fotos, die an Schulen gemacht wurden. Was versteht ihr unter Mülltrennung und Müllvermeidung?

2 Entscheidet euch zuerst zwischen zwei Möglichkeiten, den unterschiedlichen Müll in eurer Schule genauer zu untersuchen:

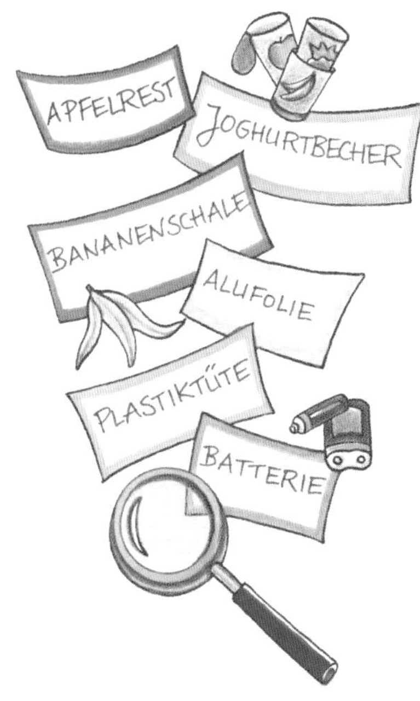

Wählt A oder B:

A: Ihr sammelt Müll in eurer Schule und untersucht ihn.
B: Ihr sammelt eure Ideen zum Müllproblem.

A

1. Sammelt in eurer Schule Müll in einem Plastiksack. Benutzt eine Greifzange und Plastikhandschuhe!
2. Breitet den Müll auf einer Plastikfolie, auf Packpapier oder einer alten Zeitung aus.
   Notiert die einzelnen „Müllfunde" auf einzelnen Zetteln.

B Denkt nach: Was werft ihr im Laufe eines Tages weg? Was seht ihr in der Schule herumliegen? Notiert mindestens fünf Dinge auf einzelnen Zetteln.

3 Versucht nun, an der Tafel Ordnung in die verschiedenen Zettel zu bringen. Welcher Müll ist gleich oder ähnlich und gehört deshalb zusammen?

Plastik	Glas	?
Plastiktüten	Flaschen	...
?	?	?

4 Das ist die Abbildung eines Spiels, das ihr unter der Homepage des Bundesministeriums für Umwelt unter www.bmu-kids.de/muellspiel findet. Vergleicht eure „Müllordnung" mit der hier abgebildeten.

Projekt Müllvermeidung

Meine Idee zur Müllvermeidung: Statt viele Salamis in kleinen Verpackungen zu kaufen, kaufe ich lieber eine größere in einer großen Verpackung.
Edith Schmidt, 5a

Flaschen, die man immer wieder benutzen kann. Joghurtgläser anstatt Joghurtbecher. Zum Einkaufen einen Einkaufskorb mitnehmen.
Erich Heintze, 5c

Um weniger Müll zu machen, nehme ich einen Rucksack statt Plastiktaschen zum Einkaufen. Meinen Joghurt kaufe ich in Gläsern.
Gaby Beierle, 5a

Ich würde statt Trinkpäckchen Flaschen benutzen. So kann ich viel Müll vermeiden.
Fritz Mommsen, 5b

1 Lest die Ideen der Schüler durch. Welcher Müll wird vermieden? Was wird stattdessen verwendet? Notiert die Wörter paarweise, z. B. *Plastiktüten – Rucksack*. Ergänzt die Liste.

2 Macht in eurer Schule eine Umfrage zum Müll. Beachtet die Hinweise zu dieser Arbeitstechnik.

Das Müllproblem an unserer Schule

1. Findest du/Finden Sie, dass an unserer Schule zu viel Müll produziert wird?

☐ ja ☐ nein ☐ das ist mir egal ☐ geht ja nicht anders

2. Hättest du/Hätten Sie Lust, bei einer Schul-Müll-Diät mitzumachen?

☐ ja ☐ nein, keine Lust ☐ ja, wenn's nicht anstrengt

3. Nimmst du dir/Nehmen Sie sich von zu Hause ein Pausenfrühstück mit?

☐ ja ☐ nein, ich kaufe mir was am Kiosk ☐ nein, ich frühstücke nicht

Wenn ja, wie ist dein/Ihr Pausenfrühstück verpackt?

☐ Alufolie ☐ Butterbrotpapier ☐ Frischhaltebox ☐ anderes Behältnis

4. Ich trinke in der Pause aus:

☐ Dose ☐ Getränketüte ☐ Einwegflasche ☐ Mehrwegflasche ☐ anderes Behältnis

5. Was machst du/machen Sie mit dem Abfall vom Pausenfrühstück?

☐ Ich frühstücke müllfrei ☐ Irgendwo wird er schon landen ☐ ich sortiere ihn

6. Wie findest du/finden Sie es, dass wir die Schule müllfrei machen wollen?

☐ gut ☐ blöd ☐ hat ja keinen Zweck

ARBEITSTECHNIK

Eine Umfrage durchführen

1. Sammelt Fragen und entscheidet, welche auf dem Fragebogen gestellt werden sollen.
2. Schreibt unter jede Frage, welche Antworten wahrscheinlich gegeben werden.
3. Gestaltet den Fragebogen. Dabei verwendet ihr am besten den Computer.
4. Legt fest, welche Personen befragt werden sollen.
5. Druckt oder kopiert die Fragebögen.
6. Führt die Befragung durch.
7. Wertet die Fragebögen aus, indem ihr die Antworten auszählt und die Zahlen vergleicht.
8. Fasst die Ergebnisse schriftlich zusammen.

3 Was hat die Umfrage ergeben?
Gestaltet über die Ergebnisse ein Informationsplakat zum Thema „Müllvermeidung und Müllentsorgung an unserer Schule“:

1. Besorgt euch ein großes Blatt Papier (Tapete, Poster, Packpapier …).
2. Entscheidet, welche Fragen, Antworten und Zahlen ihr darstellen wollt. Überlegt auch, welche Beispiele der Müllvermeidung ihr zeigen wollt.
3. Illustriert das Informationsplakat mit Bildern. Ihr könnt sie malen oder Abbildungen aus Zeitschriften und Prospekten verwenden.

4 Hängt eure Plakate in der Schule auf, damit sich alle Mitschüler informieren können.

+5 Plant Aktionen an eurer Schule, um allen das Müllproblem deutlich zu machen:

Sammelt Sondermüll in Zusammenarbeit mit eurer Stadt oder Gemeinde.

Sortiert den Müll, der in eurer Schule innerhalb eines Tages anfällt, auf dem Schulhof.

Verbindet alle Getränkeverpackungen, die ihr innerhalb einer Woche in der Schule sammelt zu einer Kette auf dem Schulhof.

Lesen üben – mit Sprache spielen

Petra: „Mein Vater erzählt mir oft, dass ein Mitarbeiter von ihm nicht lesen und gerade einmal mit Mühe seinen Vornamen schreiben kann. Er sagte immer, die anderen sollen für ihn schreiben, weil er nicht so gut Deutsch kann und nicht so schön schreiben kann – aber ich denke, es ist ihm peinlich, wenn die anderen wissen könnten, dass er weder lesen noch schreiben kann."

Maria: „Das denke ich auch, und wie muss sich wohl ein Analphabet fühlen, wenn er auf die Straße geht und überall hängen Werbungen herum und er kann sie nicht lesen?"

Olivia: „Das geht ja noch, aber er kann auch keine Briefe lesen und auch keine Warnungen – wahrscheinlich leben Analphabeten ganz schön gefährlich."

Markus: „Mich würde interessieren, wie die Leute über Analphabeten denken."

1 Warum ist es wichtig, dass man lesen kann?

2 Stellt euch vor, ihr könntet nicht lesen. Welche Schwierigkeiten hättet ihr beispielsweise beim Einkaufen?

3 Lesen ist aber nicht nur wichtig, sondern macht auch Spaß. Berichtet darüber, wo und wann euch das Lesen besonders viel Freude bereitet hat.

4 Sprecht auch darüber, warum einige von euch sehr gerne, andere aber nicht gerne lesen. Überlegt, welche Gründe es dafür gibt.

Geheim! Geheim! Geheim!

EinschwerzulesenderText

DieserTextistziemlichschwerzulesen.
Findetihrnichtauch?
Worandaswohlliegenmag?

EinnochschwererzulesenderText

UnddieserTextistnochetwasschwererzulesen.
OderseidihrandererMeinung?
Daswürdemichsehrwundern!

1 Habt ihr erkannt, warum die beiden Texte schwer zu lesen sind? Schreibt selbst ähnliche kleine Texte und legt sie einem Partner zum Lesen vor.

1+1 PARTNERARBEIT

2 Versucht, in die Texte noch andere Leseerschwernisse einzubauen.

3 Sucht die geheime Botschaft, die in diesem Text versteckt ist.

Geheime Botschaft

MitwkNtdrceinwrnTpctwenignRgfhdkfÜbungpt
rztXtqkannBtrNmanbqPtkauchxmtrzschwierige
NtrzHTexteZrtnlesen!

4 Versteckt in ähnlicher Weise eine Botschaft an euren Partner oder eure Partnerin.

1+1 PARTNERARBEIT

5 Versucht diesen komischen Text einfach einmal laut zu lesen. Könnt ihr ihn in vollständige Wörter übersetzen? Was fehlt in den Wörtern?

Kurt Werner Peukert

Hnd nd Ktz

D Ktzn knn mn ncht drssrn. Wnn mn Hnd drssrt hat, mchn s, ws d Mnschn vn hnn vrlngn.

5 Mit dem Winkel- und Kästchencode kannst du einen Text verschlüsseln. Dazu brauchst du eine Ver- und Entschlüsselungstabelle. Mit ihrer Hilfe kannst du den oben verschlüsselten Namen herausfinden:

A	B	C
D	E	F
G	H	I

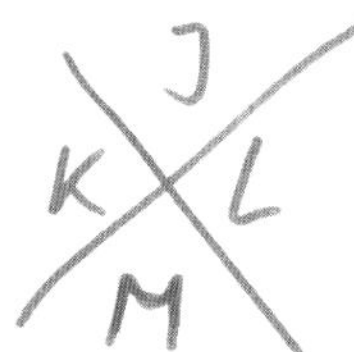

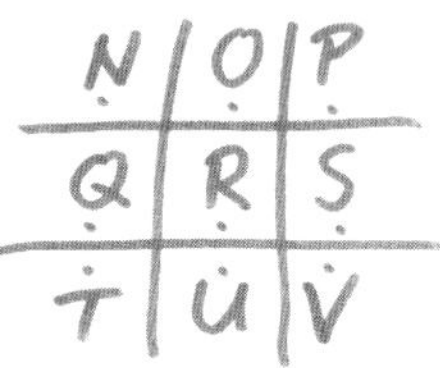

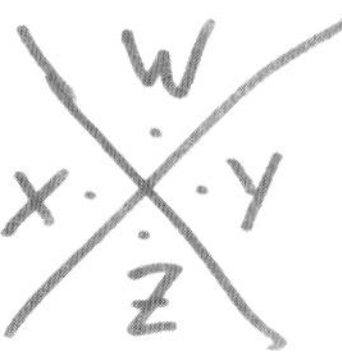

6 Die Buchstaben und Zeichen kann man auch anders anordnen. Erstelle eine eigene Ver- und Entschlüsselungstabelle. Schicke einem Mitschüler verschlüsselte Botschaften.

TIPP!

Mehr über Geheimschriften findet ihr unter www.blinde-kuh.de.

7 Stelle dir deine eigene Verschlüsselungsmaschine her. Mit dieser Maschine kannst du Buchstaben verschlüsseln und als Zahlencode aufschreiben. Und so geht es:

Du legst einen Anfangsbuchstaben fest, der nur demjenigen bekannt ist, dem du eine Botschaft senden möchtest – z. B.: „G“. Nun legst du den Zahlenstreifen so an den Buchstabenstreifen, dass die 1 auf G liegt. Jetzt steht jedem Buchstaben eine Zahl gegenüber und du kannst deine Botschaft verschlüsseln.

Da der Zahlenstreifen ja seitlich verschoben ist, gibt es einige Buchstaben, denen keine Zahlen gegenüberstehen – hier legst du einfach einen zweiten Zahlenstreifen an.

Beispiel:

																				A	B	C	D	E	F	G	H	I	J	K	L	M	N	O	P	Q	R	S	T	U	V	W	X	Y	Z						
1	2	3	4	5	6	7	8	9	10	11	12	13	14	15	16	17	18	19	20	21	22	23	24	25	26	1	2	3	4	5	6	7	8	9	10	11	12	13	14	15	16	17	18	19	20	21	22	23	24	25	26

Nicht nur Schrift

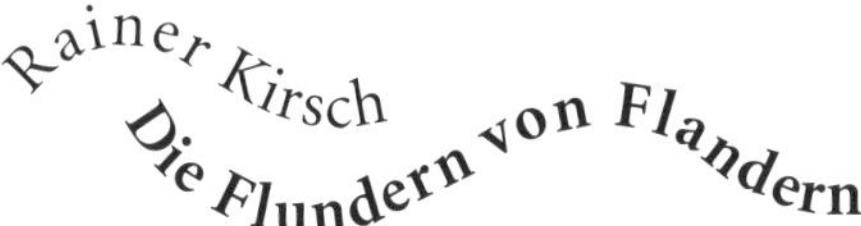

In Flandern lebten zwei Flundern
Die mussten sich jeden Tag wundern
Sie sagten eine zur andern
Wir sind ja zwei
Flundern
In Flandern

Dann schwammen sie platt auf
Den Meeresgrund
Und sangen zwei Stunden
lang
Den hochberühmten
Gesang: Wundern hält
Flundern
In Flandern
Gesund.

Jürgen Spohn

Das Am-Ende-von-Gedicht

Leiter

Am
Am Ende
Am Ende von
Am Ende von der
Am Ende von der Leiter

da geht es
nicht mehr w
ei
t
e
r

1 Seht euch die beiden Gedichte genau an. Erklärt, wie sie gemacht worden sind.

2 Versucht, ähnliche Gedichte zu schreiben. Hier findet ihr einige Anfänge. Vielleicht habt ihr auch eigene Ideen.

Es kommt eine Schnecke …

Unser Kater Juckel …

Im Keller …

3 Manchmal kann man auf einen Blick erkennen, wovon ein Gedicht handelt.

Georg Bydlinski/Winfried Opgenoorth

Das Löwenzahngedicht

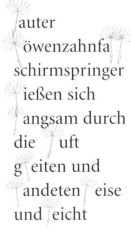

auter
öwenzahnfa
schirmspringer
ießen sich
angsam durch
die uft
g eiten und
andeten eise
und eicht

4 Kannst du den Rap der Gruppe „Massive Töne" trotz der Kleckse lesen? Versuche es.

Traumreise

Ey yo Baby, p deine Sachen, wir f zum Flugplatz
Weil ich gebucht habe, damit wir endl durchstarten
Keine Panik, gl mir, es lohnt sich
Ich zeig dir die ganze W, nur den Mond nicht
Es ist k Geheimnis, nun reisen wir rum,
wir b de zum Eiffelturm
Doch deine Freundinnen ben den dich drum.

Ich hab' keinen C, ich bin blank
Hab' kein Geld auf der
Ich bin total abgebrannt, doch nehm' ich deine H
Und ich mach mit dir 'ne Traumreise
Indem ich den Globus dreh und mit dem Finger drauf z

Kannst du reimen?

1 Schreibe die Zeilen auf ein Blatt Papier, schneide sie aus und probiere verschiedene Zeilenanordnungen aus. Wie viele Möglichkeiten findest du?

Steig mit Eifer in die Lüfte,
fliege kleiner Drache
Schwing dich, kleine blaue Sache
Über unsere Häusergrüfte

Bertolt Brecht

2 Male ein Bild zu dem Gedicht von Bertolt Brecht.

Jürgen Spohn

Wie Wo Wann Warum

Warum ist
das Feuer heiß?
Warum ist
der Schneemann weiß?
Wer hat
den Himmel blau gemacht?
Wer hat
die Oma fortgebracht?
Wann bin ich
auch so groß wie du?
Wann kommt
die Milch raus aus der Kuh?
Wo ist
das Ende dieser Welt?
Wo wird
der Regen abgestellt?
Wie kommt
das Ferkel aus dem Schwein?
Und wie denn
kam es vorher rein?

3 Schreibe selbst ein Wie-Wo-Wann-Warum-Gedicht. Versuche, Reimwörter zu finden.

Als das Wünschen noch geholfen hat …

1 Auf dem Bild sind verschiedene Märchen versteckt. Welche Märchen erkennt ihr?

2 Ordne die folgenden Textausschnitte den Märchenmotiven auf Seite 84 zu.

… Und als ihm der Bäcker die Pfote bestrichen hatte, so lief er zum Müller und sprach: „Streu mir weißes Mehl auf meine Pfote." Der Müller dachte, der Wolf will einen betrügen und weigerte sich, aber der Wolf sprach: „Wenn du es nicht tust, so fresse ich dich!" Da fürchtete sich der Müller und machte ihm die Pfote weiß. Ja, so sind die Menschen …

… Am andern Tage, als sie mit dem König und allen Hofleuten sich zur Tafel gesetzt hatte und von ihrem goldenen Tellerlein aß, da kam, plitsch platsch, plitsch, platsch, etwas die Marmortreppe heraufgekrochen, und als es oben angelangt war, klopfte es an der Tür und rief: „Königstochter, jüngste, mach mir auf." …

… Es dauerte nicht lange, so saß da eine Katze an dem Weg und machte ein Gesicht wie drei Tage Regenwetter. „Nun, was ist dir in die Quere gekommen, alter Bartputzer?", sprach der Esel …

4

Es war einmal eine kleine süße Dirne, die hatte jedermann lieb, der sie nur ansah, am allerliebsten aber ihre Großmutter, die wusste gar nicht, was sie alles dem Kinde geben sollte. Einmal schenkte sie ihm ein Käppchen von rotem Samt, …

… Der Königssohn hatte aber eine List gebraucht und hatte die ganze Treppe mit Pech bestreichen lassen: da war, als es hinabsprang, der linke Pantoffel des Mädchens hängen geblieben. …

… Der älteste war zu einem Schreiner in die Lehre gegangen, da lernte er fleißig und unverdrossen, und als seine Zeit herum war, dass er wandern sollte, schenkte ihm der Meister ein Tischchen, das gar kein besonderes Ansehen hatte und von gewöhnlichem Holz war: aber es hatte eine gute Eigenschaft …

3 Erzählt euch gegenseitig Märchen. Kennt ihr auch Märchen aus anderen Ländern?

4 Die Ausschnitte aus den Märchen sind in einem Deutsch geschrieben, wie man es früher benutzte. Wie würdet ihr heute formulieren? Sucht euch mit einem Partner einen Ausschnitt aus und formuliert ihn um.

1+1
PARTNERARBEIT

Die Bienenkönigin

Zwei **Königssöhne** gingen einmal auf Abenteuer und gerieten in ein wildes, wüstes Leben, so dass sie gar nicht wieder nach Haus kamen. Der jüngste, welcher der Dummling hieß, machte sich auf und suchte seine Brüder: aber wie er sie endlich fand, verspotteten sie ihn, dass er mit seiner Einfalt sich durch die Welt schlagen wollte, und sie zwei könnten nicht durchkommen und wären doch viel klüger. Sie zogen alle drei miteinander fort und kamen an einen **Ameisenhaufen**. Die zwei ältesten wollten ihn aufwühlen und sehen, wie die kleinen **Ameisen** in der Angst herumkröchen und ihre Eier forttrügen, aber der Dummling sagte: „Lasst die Tiere in Frieden, ich leids nicht, dass ihr sie stört."

Da gingen sie weiter und kamen an einen **See**, auf dem schwammen viele viele **Enten**. Die zwei Brüder wollten ein paar fangen und braten, aber der Dummling ließ es nicht zu und sprach: „Lasst die Tiere in Frieden, ich leids nicht, dass ihr sie tötet."

Endlich kamen sie an ein Bienennest, darin war so viel Honig, dass er am Stamm herunterlief. Die zwei wollten Feuer unter den **Baum** legen und die Bienen ersticken, damit sie den Honig wegnehmen könnten. Der Dummling hielt sie wieder ab und sprach: „Lasst die Tiere in Frieden, ich leids nicht, dass ihr sie verbrennt."

Endlich kamen die drei Brüder in ein **Schloss**, wo in den Ställen lauter steinerne Pferde standen, auch war kein Mensch zu sehen, und sie gingen durch alle Säle, bis sie vor eine Tür ganz am Ende kamen, davor waren drei Schlösser; es war aber mitten in der Türe ein Lädlein, dadurch konnte man in die **Stube** sehen. Da sahen sie ein graues **Männchen**, das an einem Tisch saß. Sie riefen es an, einmal, zweimal, aber es hörte nicht: endlich riefen sie zum dritten Mal, da stand es auf, öffnete die Schlösser und kam heraus. Es sprach aber kein Wort, sondern führte sie

zu einem reich besetzten Tisch; und als sie gegessen und getrunken hatten, brachte es einen jeglichen in sein eigenes Schlafgemach. Am andern Morgen kam das graue Männchen zu dem ältesten, winkte und leitete ihn zu einer steinernen Tafel, darauf standen Aufgaben geschrieben, wodurch das Schloss erlöst werden könnte. Die erste Aufgabe war, in dem **Wald** unter dem Moos lagen die Perlen der Königstochter, tausend an der Zahl, die mussten aufgesucht werden, und wenn vor Sonnenuntergang noch eine einzige fehlte, so ward der, welcher gesucht hatte, zu Stein.

Der älteste Königssohn ging hin und suchte den ganzen Tag, als aber der Tag zu Ende war, hatte er erst hundert gefunden; es geschah, wie auf der Tafel stand, er ward in Stein verwandelt.

Am folgenden Tag unternahm der zweite Bruder das Abenteuer; es ging ihm nicht viel besser als dem ältesten, er fand nicht mehr als zweihundert Perlen und ward zu Stein.

Endlich kam auch der Dummling an die Reihe, der suchte im Moos, es war aber so schwer, die Perlen zu finden, und ging so langsam. Da setzte er sich auf einen Stein und weinte. Und wie er so saß, kam der **Ameisenkönig**, dem er einmal das Leben erhalten hatte, mit fünftausend Ameisen, und es währte gar nicht lange, so hatten die kleinen Tiere die Perlen miteinander gefunden und auf einen Haufen getragen.

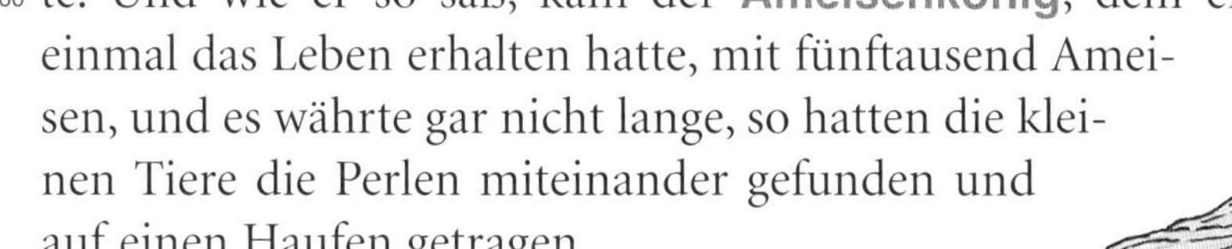

Die zweite Aufgabe aber war, den Schlüssel zu der **Schlafkammer** der Königstochter aus dem See zu holen. Wie der Dummling zum See kam, schwammen die Enten, die er einmal gerettet hatte, heran, tauchten unter und holten den Schlüssel aus der Tiefe.

Die dritte Aufgabe aber war die schwerste, aus den drei schlafenden **Töchtern des Königs** sollte die jüngste und die liebste herausgesucht werden. Sie glichen sich aber vollkommen und waren durch nichts verschieden, als dass sie, bevor sie eingeschlafen waren, verschiedene Süßigkeiten gegessen hatten, die älteste ein Stück Zucker, die zweite ein wenig Sirup, die jüngste einen Löffel voll Honig. Da kam die **Bienenkönigin** von den Bienen, die der Dummling vor dem Feuer geschützt hatte, und versuchte den Mund von allen dreien, zuletzt blieb sie auf dem Mund sitzen, der Honig gegessen hatte, und so erkannte der Königssohn die rechte.

Da war der Zauber vorbei, alles war aus dem Schlaf erlöst, und wer von Stein war, erhielt seine menschliche Gestalt wieder. Und der Dummling vermählte sich mit der jüngsten und liebsten, und ward König nach ihres Vaters Tod; seine zwei Brüder aber erhielten die beiden andern Schwestern.

1 Warum heißt das Märchen „Die Bienenkönigin"? Könnte es auch einen anderen Titel haben? Macht Vorschläge und begründet.

2 Welche Figuren kommen in dem Märchen vor?

zwei ältere und ein jüngerer ___
viele kleine ___ mit ihrem ___
die ___ auf einem See
viele ___ mit ihrer ___
ein kleines, graues ___ in einem Schloss
drei ___ des Königs, die sich gleichen wie Drillinge

3 An welchen Orten spielt die Handlung?

an einem Ameisen ___, einem ___ mit Enten und unter einem ___ mit einem Bienennest
in den Ställen und Sälen eines verzauberten ___
in einer ___ mit einem grauen Männchen
im ___ und am See
in der ___ der Prinzessinnen

4 Fertigt in eurer Gruppe Kärtchen für die Märchenfiguren und für die Orte der Handlung an. Legt daraus einen Textplan für das Märchen „Die Bienenkönigin".

1. Königssohn

2. Königssohn

3. Königssohn

Ameisenhaufen

ARBEITSTECHNIK

Einen Textplan erstellen

Mit einem Textplan kann man sich auch über einen komplizierten Inhalt einen Überblick verschaffen.

1. Schreibt Kärtchen für die handelnden Figuren und für die Orte der Handlung.
2. Legt die Kärtchen zu einem Textplan. Überprüft ihn am Text.
3. Verbindet die Kärtchen durch Pfeile.

Diese Kärtchen braucht ihr:

Ameisenhaufen

1. Königssohn

1. Bruder wird zu Stein

Erlösung und Heirat

2. Königssohn

Stube mit Männchen

Baum mit Bienennest

2. Bruder wird zu Stein

Steintafel mit 3 Aufgaben

3. Königssohn

Schloss mit Ställen und Sälen

3. Bruder löst alle Aufgaben

See mit Enten

5 Das Schloss war verzaubert. Erkläre, worin der Zauber bestanden haben muss.

6 Der jüngste Königssohn wurde „Dummling“ genannt. Wer hat ihn wohl so genannt? Welche Gründe kann es dafür geben? Meinst du, dass der Name zutrifft? Begründe.

1+1
PARTNERARBEIT

7 Im Märchen „Die Bienenkönigin“ wird manches erzählt, was es in der Wirklichkeit nicht gibt; anderes gibt es wirklich oder hat es früher einmal gegeben. Fertige mit einem Partner eine Liste an:

Das gibt es wirklich / hat es gegeben	*Das gibt es in der Wirklichkeit nicht*
- Königssöhne	*- zu Stein verzauberte Pferde*
- Ameisenhaufen	*...*
- Tierquälerei	

Vergleicht eure Ergebnisse mit denen anderer Partnergruppen.

8 Ihr könnt das Märchen „Die Bienenkönigin“ in der Klasse gemeinsam als Comic gestalten.
Besprecht:

1. Welche Bilder müsst ihr zeichnen?
2. An welchen Merkmalen sollen die einzelnen Figuren auf euren Bildern immer wieder zu erkennen sein?
3. Welches Format sollen eure Bilder haben?
4. Wer zeichnet welches Bild?
5. Was soll in den Sprechblasen stehen?

Du Dummling, wie willst du durch die Welt kommen?

Wenn wir es schon nicht schaffen, obwohl wir viel klüger sind!

Herkunft des Wortes	**Märchen** – Verkleinerungsform von „Mär“, mittelhochdeutsch: Bericht, Erzählung, Gerücht. Märchen sind kürzere Erzählungen.
Zeit und Ort der Handlung	Die Handlung spielt in einer unbestimmten Vergangenheit („Es war einmal …“, „In den alten Zeiten, wo das Wünschen noch geholfen hat, …“). Auch der Ort der Handlung ist unbestimmt („In einem Königreich …“, „Es war ein Dorf …“).
Fantastische Elemente	Märchen enthalten viele fantastische Elemente wie Zauberei und Verwandlung in Tiere, Menschen oder Gegenstände. Es kommen auch sprechende Tiere, Feen, Hexen usw. vor.
Realistische Elemente	Manches ist dagegen wirklichkeitsnah erzählt. Oft erfährt man z. B., wie arme Menschen in früherer Zeit lebten, welches Schicksal Kinder ohne Eltern hatten oder auch vom Streit zwischen Geschwistern.
Gut und böse	Die Handlung im Märchen ist einfach, ein Ereignis reiht sich ans andere. Gut und böse kann man meist leicht unterscheiden. Am Schluss werden die Guten belohnt, die Bösen werden oft grausam bestraft.
Märchensammlungen	Märchen wurden früher unter Erwachsenen als Zeitvertreib erzählt. Erst um das Jahr 1800 wurden sie von Schriftstellern gesammelt und dann gedruckt. Die bekanntesten deutschen Märchensammler sind die Brüder Jacob und Wilhelm Grimm. Sie ließen sich Märchen erzählen und schrieben sie auf. Dabei veränderten sie sie manchmal. So entfernten sie z. B. besonders grausame Stellen. Sie setzten die Geschichten auch in die Vergangenheit und fügten wörtliche Reden ein. Ihr Buch „Kinder- und Hausmärchen“ erschien in zwei Bänden zuerst 1812 und 1815. Es wurde sehr erfolgreich. Nun konnte man Märchen auch vorlesen.

1 Aus dem Lexikon könnt ihr erfahren, was Merkmale von Märchen sind. Besprecht, welche der hier genannten Merkmale zum Märchen „Die Bienenkönigin“ passen.

GRUPPENARBEIT

2 Bildet Gruppen. Wählt in jeder Gruppe ein Märchen aus, das ihr gut kennt. Besprecht, ob die Merkmale auch für dieses Märchen gelten.
Tragt eure Ergebnisse mit Hilfe von Stichwortzetteln in der Klasse vor.

Stichwortzettel
S. 28

Der Fundevogel

Janosch erzählt Grimms Märchen

Eine Frau war im Wald eingeschlafen, da kam ein Bussard von oben und raubte ihr Kind. Er nahm es mit in sein Nest und zog es auf wie seine eigenen Kinder. Er lehrte es fliegen wie ein Bussard. Er lehrte es sehen wie ein Bussard und lehrte es, ein König zu sein wie ein Bussard. Und bald war's so, dass der Junge auch aussah wie ein Bussard.

Freilich konnte er nicht ganz so gut fliegen wie sein Vater. Konnte auch nicht ganz so gut sehen wie sein Vater, und so geschah es einmal, dass ein Förster, der im Wald auf der Jagd war, ihn fing. Er nahm ihn mit nach Haus, und weil er aussah wie ein Vogel und der Förster ihn ja gefunden hatte, nannte er ihn den „Fundevogel".

Der Förster aber hatte eine Tochter. Die beiden wuchsen zusammen auf, wurden zusammen größer, und bald konnte einer ohne den anderen nicht mehr leben. Das Mädchen teilte sein Essen mit dem Fundevogel und lehrte ihn sprechen: „Verlässt du mich nicht, verlass ich dich auch nicht."
„Verlässt du mich nicht, verlass ich dich auch nicht", sagte der Fundevogel.

Nun zeigte sich bald, dass der Fundevogel unter den Federn ein schöner Junge war. Aber weil die Mutter des Mädchens es nicht wissen durfte, sprachen sie nur miteinander, wenn niemand es hörte.

„Verlässt du mich nicht, verlass ich dich auch nicht."
„Verlässt du mich nicht, verlass ich dich auch nicht."

Die Mutter des Mädchens konnte den Fundevogel nämlich nicht leiden. Jeden Tag gab sie ihm etwas weniger zu fressen und schimpfte, wenn sie sah, dass ihre Tochter ihr Essen mit dem Vogel teilte. Und wenn es niemand sah, haute die Mutter dem Fundevogel eins von hinten an den Kopf. Darüber ärgerte sich der Fundevogel, und heimlich, wenn niemand es sah, lehrte er das schöne Mädchen fliegen. Freilich lernte sie es nie so gut, wie ihr Fundevogel es konnte, aber von Tag zu Tag ging's etwas besser. Es verging die Zeit. Das Mädchen wurde immer schöner, und der Fundevogel wurde immer stärker.

„Verlässt du mich nicht, verlass ich dich auch nicht", sagte das Mädchen.
Und der Fundevogel sagte: „Verlässt du mich nicht, verlass ich dich auch nicht."

Und dann eines Tages, in aller Frühe, flogen der Fundevogel und das Mädchen davon, bauten sich ein Nest auf einem hohen Baum und lebten dort glücklich wie im Paradies.

1 Ist dieser Text deiner Meinung nach ein Märchen? Begründe.

2 Was glaubt ihr, haben die Brüder Grimm die Geschichte genauso erzählt wie Janosch? Was ist bei ihnen anders?

Sucht in „Grimms Märchen" das Märchen vom Fundevogel.

Fabelhaft

- kurze Erzählungen
- Tiere denken, reden und handeln wie Menschen
- Fabeln sollen …

1 Was wisst ihr schon über Fabeln?
Tragt zusammen und formuliert einen Text.

2 Welche Fabeln kennt ihr? Erzählt sie.

Äsop

Äsop war beim Volk wegen seiner Fabeln so beliebt, dass es seine Freilassung durchsetzte.
Als freier Mann ging er auf Reisen und erzählte auf den Märkten und Plätzen der Städte seine Fabeln. So kam er eines Tages nach Delphi. Die Priester von Delphi wollten Äsop loswerden, weil sie fürchteten, dass er in seinen Fabeln ihre Fehler und Schwächen aufs Korn nehmen könnte. Sie versteckten eine goldene Schale in seinem Reisegepäck und als Äsop weiterzog, eilten sie ihm nach und nahmen ihn als „Dieb" gefangen. Zur Strafe wurde er von einem Felsen ins Meer gestürzt. Kurz vorher soll Äsop folgende Fabel erzählt haben:

Äsop lebte Mitte des 6. Jh. vor Chr. als Sklave in Griechenland. Er gilt als der Erfinder der Tierfabel.

Eine Maus gewann einen Frosch lieb und lud ihn zum Nachtmahl ein. Sie gingen miteinander in die Speisekammer eines reichen Mannes, in der sie Brot, Honig, Feigen und mancherlei leckere Sachen fanden. Sie konnten sich nach Herzenslust satt fressen. Der Frosch, der der Maus das gute Leben neidete, beschloss, sie umzubringen. Er sprach zu der Maus: „Nun sollst du auch meine Speisen versuchen. Komm mit mir! Weil du aber nicht schwimmen kannst, will ich deinen Fuß an meinen binden, damit dir kein Leid geschieht." Nachdem er die Füße zusammengebunden hatte, sprang er ins Wasser und zog die Maus mit sich hinab. Als die Maus merkte, dass sie sterben musste, begann sie zu klagen: „Ich werde ohne Schuld das Opfer gemeiner Hinterlist. Aber von denen, die am Leben bleiben, wird einer kommen, der meinen Tod rächt." Während sie das sagte, kam ein Habicht heran, ergriff die Maus und den Frosch und fraß sie beide.

Nach Äsops Tod sollen über die Stadt Hungersnöte und Seuchen hereingebrochen sein. Die Fabeln aber lebten weiter. Sie wurden später gesammelt und aufgeschrieben und von vielen Dichtern neu erzählt.

STECKBRIEF

- Name:
- Lebensort und -zeit:
- Tätigkeit:
- Meinung der Leute über ihn:
- Todesort/Todesart:
- Einige seiner Fabeln:

3 Erstellt einen Steckbrief für den Fabeldichter.

Wie sich Äsop mit einer Fabel rettete

Zu Lebzeiten Äsops wollte König Krösus die Insel Samos erobern. Daraufhin schickten die bedrohten Inselbewohner Äsop zu Krösus, damit er ein gutes Wort für sie einlege und den Krieg verhindere.

Warum wird Äsop zum König geschickt?

Als der König Äsop sah, sagte er zornig: „Welche Unverschämtheit, dass mich so ein kleiner Mann an der Eroberung einer so großen Insel hindern will! Für deinen Hochmut musst du mit dem Leben bezahlen!"

Wie reagiert der König, als er Äsop sieht?

Furchtlos entgegnete Äsop: „Großer König! Ich bin aus eigenem Antrieb und mit gutem Willen hierher gekommen. Schenkt mir einen Augenblick Eurer kostbaren Zeit und gestattet mir, vorher eine Fabel zu erzählen:

Worum bittet Äsop den König?

„Ein junger Mann, der sich die Zeit mit dem Fangen und Töten von Heuschrecken vertrieb, erwischte eines Tages auch zufällig eine Grille.
Als er sie wie die anderen Tiere töten wollte, bat sie ihn: „Töte mich nicht ohne Grund. Ich schade niemandem. Im Gegenteil, durch die Bewegung einiger kleiner Häutlein mache ich anmutige Musik, an der sich die Vorbeigehenden erfreuen. Ich habe nichts anderes als meine Stimme zu bieten", fügte sie bescheiden hinzu.
Daraufhin ließ der junge Mann die Grille frei."

Um wen geht es in Äsops Fabel?

Warum wird die Grille freigelassen?

„Großer König", fuhr Äsop fort, „ich bitte Euch, mich nicht grundlos zum Tode zu verurteilen, ich habe nie jemanden beleidigt. Mein einziges Verbrechen, wenn es eins ist, besteht darin, dass ich ein guter Redner bin, der jedoch niemandem schmeichelt."

Wie begründet Äsop seine Bitte, nicht getötet zu werden?

Äsops Rede berührte den König und er sagte: „Du hast es nicht mir, sondern der göttlichen Fügung zu verdanken, dass ich dir das Leben schenken werde. Fordere nun frei, was du begehrst, und du sollst es bekommen." „Ich verlange nur, großer König, dass ihr Samos verschont", entgegnete Äsop.
„Es sei dir versprochen", antwortete der König.

Was geschieht, nachdem Äsop gesprochen hat?

1 Erschließt den Inhalt dieses Textes. Geht dabei so vor, wie in der Arbeitstechnik unten beschrieben ist.

2 Erzählt einem Partner den Inhalt des Textes. Nutzt dazu die Fragen neben dem Text als Gliederungspunkte. Schaut nur dann in den Text, wenn ihr Wichtiges vergessen habt.

1+1
PARTNERARBEIT

3 Lest den Text mit verteilten Rollen.

4 Die Geschichte wurde weiter erzählt und erst viele Jahre später aufgeschrieben. Erzählt sie auch. Dabei seid ihr einmal:
- der König, der zu Hause seiner Frau von dem Geschehen erzählt;
- ein Bewohner der Insel Samos, der dabei war;
- Äsop, der am selben Abend seinen Zuhörern erzählt, wie es ihm ergangen ist.

5 Was wollte Äsop wohl durch das Erzählen der Fabel erreichen?

6 Was glaubt ihr, warum haben Äsop und viele andere diese Form gewählt, anstatt ihr Anliegen direkt vorzutragen?

ARBEITSTECHNIK

Einen längeren Text lesen und verstehen

1. Lies die Überschrift und überlege, was du schon über den Inhalt des Textes erfährst.
2. Sieh dir die äußere Gestaltung des Textes genau an (Wie viele Abschnitte hat er? Sind Wörter hervorgehoben? Gibt es im Text Zwischen-Überschriften? …). Überlege, welche Informationen du daraus entnehmen kannst.
3. Lies jetzt Abschnitt für Abschnitt. Beantworte nach jedem Abschnitt die Frage „Was steht in diesem Abschnitt?“ Wenn du diese Frage nicht beantworten kannst, musst du den Abschnitt nochmals lesen.

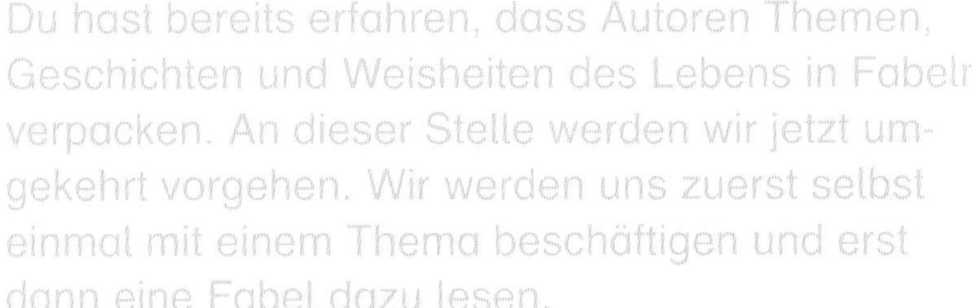
Du hast bereits erfahren, dass Autoren Themen, Geschichten und Weisheiten des Lebens in Fabeln verpacken. An dieser Stelle werden wir jetzt umgekehrt vorgehen. Wir werden uns zuerst selbst einmal mit einem Thema beschäftigen und erst dann eine Fabel dazu lesen.

1 Stelle dir vor, dir erscheint eine gute Fee und sagt: „Du hast einen Wunsch frei – du darfst dir wünschen, jemand anderes zu sein – überlege gut und teile mir dann deinen Wunsch mit“.

Die Wortkarte bitte aufheben – du brauchst sie später noch einmal!

2 Schreibe nun auf eine Wortkarte, wer du gerne sein möchtest und was dann geschehen würde. Du kannst folgenden Anfang verwenden: „Ich würde gerne … sein, weil … .“

3 Lest euch im Sitzkreis eure Wünsche vor.

4 Entwickelt dann eine Fabel zu unserem Thema – darin sollen ein Hirsch und zwei Eidechsen vorkommen.

Die Originalfabel „Die Eidechse und der Hirsch“ findest du auf Seite 99.

5 In einer kleinen Ausstellung könnt ihr eure Fabeln vorstellen. Diejenigen Geschichten, die euch am besten gefallen, nehmt ihr dann zum Vortragen mit in den Sitzkreis.

Die Eidechse und der Hirsch

Unbekannter Verfasser

Zwei Eidechsen sonnten sich auf einer alten Mauer. Die eine döste halb schlafend in der Hitze, die zweite suchte mit ihrer langen Zunge nach den tanzenden Mücken zu haschen, als sie einen Hirsch aus dem nahen Wald treten sah. Die Eidechse vergaß ihr Mückenmahl und bewunderte den Hirsch, seine königliche Haltung und sein machtvolles Geweih.
Beim Anblick des schönen Tieres wurde die Eidechse mit ihrem Schicksal unzufrieden und fing an zu klagen. „Wie schrecklich ist unser Dasein als Eidechsen“, sagte sie zu ihrem Freund. „Wir leben, das ist richtig, aber das ist auch schon alles. Niemand beachtet uns, niemand bemerkt uns. Wäre ich doch als Hirsch geboren worden!“
Aber die Eidechse wurde jäh in ihrem Gespräch unterbrochen. Eine wilde Hundemeute stürzte aus dem Wald hervor, der Hirsch floh, aber schon hing einer der Hunde an seiner Kehle, er fiel und wurde getötet.
Die zweite Eidechse sagte nun: „Willst du noch immer mit diesem Hirsch tauschen? Oder bist du froh, eine kleine unscheinbare Eidechse zu sein? Wer einen hohen Rang hat, hat viele Feinde. Bescheiden und unbemerkt von der Welt zu leben, hat auch seinen Vorteil, glaube mir.“ Und die zweite Eidechse schloss wieder die Augen und döste weiter in der heißen Mittagssonne.
Die erste Eidechse aber war nachdenklich und schweigsam geworden. Sie schluckte eine Fliege, die sich zu nahe an sie herangewagt hatte, und fühlte sich plötzlich recht zufrieden mit ihrem Schicksal, das sie auf ihrer Mauer sitzen ließ und ihr ein reichliches Mahl von Mücken und Fliegen beschert hatte – und keine Neider und keine Feinde!

1 Mache dich zuerst mit dem Inhalt der Fabel vertraut.

2 Versuche zu klären, warum eine der beiden Eidechsen so unzufrieden ist.

3 Die zufriedene Eidechse hat eine ganz andere Lebenseinstellung – finde sie heraus.

4 Was ist wohl das Wichtigste, das die unzufriedene Eidechse gelernt hat?

Zum Nachdenken:

1 Nimm nun deine Wortkarte (mit dem Wunsch für die gute Fee) und ergänze sie durch ein großes „aber“. Schreibe dahinter, welche Nachteile du in Kauf nehmen müsstest, wenn die Fee dir deinen Wunsch erfüllen würde.

2 Wir vermuten einmal, dass jetzt nicht nur die Eidechse etwas aus der Geschichte gelernt hat. Tauscht euch im Sitzkreis darüber aus – folgende Satzanfänge könnten euch dabei helfen:

„Mir ist heute wichtig geworden …“

„Ich habe aus der Geschichte gelernt…“

„Heute ist mir deutlich geworden …“

„Für mein weiteres Leben möchte ich mir vornehmen …“

Äsop

Der alte Löwe und der Fuchs

Ein Löwe lag alt und schwach in seiner Höhle und war nicht mehr fähig, selbst auf die Jagd zu gehen. In seiner Not ließ er in seinem Reich die Botschaft von seinem nahen Tode verbreiten und allen Untertanen befehlen, an den königlichen Hof zu kommen. Er wolle von jedem persönlich Abschied nehmen.

Nacheinander trudelten die Tiere ein und der König rief jeden zu sich. Mit Geschenken gingen sie einzeln zu ihm hinein, denn die erhofften sich alle großen Vorteil davon. Ein gerissener Fuchs hatte eine Zeitlang in der Nähe der Höhle verbracht und das Kommen beobachtet. „Seltsam“, dachte er, „alle Tiere gehen in die Höhle hinein, aber niemand kehrt daraus zurück. Die Burg des Königs ist zwar geräumig, so groß ist sie aber auch nicht, dass sie alle Untertanen aufnehmen kann.

Vorsichtig trat der Fuchs vor den Eingang und rief höflich: „Herr König, ich wünsche Euch ewige Gesundheit und einen guten Abend.“

„Ha, Rotpelz, du kommst sehr spät“, ächzte der Löwe, als läge er wirklich schon in den letzten Zügen, „hättest du noch einen Tag länger gezögert, so wärest du nur noch einem toten König begegnet. Sei mir trotzdem herzlich willkommen und erleichtere mir meine letzten Stunden mit deinen heiteren Geschichten.“

„Seid Ihr denn allein?“, erkundigte sich der Fuchs mit gespieltem Erstaunen. Der Löwe antwortete grimmig: „Bisher kamen schon einige meiner Untertanen, aber sie haben mich alle gelangweilt, darum habe ich sie wieder fortgeschickt. Jedoch du, Rotpelz, bist lustig und immer voll pfiffiger Einfälle. Tritt näher.“

„Edler König“, sprach der Fuchs demütig, „Ihr gebt mir ein schweres Rätsel auf. Unzählige Spuren im Sand führen in Eure Burg hinein, aber keine einzige wieder heraus, und Eure Festung hat nur einen Eingang. Mein Gebieter, Ihr seid mir zu klug. Ich will Euch nicht mit meiner Dummheit beleidigen und lieber wieder fortgehen. Eines aber will ich für Euch tun, ich werde dieses Rätsel für mich behalten.“ Der Fuchs verabschiedete sich und ließ den Löwen allein.

1 Beantwortet folgende Fragen:

1. Der Löwe versucht die Tiere auf neue Art zu fangen. Was tut er?
2. Warum kommen die Tiere?
3. Was passiert den Tieren beim Löwen?
4. Wie verhält sich der Fuchs, als der Löwe versucht, ihn zu sich zu locken?

2 Welche dieser Eigenschaften passen zu dem Löwen, dem Fuchs, den anderen Tieren? Ergänzt sie mit eigenen Adjektiven.

dumm
gemein
heuchlerisch
vorsichtig
unvorsichtig
misstrauisch
hinterlistig
neugierig

Das ist gestern passiert

Fest hält Daniela ihren neuen Discman in der Hand, als ihr Sven vor dem Jugendzentrum begegnet. Dieser hatte ihr vergangenes Jahr bei ihrer Geburtstagsfeier ihren Walkman mutwillig zerstört.
Er redet ganz freundlich mit ihr und bittet sie: „Lass mich doch mal deine CD mit anhören! Keine Angst, diesmal passe ich gut auf das Gerät auf."
Schon will er den Discman nehmen und die Kopfhörer aufsetzen, da erblickt Daniela zwei Mitschüler aus ihrer Klasse, die um die Ecke kommen.
„Steven, Tom!", ruft sie laut.
Plötzlich will Sven die CD nicht mehr anhören und ist blitzschnell verschwunden.

1 Welche der drei folgenden Fabeln würde zu dieser Begebenheit passen?

Äsop

Der aufgeblasene Frosch

Ein Frosch, der sich wunders wie groß vorkam, hockte bei seinen Kindern im Sumpf, als er einen Ochsen erblickte, der am Ufer sein Futter suchte. Da wollte er gerne auch so groß sein und blies sich auf, so stark er nur konnte.
„Bin ich nun so groß wie der Ochse?", fragte er. „Nein", antworteten die Kinder. Da blies er sich noch stärker auf und fragte abermals: „Bin ich jetzt so groß?" „Noch immer nicht!", antworteten die Kinder. Da blies der Frosch sich mit solcher Gewalt auf, dass er zerbarst[1].
Wer es den Großen und Mächtigen gleichtun will, ohne die Kräfte dazu, der wird kläglich enden.

1 **zerbarst:** zerplatzte

Friedrich von Hagedorn

Der ewige Friede

Ein alter Haushahn hielt auf einer Scheune Wacht. Da kommt ein Fuchs mit schnellem Schritt und ruft: „Oh, krähe, Freund, nun ich dich fröhlich mache; ich bringe gute Zeitung[1] mit: Der Tiere Krieg hört auf. Man ist der Zwietracht[2] müde. In unserem Reich ist Ruh und Friede. Ich selber trag ihn dir von allen Füchsen an. O Freund, komm bald herab, dass ich dich herzen kann. Was guckst du so herum?" – „Greif, Halt und Bellart kommen, die Hunde, die du kennst", versetzt der alte Hahn und als der Fuchs entläuft[3]: „Was", fragt er, „ficht dich an?"[4] „Nichts, Bruder", spricht der Fuchs, „der Streit ist abgetan. Allein, ich zweifle noch, ob sie es schon vernommen."

1 **gute Zeitung:** gute Nachricht
2 **Zwietracht:** Streit
3 **entläuft:** wegläuft
4 **Was ficht dich an?:** Was macht dir Angst?

Gotthold Ephraim Lessing

Neidlose Freundschaft

Eine Nachtigall fand unter den anderen Sängern des Waldes viele Neider, aber keinen Freund. „Vielleicht finde ich ihn bei einer anderen Gattung", dachte sie und flog vertraulich zu dem Pfau herab. „Schöner Pfau, ich bewundere dich!" „Ich dich ebenso, liebe Nachtigall!" „So lass uns Freunde sein", sprach die Nachtigall weiter. „Wir werden uns gegenseitig nie beneiden. Du bist dem Auge so angenehm wie ich dem Ohr." Nachtigall und Pfau wurden Freunde.

2 Schildert selbst eine kleine Szene, zu der eine der Fabeln passt.

Sagenhaft

Sage: mündlich überlieferte Erzählung, die an historische Ereignisse anknüpft und mit Erfundenem erweitert wird

Die Steinerne Brücke zu Regensburg

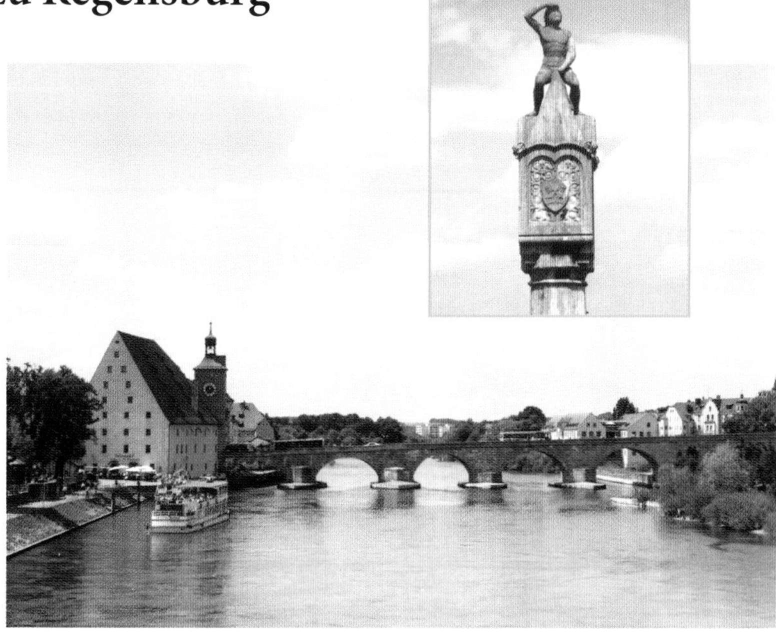

Die Steinerne Brücke verbindet Regensburg mit Stadtamhof. Sie wurde von Herzog Heinrich X., dem Stolzen, in Verbindung mit den Bürgern von Regensburg von 1135–1146 erbaut. In 15 Bogen, welche auf mächtigen Quaderpfeilern ruhen, überspannt sie in einer Länge von 305 m den Donaustrom. Bis zur Mitte steigt sie mäßig an und fällt dann im gleichen Verhältnis wieder ab. Die Brüstung wird von riesigen Granitplatten gebildet.

Früher war die Brücke mit drei Türmen, einem am Anfange, einem zur Mitte und einem am Ende geziert. Zwei davon sind jetzt abgetragen; nur der südliche steht noch. Derselbe ist in seiner ursprünglichen Bauart noch ziemlich gut erhalten.

Im Mittelalter galt die Brücke als eines der größten Bauwunder. Nach der damaligen Sitte wurde sie mit Wahrzeichen versehen. Als solche sieht man noch einen Hund und einen Löwen ohne Kopf, zwei streitende Hähne, eine aufwärts kriechende Eidechse, drei Menschenköpfe verschiedenen Alters und das sog. Brückenmännchen. Letzteres ist ein Jüngling, der auf dem Dächlein einer Säule sitzt und das Angesicht dem Dom zuwendet. An der Säule stehen Verse, welche sich auf den Bau der Brücke beziehen.

Von dieser Brücke berichtet die Volkssage, dass der Erbauer derselben mit dem Baumeister des Domes eine Wette eingegangen habe. Diese bestand darin, dass derjenige, welcher seinen Bau zuerst vollende, dem Überwundenen eine Leibesstrafe auferlegen dürfe.

Rasch wuchs der Dombau aus dem Grunde. Mit stiller Bekümmernis bemerkte dies der Brückenbaumeister. Immer war er unter seinen Leuten und trieb sie zur Arbeit an. Trotzdem blieb der Bau der Brücke hinter dem des Domes weit zurück.

In seiner Not ging nun der Brückenmeister einen Bund mit dem Teufel ein. Dieser versprach ihm Beistand und Hilfe. Der Brückenbaumeister verschrieb ihm dagegen die ersten drei Seelen, welche über die Brücke gehen würden.

Von dieser Stunde an ging der Bau der Brücke rasch vonstatten. Es war, als ob die Steine sich von selbst zusammenfügten und die Brücke sich durch eigene Kraft vergrößere. Der Dombaumeister geriet in Sorge. Täglich stand er auf dem Vorsprunge seines Baues und blickte schweren Herzens zur Brücke hinüber. Da erdröhnten eines Tages drei weithin schallende Hammerschläge. Sie hatten die Einfügung des Schlusssteines in die Brücke verkündet. Der Dombaumeister hatte also die Wette verloren und stürzte sich in seiner Verzweiflung vom Dome herab. Von allen Seiten wurde der Brückenbaumeister beglückwünscht. Derselbe konnte sich aber nicht zu rechter Freude erheben. Mit Schrecken dachte er an den Augenblick, da sich der Teufel seine Opfer holen werde. Da riet ihm ein alter Kapuziner, drei Tiere auf die Brücke zu bringen. Der Brückenbaumeister holte zwei Hähne und einen Hund und jagte sie hinüber. Der Teufel, welcher sich durch diese List um seine Opfer betrogen sah, ergriff eines der Tiere und schlug mit ihm ein Loch durch die Brücke. Dieses Loch soll lange Zeit als Wahrzeichen der Tat gezeigt worden sein.

Lies den Text und bearbeite folgende Fragen und Arbeitsaufträge:

1 Nenne Fakten zur Steinernen Brücke.

2 Die Brücke wurde mit Wahrzeichen versehen. Welche davon kann man heute noch entdecken?

3 Beschreibe die Wette, die im Text vorkommt.

4 Beschreibe, welches „Geschäft“ der Brückenbaumeister mit dem Teufel eingeht.

5 Mit welchem „Trick“ schafft es der Brückenbaumeister, dass der Teufel keine Menschenseelen bekommt? Von wem hatte er den Tipp, diesen Trick anzuwenden?

6 Lies noch einmal die Erklärung für „Sage“. Untersuche, wo der Sagentext an historische Ereignisse anknüpft. Wo wurde er mit Erfundenem erweitert?

Was meinst du? Begründe deine Aussagen.

1 Wie bewertest du es, dass der Brückenbauer den Teufel zu Hilfe holt?

2 Findest du es gemein, dass der Brückenbauer den Teufel austrickst oder darf man den Teufel betrügen?

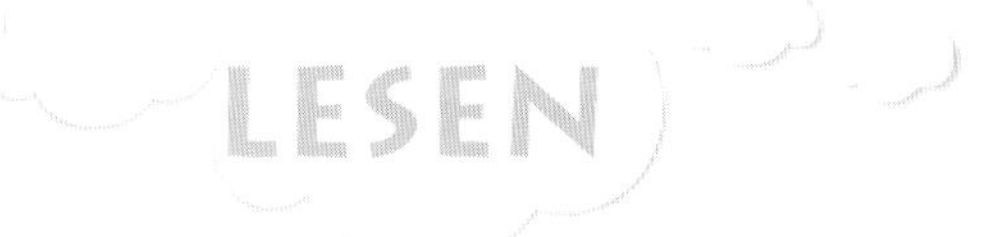

Warum die Duggendorfer keinen Hl. Geist mehr haben

Vor Jahren war es üblich, religiöse Vorgänge bei kirchlichen Festen dem andächtigen Volke möglichst sinnfällig zu machen. So auch in Duggendorf. Der Hl. Geist wurde durch eine Taube dargestellt, die der Organist von der Empore aus abfliegen ließ, wenn der Pfarrer sang: „Komm Hl. Geist …!“

Wieder war Pfingsten. In der Kirche warteten die Gläubigen auf die übliche Überraschung. Gehobenen Herzens stimmte der Pfarrer an: „Veni sancte spiritu …!“ Aller Augen wandten sich, dem Beispiel des Geistlichen folgend, nach oben. Wider Erwarten kam aber der Hl. Geist nicht zum Vorschein. Der Pfarrer wurde ungeduldig und rief wiederholt und zuletzt ganz unwillig: „Komm Hl. Geist …!“ Der alte Kantor* auf der Orgel schwitzte indessen schon lange, er wusste sich nicht mehr zu helfen und sang in heller Verzweiflung hinunter: „Den hat vorhin d'Katz gefressen!“ Seit der Zeit haben die Duggendorfer keinen Hl. Geist mehr und haben an Pfingsten auch keinen mehr erscheinen lassen.

* **Kantor:** Leiter des Kirchenchores

Lies auch diesen Text und bearbeite die Aufgaben bzw. beantworte die Fragen:

1 Finde heraus, was der altmodische Begriff „sinnfällig machen“ meint, und was die lateinischen Worte „Veni Sancte Spiritu“ auf Deutsch bedeuten.

2 Was ist deiner Meinung nach an dieser Geschichte wahr, was wurde hinzuerfunden?

3 **zur Weiterarbeit:**

- ***Kennst du selbst Sagen?***
- ***Frage deine Eltern, Großeltern, sonstige Verwandte oder Bekannte nach Sagen und erzähle diese in der Schule.***
- ***Besorge dir aus einer Bücherei ein Sagenbuch, suche dir eine Sage aus, die dir gut gefällt, und lies sie deinen Klassenkameraden vor.***

Die Sage von der Burg Löweneck

Der Ritter von Löweneck hatte den Ritter von Eichhofen auf einem Streifzug gefangen genommen und ihn in eine Höhle gesperrt. Der Ritter von Eichhofen aber hatte eine Tochter namens Waltrud, die ihrem Vater sehr zugetan war und ihn liebte. Als sie von der Gefangennahme ihres Vaters erfuhr, verkleidete sie sich als Bauernmädchen, ging auf die Burg Löweneck und bat den Besitzer, dass er sie als Magd einstellen möge. Der Löwenecker stellte sie ein und war mit ihr zufrieden. Jeden Abend schlich sie nun zum Verlies ihres Vaters und tröstete ihn. Als der Ritter von Löweneck im Sand Fußspuren entdeckte, wurde Waltrud bei ihrem erneuten Besuch gefangen genommen.

Unter den Bewohnern der Burg war auch ein junger Ritter aus dem Geschlecht der Schreckensteiner. Dieser hatte Mitleid mit Waltrud. Mit List drang er in das Gefängnis ein und befreite Waltrud und ihren Vater. Der befreite Ritter von Eichhofen sammelte nun seine Knechte und erstürmte die Burg Löweneck. Der Löwenecker wurde auf die Burg Eichhofen gebracht. Der junge Ritter aber wurde belohnt. Der Eichhofener gab ihm seine Tochter Waltrud zur Frau.

Gustl Motyka

Das Zwergenloch

Das Zwergenloch bei Beratzhausen war einst von Kobolden bewohnt, die ihr Wesen ringsum trieben.*

Dieses Zwergenvolk erschien allnächtlich in einem Bauernhof von Hinterkreith. Daselbst verrichtete es allerlei Arbeit. Für die Leistungen verlangten die Zwerge keinen anderen Lohn als die Reste von der Nachtsuppe des Gesindes. Lange dauerte das freundschaftliche Verhältnis an. In einer Nacht nun hatten die Bauersleute die Zwerge aus Neugier beobachtet und sahen, dass ihre Höslein und Schühlein arg zerrissen waren. Aus Mitleid ließen sie neue Kleidchen und Schühlein machen und legten diese an einem Abend in der Küche auf. Als die Zwerge diese Sachen gewahrten, fingen sie zu jammern und zu klagen an, denn sie wollten nicht belohnt werden. Schnell packten sie die Sachen zusammen und waren von der Stund an nicht mehr gesehen.

Einmal wurde einer von diesen Zwergen gefangen. Er jammerte und bat flehentlich, man möchte ihm doch wieder die Freiheit schenken und versprach dafür, etwas sehr Wichtiges und Geheimnisvolles mitzuteilen. Daraufhin ließ man ihn gerne wieder frei. Der Zwerg aber sprach: „Der erste Stich mit einer Nadel, so der Faden keinen Knoten hat, ist umsonst." Drehte eine lange Nase und verschwand.

* **Wesen treiben:** das tun, wozu man bestimmt ist

Sisyphos

Wer war der stärkste und schlaueste Mensch im alten Griechenland? Manche meinen, es war Herakles (röm. Herkules), der so viele Heldentaten vollbracht hat. Aber nicht wenige sagen, der Stärkste und Schlaueste aller Griechen war Sisyphos. Der Mann, der sogar den Tod überlisten konnte.

Sisyphos war der Gründer und Erbauer von Korinth und herrschte als König in der herrlichen Stadt. Da wagte er in seinem Übermut, den Unwillen des großen Gottes Zeus auf sich zu ziehen. Er verriet den Göttervater, als dieser die Tochter des Flussgottes Asopos entführt hatte. Zeus beschloss daraufhin Sisyphos zu bestrafen und schickte ihm Thanatos, den Tod. Dem listigen Sisyphos gelang es, den Tod zu überlisten und mit eisernen Ketten zu fesseln.
Auf der Erde brachen glückliche Zeiten an. Keiner starb mehr und die Menschen vermehrten sich stetig.
Als Zeus das merkte, sandte er Ares, den Gott des Krieges, aus, um den Tod von seinen Fesseln zu befreien.
Ares tat, wie ihm befohlen. Und Sisyphos wurde in das Reich der Schatten, in die Unterwelt geschafft. Aber auch dort blieb er nicht lange, weil es ihm auch hier gelang, den Gott der Unterwelt, Hades, zu überlisten, so dass er bald wieder unter den Lebenden auf der Erde weilte und sein Leben genoss.

Doch dieses Leben währte nicht ewig. Zeus schickte noch einmal Thanatos, den Tod, zu ihm und dieser zerrte ihn in die Unterwelt und Zeus dachte sich eine schreckliche Strafe für Sisyphos aus.
Ihm wurde die Aufgabe gestellt, einen mächtigen Marmorfelsen einen Hügel hinaufzuwälzen.
Unter unsäglichen Mühen ging der Verurteilte ans Werk, stemmte sich mit aller Kraft seiner Hände und Füße dagegen und zwang den schweren Stein auch wirklich fast bis zum Gipfel, da – im allerletzten Augenblick entrollte der tückische Felsblock seinen Händen und stürzte in die Tiefe. Von Neuem musste sich der Arme ans Werk machen, wieder und immer wieder zwang er den Stein bis kurz vor das Ziel, und wieder und immer wieder rollte der Stein hinunter.

Und weil er nicht gestorben ist, müht sich Sisyphos noch heute ab, den schweren Marmorstein den Hügel hochzuschieben.
Und immer wieder rollt der Stein nach unten. Unendlich schwere Arbeit und unendlich sinnlos!

1 Bei so alten Sagen ist es nicht ganz einfach, alles zu verstehen, weil man viele Orte und Namen heute nicht mehr kennt. Beginnt mit der Wo-Frage:

1. Wo lag das antike Korinth? Könnt ihr euch vorstellen, warum es in der Stadt so schön war?
2. Welche anderen griechischen Städte kennt ihr? Welche Namen habt ihr schon einmal gehört?
3. Zeus, der Göttervater, thronte auf dem Olymp (Olympos) – sucht diesen Berg auf der Karte.

2 Welche Götter kommen in der Sage vor? Fertigt eine Übersicht an:

- **Zeus:** oberster Gott, Gemahl der Hera, Vater von **Ares, Apollon** …
- **Thanatos:** …
- **Ares:** …
- **Hades:** …

Lest in der Sage und in Nachschlagewerken nach, was über die Götter gesagt wird. Ihr könnt auch das Internet nutzen.

3 Erklärt, was eine „Sisyphosarbeit" ist. Kennt ihr solche Arbeiten?

Was liest du denn gerade?

Janus, 10, 5. Klasse
Ich lese immer mal wieder, eigentlich 1 bis 2 Bücher in der Woche. Am liebsten spannende Bücher und Krimis.
Luisa, 10, 5. Klasse
Die Bücher von Erich Kästner „Das fliegende Klassenzimmer“, „Emil und die Detektive“ find ich gut, aber auch andere Bücher, in denen Kinder in der Familie oder mit Freunden etwas erleben, lese ich, wenn ich Zeit habe.
Christian, 11, 5. Klasse
Ich lese am meisten in den Ferien, wenn ich nicht am Computer sitzen kann, beim Autofahren mit meinen Eltern manchmal 2 Bücher auf einer Fahrt. Eigentlich alles, aber sehr gerne fantastische Abenteuerbücher und alles über Fußball.

1 Welche Bücher lest ihr? Sprecht über eure Lese-Erfahrungen und eure Lieblingsbücher.

Der Brief für den König

1 Schon der äußere Umschlag oder die Vorderseite eines Buches geben wichtige Hinweise auf den Inhalt. Was erwartest du, wenn du dieses Buch in den Händen hältst?

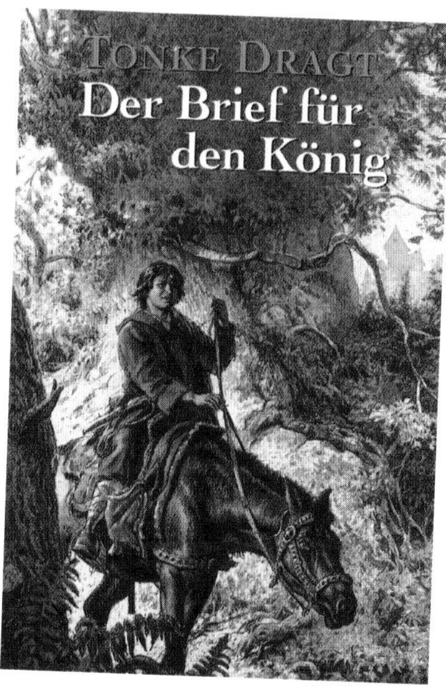

2 Auf der Rückseite dieses spannenden Buches findest du einen Text. Man nennt ihn Klappentext:

Tiuri verlässt in der Nacht, bevor er seinen Ritterschlag empfangen soll, seine Heimatstadt und nimmt den gefährlichen Auftrag an: Er soll einen Brief mit einer geheimen Botschaft in das ferne Königreich Unauwen bringen. »Ein sehr schönes Schmökerbuch, das alles enthält, was der Leser von solch einem Buch erwartet: Fantasie, Abenteuer und Gefahren, gute und böse Menschen, Hass und Zuneigung.«

Arbeitskreis Jugendbuch und Buch

»Die Geschichte vom jungen Ritter Tiuri, der in eine Kette von gefährlichen Abenteuern gerät, ist so spannend, dass hier keiner freiwillig aufhört zu lesen.«

E. Menzel, Hit für Kids

Info-Punkt

Klappentext: Text auf der Umschlagklappe eines Buches.
Bei vielen Büchern steht dieser Text auf der Rückseite des Buches.

Könntest du dich jetzt schon für dieses Buch entscheiden? Begründe deine Meinung.

3 Lies jetzt den Anfang der Geschichte vom jungen Knappen Tiuri (Seite 112), der in der Nacht vor seinem Ritterschlag einen gefährlichen Auftrag annimmt:
Er soll eine geheime Botschaft in das ferne Königreich Unauwen bringen. Dabei muss er eine Reihe gefährlicher Abenteuer bestehen.

Der Auftrag

Die Nachtwache in der Kapelle

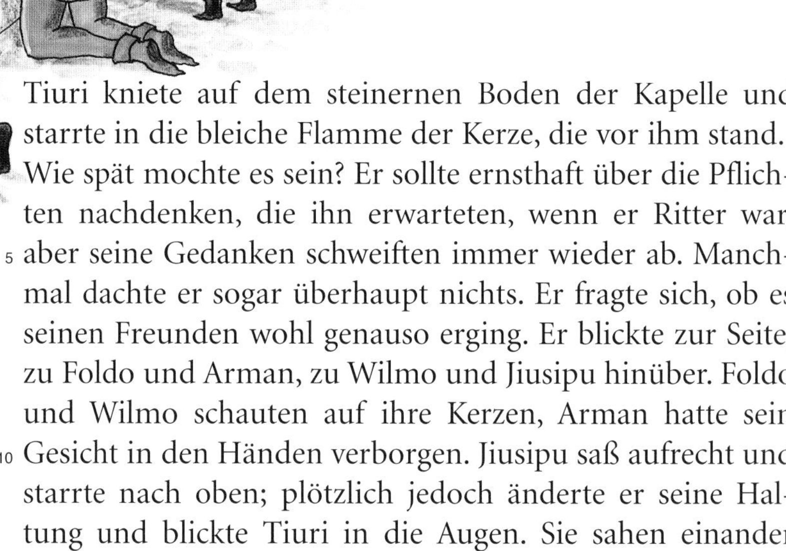

Tiuri kniete auf dem steinernen Boden der Kapelle und starrte in die bleiche Flamme der Kerze, die vor ihm stand. Wie spät mochte es sein? Er sollte ernsthaft über die Pflichten nachdenken, die ihn erwarteten, wenn er Ritter war, aber seine Gedanken schweiften immer wieder ab. Manchmal dachte er sogar überhaupt nichts. Er fragte sich, ob es seinen Freunden wohl genauso erging. Er blickte zur Seite, zu Foldo und Arman, zu Wilmo und Jiusipu hinüber. Foldo und Wilmo schauten auf ihre Kerzen, Arman hatte sein Gesicht in den Händen verborgen. Jiusipu saß aufrecht und starrte nach oben; plötzlich jedoch änderte er seine Haltung und blickte Tiuri in die Augen. Sie sahen einander eine Zeit lang an; dann wandte Tiuri sich ab und richtete den Blick wieder auf die Kerze.

Woran mochte Jiusipu wohl denken?

Wilmo bewegte sich und machte mit dem Schuh ein scharrendes Geräusch auf dem Boden. Die anderen schauten alle gleichzeitig in seine Richtung. Wilmo neigte den Kopf, als ob er sich schäme.

Wie still es hier ist, dachte Tiuri kurze Zeit später. So still ist es in meinem Leben noch nie gewesen. Ich höre nur unsere Atemzüge und vielleicht, wenn ich gut hinhöre, das Klopfen meines Herzens …

Die fünf jungen Leute durften nicht miteinander reden – während der ganzen Nacht durften sie kein einziges Wort sagen. Und sie durften keinerlei Verbindung mit der

Außenwelt haben. Sie hatten selbst die Kapellentür abgeschlossen und würden sie erst am nächsten Morgen um sieben Uhr wieder öffnen, wenn die Ritter König Dagonauts kamen, um sie abzuholen.

Morgen früh! Tiuri sah den Festzug vor sich: die Ritter auf ihren Pferden, deren Zaumzeug prächtig geschmückt war, die farbigen Schilde und die wehenden Banner. Auch sich selbst sah er, auf einem feurigen Pferd sitzend, in einen blinkenden Harnisch gehüllt, mit Helm und wehendem Federbusch.

Er schüttelte diese Vision von sich ab. Er durfte nicht an die Äußerlichkeiten der Ritterschaft denken, sondern sollte sich vornehmen, treu und ehrlich, tapfer und hilfsbereit zu sein.

Das Kerzenlicht tat seinen Augen weh. Er schaute zum Altar hinüber, wo die fünf Schwerter bereitlagen. Darüber hingen die Schilde; sie glänzten im flackernden Licht der Kerzen.

Morgen wird es zwei Ritter geben, die das gleiche Wappen tragen, dachte er. Vater und mich. Sein Vater hieß ebenfalls Tiuri; man nannte ihn den „Tapferen". War er jetzt wohl noch wach und dachte an seinen Sohn? Ich hoffe, dachte Tiuri, dass ich ein genauso guter Ritter werde wie er.

Kurz darauf tauchte ein neuer Gedanke in ihm auf: Stell dir vor, wenn jetzt jemand an die Tür klopfte! Dann dürften wir nicht öffnen. – Er erinnerte sich an eine Geschichte, die Ritter Fartumar, dessen Schildknappe er gewesen war, ihm einmal erzählt hatte. Als der in der Nacht vor seinem Ritterschlag in der Kapelle gewacht hatte, war plötzlich laut gegen die Tür geschlagen worden. Er war damals mit drei Freunden dort gewesen, aber keiner von ihnen hatte die Tür geöffnet. Und das war auch ihr Glück, denn später stellte sich heraus, dass es ein Diener des Königs gewesen war, der sie auf die Probe stellen wollte.

Tiuri blickte wieder zu seinen Gefährten hinüber. Sie saßen immer noch in derselben Haltung. Es war bestimmt schon nach Mitternacht. Seine Kerze war fast ganz niedergebrannt; sie war die kürzeste von den fünfen. Vielleicht lag es daran, dass er am nächsten bei einem der Fenster saß. Es zog hier, er fühlte immer wieder einen kalten Luftzug an sich vorbeifließen.

Wenn meine Kerze ausgebrannt ist, zünde ich keine neue an, dachte er. Es schien ihm angenehmer, im Dunkeln zu sitzen, so dass die anderen ihn nicht sehen konnten. Er hatte keine Angst, dass er einschlafen könnte.

Schlief Wilmo? Nein, er bewegte sich.

Ich wache nicht so, wie es sich gehört, dachte Tiuri.

Er faltete die Hände und richtete seine Augen auf das Schwert, das er nur für eine gute Sache würde benutzen dürfen. Er sprach im Stillen die Worte, die er am folgenden Tag zu König Dagonaut sagen würde: „Ich gelobe, Euch als Ritter treu zu dienen und ebenso all Euren Untertanen und jedem, der meine Hilfe erbittet. Ich gelobe …"

Da wurde an die Tür geklopft – leise, aber deutlich vernehmbar.

Die fünf jungen Leute hielten den Atem an, aber sie blieben regungslos sitzen.

Es klopfte erneut.

Die jungen Männer schauten einander an, ohne jedoch zu sprechen oder sich zu rühren. Sie hörten, dass der Türknopf gedreht wurde. Danach hörte man das Geräusch von Schritten, die sich langsam entfernten.

Sie seufzten tief auf, alle fünf gleichzeitig.

Jetzt ist es passiert, dachte Tiuri. Es war merkwürdig, aber er hatte das Gefühl, dass er darauf gewartet hatte – während der ganzen Zeit seiner Wache. Sein Herz klopfte so laut, dass ihm schien, als müssten auch die anderen es hören. Komm, bleib ruhig, sagte er zu sich selbst. Vielleicht war es ein Fremder, der nicht wusste, dass wir hier wachen, oder jemand, der uns ärgern wollte oder auf die Probe stellen …

Trotzdem wartete er gespannt, ob er wieder etwas hören würde. Seine Kerze leuchtete noch einmal besonders hell auf und erlosch dann mit einem leisen Zischen. Jetzt saß er im Dunkeln.

Er wusste nicht, wie viel Zeit vergangen war, als er über seinem Kopf ein leises Geräusch hörte. Es war, als ob jemand mit den Fingernägeln am Fenster kratzte!

Und dann hörte er eine Stimme, so leise wie ein Hauch, die sagte:

„Im Namen Gottes – mach die Tür auf!"

4 Was wird Tiuri tun? Wird er die Tür öffnen? Was bedeutet seine Entscheidung für den Fortgang der Geschichte? Lasse deiner Fantasie freien Lauf.

5 Was weißt du aus der Zeit der Ritter? Was ist ein Ritterschlag? Welche Bedeutung hat die „Nachtwache" für die fünf jungen Leute?

6 Oft findet man zu Beginn oder am Ende des Buches ein Inhaltsverzeichnis. Bei diesem Buch findet man es am Ende. Kannst du mit Hilfe des Auszugs daraus die Aufgabe 4 zum Teil beantworten?
Was erfährst du sonst noch aus dem Inhaltsverzeichnis? Tausche dich darüber aus.

INHALT

7 Auf der 4. Seite des Buches findet man zusätzliche Angaben über die Autorin des Buches:
Die Schriftstellerin Tonke Dragt war als 12-Jährige während des zweiten Weltkrieges in einem japanischen Gefangenenlager eingesperrt. Über diese Zeit berichtet sie:

> ... Ständig eingeschlossen hinter Stacheldraht; Hunger und Elend, wohin man nur sah – und das gerade in diesem Alter. Es war die Altersgruppe, für die ich nun schreibe. Uns war dort alles verwehrt und so erfand ich in meiner Fantasie Geschichten, die in einer weiten Ferne spielen – Geschichten voller Abenteuer und ohne Stacheldraht ...

Was meinst du zu dieser Äußerung? Wann erfindest du Fantasiegeschichten?

8 Welche anderen fantastischen Bücher kennt ihr? Tauscht euch darüber aus. Vielleicht bringt ihr einige mit und stellt sie in der Klasse vor.

Rennschwein Rudi Rüssel

1 Hast du schon einmal von einem Rennschwein gehört? Schaue dir die Abbildung auf dem Buch an. Worum wird es in der Geschichte wohl gehen?

2 Lest den Klappentext. Tauscht euch darüber aus, was er über den Inhalt der Geschichte verrät. Wozu sind eurer Meinung nach Klappentexte da?

»Wir haben zu Hause ein Schwein. Ich meine damit nicht meine kleine Schwester...« Alles begann damit, dass Zuppi bei einer Tombola den Hauptpreis gewann: ein Ferkel. Rudi Rüssel verändert den Familienalltag gründlich. Aber der Hausbesitzer Buselmeier hat keinen Sinn für diese Art Haustiere. So zieht die Familie an den Rand eines großen Fußballfeldes. Hier kann der Vater, ein arbeitsloser Ägyptologe, Platzwart werden und Rudi in Ruhe Schwein sein. Doch dann entdeckt Rudi seine wahre Größe als Rennschwein...

Ein Lesespaß für die ganze Familie – mit und ohne Haustier

3 Welche Informationen findest du außerdem auf dem Umschlag?

ARBEITSTECHNIK

Sich über den Inhalt eines Buches informieren

1. Sieh dir den Titel und die äußere Gestaltung des Umschlages an. Überlege, was du daraus über den Inhalt entnehmen kannst.
2. Lies den Klappentext auf der Rückseite des Buches.
3. Überfliege das Inhaltsverzeichnis zu Beginn oder am Ende des Buches. Daraus erfährst du z. B., ob es um eine zusammenhängende Geschichte geht oder ob das Buch mehrere Geschichten enthält.
4. Prüfe, ob das Buch am Anfang oder Ende kurze Informationen zum Autor enthält. Auch sie verraten oft etwas über den Inhalt.

4 **Eines Nachts, als die Kinder allein zu Hause sind, passiert etwas Aufregendes. Lies selbst.**

Dann aber kam der Freitag, an dem Rudi über Nacht zum Helden wurde. Unsere Eltern waren zu einem Kongress der Ägyptologen nach Berlin gefahren. Vater wollte dort einen Vortrag halten, einen Vortrag über den Hieroglyphentext, über den Rudi gelaufen war. „Vielleicht bringt das Schwein ja Glück“, sagte er, denn er hoffte auf dem Kongress von einer freien Stelle zu hören, an einem Museum oder an einer Universität. „Denk daran: Den Vater ließ alles kalt, was er nicht ändern konnte“, sagte Mutter. Da musste Vater lachen.

„Passt auf, dass die Kühlschranktür immer zu ist“, sagte Mutter zu uns, „und schließt gut ab.“

Wir hatten keine Angst, obwohl wir im Parterre wohnten, wo man bekanntlich leichter einsteigen kann. Aber in dem Haus wohnten ja mehrere Familien. Und außerdem war Rudi in der Wohnung. Vater hatte sogar erlaubt, dass Rudi nachts in der Wohnung herumlaufen durfte. Sein Arbeitszimmer hatte er allerdings abgeschlossen.

Wir lagen im Kinderzimmer in unseren Betten. Betti las „Karlsson vom Dach“. Zuppi sah sich die Schweine in dem Bilderbuch „Das Schweinchen Bobo“ an und ich las zum dritten Mal „Die Schatzinsel“, das ist mein Lieblingsbuch. Da kam plötzlich Rudi ins Zimmer gelaufen. Er quiekte aufgeregt, lief hin und her und dann wieder hinaus, so als wolle er uns auf etwas aufmerksam machen. Sein Quieken wurde fast zu einem Dauerton, wie ein Pfeifen.

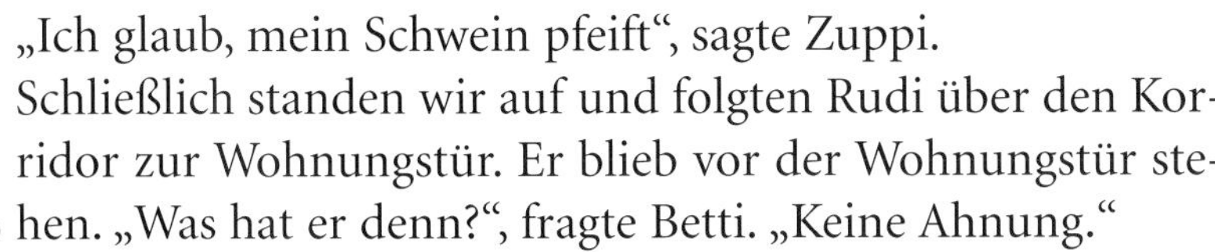

„Ich glaub, mein Schwein pfeift“, sagte Zuppi.

Schließlich standen wir auf und folgten Rudi über den Korridor zur Wohnungstür. Er blieb vor der Wohnungstür stehen. „Was hat er denn?“, fragte Betti. „Keine Ahnung.“

Aber dann hörten wir ein Kratzen an der Tür. So als würde jemand an dem Türschloss bohren oder schrauben. Da – in dem Moment – gab es einen Ruck an der Tür und sie sprang auf, aber nur einen Spalt, denn wir hatten die Türkette vorgelegt. Jemand stemmte sich von draußen gegen die Tür. Aber die Kette hielt. Eine Hand erschien und tastete nach der Kette. Wir standen stumm vor Schreck und ich spürte, wie mir eisig eine Gänsehaut über den Rücken zum Nacken hochstieg.

Auch Rudi stand ganz still vor der Tür und sah hinauf zu der Hand, wie sie langsam die Kette abtastete, bis zu der Stelle, wo sie an der Tür festgeschraubt war. Die Hand verschwand. Kurz darauf erschien die Hand wieder mit einem kurzen Schraubenzieher, den sie an den Schrauben ansetzte, um die Kette abzuschrauben.

In diesem Augenblick stellte sich Rudi blitzschnell auf die Hinterbeine und biss in die Hand. Der Schrei des Einbrechers hallte durch das Haus.

Schweine haben, das muss man wissen, spitze Zähne. Rudi ließ nicht los, stand da, stützte sich mit den Vorderpfoten an der Tür ab. Der Einbrecher schrie nochmals und zerrte an der Hand und erst da, weil Rudi ja auch sehr unbequem, nämlich auf den Spitzen seiner Hinterklauen stand, ließ er los.

Draußen im Treppenhaus war das Licht angegangen und die Leute von den oberen Etagen kamen herunter und riefen, was denn los sei und was das für fürchterliche Schreie gewesen seien. Jemand hatte die Polizei angerufen. Kurz darauf hörten wir die Sirene des Überfallwagens. Wir nahmen die Kette erst dann von der Tür, als die Polizisten davor standen. Zwei Polizisten kamen herein, sahen Rudi und zogen die Pistolen. Der eine Polizist rief: „Vorsicht, ein tollwütiges Schwein. Aus dem Weg“, rief er uns zu und wollte auf Rudi schießen. Aber da stellte sich Zuppi vor Rudi und rief: „Nicht schießen, das ist unser Hausschwein. Es hat doch gerade einen Einbrecher vertrieben.“

Erst da begriffen die Leute, dass nicht einer von uns geschrien hatte. Sogleich begannen die Polizisten, den Einbrecher zu suchen. Sie entdeckten im Vorgarten des Hauses hinter einem Rhododendronbusch einen Mann. Sie führten ihn ins Treppenhaus. Der Mann behauptete, er sei gar nicht in dem Haus gewesen, sondern habe still hinter dem Rhododendronbusch gesessen und das sei doch wohl nicht verboten …

5 Was meinst du, wie können die Kinder und die Polizisten den Mann überführen? Lies den Text noch einmal aufmerksam durch.

6 Nimm einmal an, in deiner Wohnung lebt ein Hausschwein wie Rudi Rüssel. Welche Situationen und Erlebnisse könntest du dir mit diesem Haustier vorstellen?

7 Wenn ihr mehr über das Rennschwein Rudi Rüssel erfahren wollt, könnt ihr das Buch gemeinsam lesen. Zusätzlich könnt ihr den gleichnamigen Spielfilm ausleihen und ansehen. Dann ist es interessant, zu untersuchen, wie und warum einige Erlebnisse im Film verändert worden sind.

8 Sprecht darüber, wo man Kinder- und Jugendbücher ausleihen kann. Wenn ihr eine Schulbücherei habt, solltet ihr euch über den Buchbestand informieren.

Tieren auf der Spur

1 Seit Jahrhunderten leben Menschen und Tiere gemeinsam. Manche Tiere gesellen sich von allein zu uns, andere wurden vor vielen Jahren gezähmt oder zu Haustieren gezüchtet.

Tiere, die eine Lebensgemeinschaft mit den Menschen suchen:	*Tiere, die von den Menschen zu Haustieren gezüchtet worden sind:*
- Spinne ...	*- Wildschwein – Hausschwein ...*

2 Ergänzt die Tabelle: Viele von euch beschäftigen sich mit Tieren oder betreuen sogar ein Tier. Sprecht über eure Erfahrungen: Erziehung, Haltung und Pflege, Erkrankungen ...

Sachbücher über Tiere

1 Bringt Sachbücher über Wild- und Haustiere mit. Sucht interessante Kapitel heraus und informiert euch gegenseitig.

2 Es gibt viele Nachschlagewerke über Tiere. Lest den folgenden Klappentext und sagt, worüber man sich in diesem Lexikon informieren kann. Worüber würdet ihr gern mehr erfahren. Warum?

In der Schulbibliothek gibt es sicher eine Abteilung „Sachbücher“.
Ihr könnt auch im Internet mit Hilfe von Kindersuchmaschinen nach interessanten Texten über Tiere suchen (s. S. 128).

Klappentext
S. 111

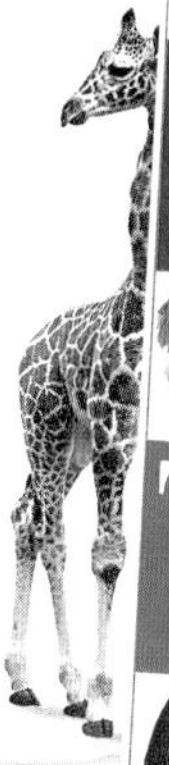

Die Wunderwelt der Tiere – zum Greifen nah!

•

376 Seiten voller fantastischer Fotos und interessanter Informationen aus dem Tierreich

•

Über 2000 Tierarten – alphabetisch geordnet von Aal über Giraffe und Pinguin bis Ziege

•

Wissenswertes über Lebensräume, Verhalten, Tarnung, Fortpflanzung und Schutz verschiedenster Tierarten

•

Viele Querverweise machen Zusammenhänge verständlich.

•

Die wichtigsten Daten zu jeder Art sind auf einen Blick zu finden.

•

Ein unentbehrliches Nachschlagewerk bei allen Fragen zum Thema Tiere – ob bei den Hausaufgaben oder nach dem Zoobesuch

Das große Tierlexikon

2000 Arten und ihre Lebensräume

Der Star unter den Schlittenhunden

1 Sich einen Überblick verschaffen

Lies zunächst nur die Überschriften und schaue dir die Bilder an.
Gib mit eigenen Worten wieder, welche Informationen vermutlich in dem Text gegeben werden.

2 Lies jetzt den Text genau.
Fertige Notizen zu den Abschnitten unter den Zwischenüberschriften an. Sie helfen dir, Aufgabe 3 zu lösen.

Der Alaskan Husky

Der Alaskan Husky ist der Star unter den Schlittenhunden. Kein anderer kann so schnell rennen und hat so viel Kraft wie er.

Aussehen

Alaskan Huskys sind eine besondere Züchtung der Schlittenhunde, die aus der Kreuzung von Sibirian Huskys mit anderen Wind- und Schlittenhunden entstanden ist.
Auf den ersten Blick sehen sie deshalb auch nicht wie die typischen Schlittenhunde aus: Sie können schwarz, rotbraun, weiß oder gescheckt sein und haben entweder kleine Steh- oder Schlappohren. Im Gegensatz zu den anderen Huskys sind die Augen der Alaskan Huskys nicht immer blau – es gibt auch welche mit braunen Augen.

Wie alle Schlittenhunde sind auch Alaskan Huskys besonders eng mit den Wölfen verwandt. Sie haben eine Schulterhöhe von 55 bis 60 Zentimeter, die Weibchen wiegen 22 bis 25 Kilogramm, die Männchen (Rüden) 25 bis 27 Kilogramm. Schwerer dürfen sie nicht sein, da sie sonst nicht mehr so schnell sind und den Schlitten nicht mehr so gut ziehen können.
Das Fell der Alaskan Huskys ist nicht genauso dick wie das anderer Schlittenhunde, aber es reicht aus, um sie vor extremer Kälte zu schützen. Außerdem hat das dünnere Fell den Vorteil, dass ihnen auch bei warmen Temperaturen nicht gleich die Puste ausgeht.

Die Pfoten der Huskys sind so kräftig, dass ihnen selbst Eis und Schnee nichts anhaben können.

Heimat
Die verschiedenen Schlittenhunde-Rassen stammen aus den kältesten Regionen der Nordhalbkugel: aus Sibirien, Grönland, Alaska und aus den arktischen Regionen Kanadas.

Lebensraum
Schlittenhunde haben immer mit den Menschen gelebt, die sie als Zug- und Lasttiere verwendet haben: mit den Nomadenvölkern Sibiriens, mit den Eskimos, mit den Indianern im Norden Nordamerikas und mit den Bewohnern Grönlands.

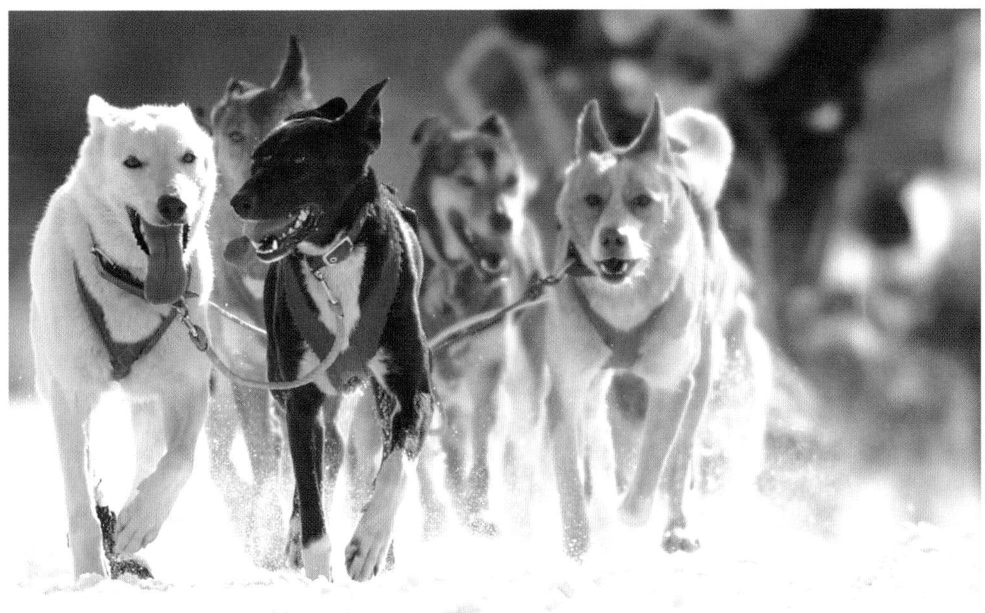

Rassen und Arten
Zu den Schlittenhunden zählen zum Beispiel die Grönlandhunde, der kanadische Eskimohund, der so genannte Samojede, der aussieht wie ein Spitz, und der Sibirian Husky.

Lebenserwartung
Alaskian Huskys können bis zu 14 Jahren alt werden.

3 Tragt mit Hilfe eurer Notizen (aus Aufgabe 2) in der Gruppe zusammen, was ihr über das Aussehen, die Heimat, den Lebensraum, die Rassen und Arten sowie die Lebenserwartung der Alaskan Huskys erfahren habt. Schaut möglichst nicht in den Text.

Die schöne Wilde

1 Lies zunächst die Textüberschrift und schaue dir die Bilder an. Worum geht es vermutlich im Text?

2 Überfliegen des Textes

Oft fallen im Text Wörter (meist Nomen) beim ersten Überfliegen sofort auf. Sie geben Hinweise auf den Inhalt des Textes.
Lies den Text jetzt so schnell, als würde er nur aus den hervorgehobenen Wörtern bestehen.
Welche Informationen konntest du beim Überfliegen aus dem Text entnehmen?

Uta Tennigkeit

Die wilde Schwester aus dem Wald

Die graubraune Wildkatze wiegt etwa **ein Kilo mehr als** ihre zahme Schwester, die Hauskatze. Sie hat einen buschigen Schwanz, eine helle Nasenspitze und die typische dunkle Fellzeichnung: einen dunklen Strich auf dem Rücken, Ringe an der Schwanzspitze sowie Streifen, die von Augen und Schnurrhaaren zum Hals verlaufen. Diese „Kriegsbemalung" verleiht der schönen Wilden ihren drohenden Gesichtsausdruck.
Ohne Gnade wurde das **„gefährliche Biest"** deshalb auch als **„Lämmertiger"** und **„Räuber des Waldes"** früher aus den Bäumen geschossen. Erst 1922 erhielt die Wildkatze ganzjährigen **Jagdschutz**. Doch die Menschen rückten dem scheuen Schleicher weiter auf den Pelz: durch Zersiedelung* der Landschaft.
Fast mausetot war der Wildkatzenbestand noch vor einem Jahrzehnt, bis **Schutz- und Nachzuchtprogramme** dem Leisetreter wieder auf die Beine halfen. Heute leben etwa **800 bis 1000 Tiere** in den Wäldern der Mittelgebirge.
Ihr **Speiseplan**: Über 80 Prozent der Beute sind **Mäuse**, nur zehn Prozent **Vögel**, der Rest Insekten und Käfer. Dass die geschmeidigen Mäusefänger so erfolgreich sind, verdanken sie ihren **sichelscharfen Krallen** und spitzen **Säbelzähnen**.
Unvergleichlich sind die Sinnesleistungen der Katze: Ihre von über 20 Muskeln bewegten **Ohrmuscheln** setzt sie wie **Radarschirme** ein.
Und sogar im **Dunkeln** behält sie den Überblick: **Katzenaugen** sind

* **Zersiedlung:** durch das Anlegen von Siedlungen die Natur zerstören

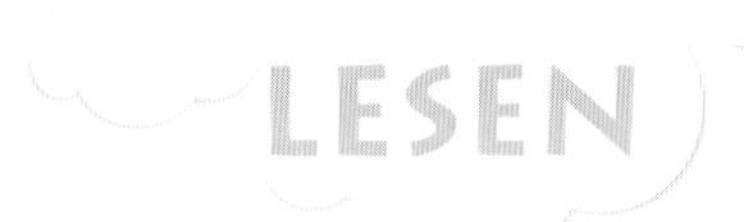

sechsmal lichtempfindlicher als unsere Augen. Sie haben eine spezielle Netzhaut, die wenig Licht optimal ausnutzt.

Unfehlbar schließlich der **Gleichgewichtssinn** der Baumkatze. Auch bei einem Sturz aus fünf Meter Höhe fällt sie auf die Füße.

Im Frühjahr verlassen die jetzt etwas geselligeren Einzelkämpfer ihr mit Duftmarken begrenztes Revier, um mit Katzenmusik **auf Brautschau** zu gehen. Zärtlich ruft die Kietze (das Weibchen) ihren Kuder (das Männchen). Der Katzenjammer geht so lange bis er zärtlich „Köpfchen gibt“ und sie mauzend umschmeichelt. Die Paarung – wenige Minuten kurz – ist dagegen gerade ein Katzensprung. Etwa 65 Tage nach der Hochzeit bringt das Weibchen allein in einem mit Laub, Moos und Haaren gepolsterten Nest **zwei bis vier** blinde **Katzenkinder** zur Welt. Zwölf Wochen schützt sie ihre Jungen und mit fünf Monaten scheucht sie die Kleinen aus ihrem Revier. Es ist jetzt Herbst. Höchste Zeit für alle, vor dem Winter noch ausgiebig auf die Pirsch zu gehen.

3 Lies jetzt den Text genau.
Schreibe alle Namen aus dem Text heraus, die die Verfasserin der Wildkatze gegeben hat, z. B.:

– die wilde Schwester aus dem Wald
– die schöne Wilde
...

4 Versuche, die verschiedenen Namen zu erklären.

5 Die Begriffe „Katzenmusik“, „Katzenjammer“ und „Katzensprung“ werden oft auch in anderen Zusammenhängen gebraucht. Kannst du erklären, was damit gemeint ist und worauf diese Vergleiche beruhen?

Hilfe, eine Spinne!

1 Lies zunächst die Textüberschrift und schaue dir das Bild an. Worum geht es vermutlich im Text?

2 Überfliege den Text über die Spinnen: Lies nur die auffälligen Wörter, überspringe die unauffälligen. Welche Informationen kannst du gewinnen?

Walter Karpf

Eine raffinierte Spinnerin

1. Der Naturjournalist Horst Stern beklagt, dass wir allzu leicht diese Tiere töten und dabei ein allzu geringes Schuldgefühl haben: „Der Abscheu, der nicht wenige **Menschen** angesichts der starrenden Augen und der haarigen, langbeinigen, als Fremdkörper empfundenen Spinnengestalt überkommt, ist stärker. Ihr stoßweises, schnelles Laufen verstärkt die **Spinnenfurcht**."

2. Unser Abscheu vor Spinnen ist anders nicht zu erklären, denn sie **können uns nichts tun**. Das **Gift** der in Europa vorkommenden Arten reicht gerade aus, eine **Mücke zu lähmen**.

3. Das **Netz der Garten-Kreuzspinne** ist ein Wunderwerk. Nur durch ein Mikroskop lässt sich erkennen, dass auf den hauchfeinen **Fäden** winzige **Klebetropfen** angeordnet sind, die eine **Beute festhalten**. Ein **Spinnfaden** ist um rund ein Drittel fester und dehnungsfähiger als ein **Nylonfaden**.

4. Jeden Morgen webt die Kreuzspinne in einer halben Stunde ihr **Netz neu**. Allerlei bleibt darin hängen: Mücken und Blütenpollen zum Beispiel. **Abends fressen Kreuzspinnen ihr Netz** wieder auf und verzehren dabei haften gebliebene **pflanzliche Teile**.

5. Der Jagdbetrieb ist das große Hindernis bei der **Fortpflanzung** der Spinnen. Wenn sich nämlich ein Männchen einem Weibchen nähert, muss es ihm erst einmal durch Signale deutlich machen, dass es keine Beute ist. Bei der Kreuzspinne muss das **Männchen** in einem genau vorgegebenen **Rhythmus am Netz des Weibchens** zupfen, um dessen Beuteinstinkt auszuschalten.

6. Nach der Befruchtung setzt das Weibchen, zum Beispiel in einem **Mauerwinkel**, etwa **800** mit Dotter gefüllte **Eier** ab, in denen der Nachwuchs sich bis zum Larvenstadium entwickelt. Nach einer Häutung und der Ausbildung aller Organe spinnen die Tiere selbstständig ihre Netze.

2 Lies jetzt den Text genau.
Schlage unbekannte Wörter in einem Wörterbuch nach.

3 Das Wichtigste in jedem Abschnitt finden
Lies die einzelnen Abschnitte des Textes genau. Schreibe aus jedem Abschnitt den wichtigsten Satz heraus oder drücke in einem Satz aus, worum es in dem Abschnitt geht, z. B.:

1. Viele Menschen fürchten sich vor Spinnen.

4 Gebt jedem Abschnitt eine Überschrift. Vergleicht eure Überschriften in der Gruppe.

ARBEITSTECHNIK

Einen Sachtext lesen und verstehen

1. Verschaffe dir zuerst einen Überblick: Was sagen die Überschriften aus? Welche Informationen sind aus den Bildern zu entnehmen?
2. Überfliege den Text: Suche nach Wörtern (meist Nomen), die ins Auge springen. Versuche, daraus so viele Informationen wie möglich zu gewinnen.
3. Lies danach den Text Abschnitt für Abschnitt genau. Kläre unbekannte Begriffe mit Hilfe eines Lexikons. Wenn du einen Sinnabschnitt gelesen hast, suche und notiere den wichtigsten Gedanken. Du kannst auch jedem Abschnitt eine Überschrift geben.

Internet für Anfänger

Die Abbildung zeigt die Internet-Kinderseite des Bayerischen Rundfunks. Versuche, sie mit Hilfe einer Suchmaschine ausfindig zu machen.

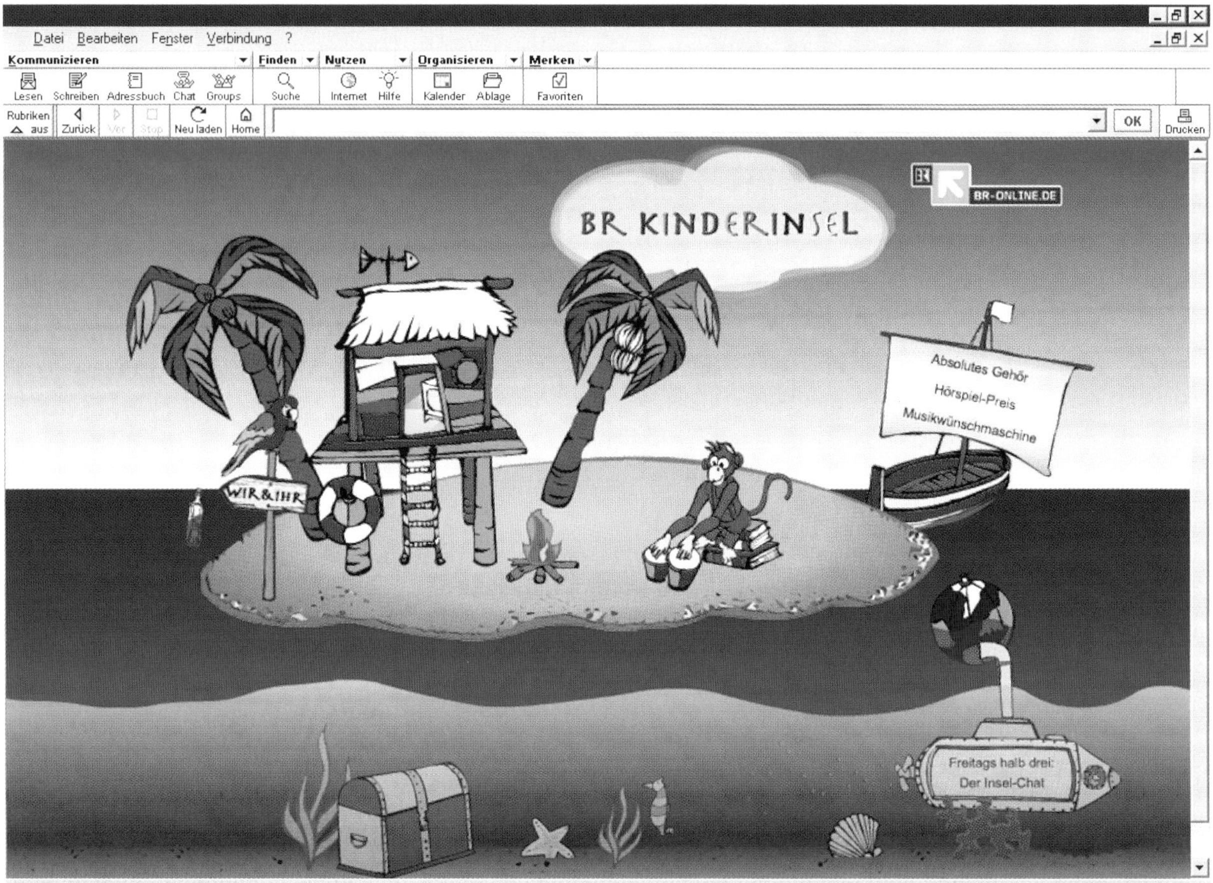

1 Was wisst ihr über das Internet? Sprecht über die euch bekannten Schlagwörter und versucht, sie im Gesprächskreis zu erklären. Was kennt ihr? Was benutzt ihr regelmäßig? Was würdet ihr gerne kennen lernen?

Hilfe Favoriten Suchmaschine

Surfen Chatten

Free SMS

Games Newsletter Homepage

Eine Suchmaschine für Kinder

1 Lies dir die abgebildete Seite aus dem Internet aufmerksam durch. Man findet sie unter der Adresse **www.blinde-kuh.de**. Stelle alle Informationen auf einem Stichwortzettel zusammen.
Vielleicht kannst du dir jetzt schon einige Einzelheiten selbst erklären.

Kinder :: Die Blinde Kuh : Die Suchmaschine f...

Zurück · Vorwärts · Abbrechen · Aktualisieren · Startseite · AutoAusfüllen · Drucken · E-Mail

Adresse: http://www.blinde-kuh.de/

Favoriten · Verlauf · Suchen · Album · Seitenhalter

Lang lebe das Freie Internet! Alles, und noch viel mehr für die Kinder im Netz ...

Die Blinde Kuh

Die Suchmaschine für Kinder · ©1997 Birgit Bachmann und Stefan R. Müller

Arbeitsgemeinschaft Vernetzter Kinderseiten :: Seitenstark.de

Nachrichten | Spiele | KidsEZine | Kinder-Post | Zufall | Hilfe | Experten

Infos zum Irak findest du in der **Suchmaschine** und auf der Nachrichtenseite

Spezielle Themen und Sachen

Kulturen: Kelten, Ritter, Indianer, Piraten, Ägypten, Wikinger
Internet: Sicherheit, Kinderseiten, Lexikon, Smileys, Suchmaschinen, Interviews
Mitmachen: Kinderküche, Kinder-Post, Kids-E-Zine, Sprachen, Witze, Malen
Natur: Tiere / Dinos, Pflanzen, Umwelt
Medien: Fernsehen, Radio, Kino
Wissen: Autos, Flugzeuge, Weltall, Schule, Geheimsprachen
Sport: Fußball-Club
Feste: Weihnachten, Hanukah, Seker Bayrami, Halloween, Ostern

Siehe: Suchbereiche der Blinden Kuh

Die Blinde-Kuh Suchmaschine

Jedes Wort · Mindestens ein Wort · Suchen

Wenn du etwas im Internet suchen möchtest, **gib das Wort oder mehrere Wörter ein** und klicke dann mit der Maus auf den Suchen-Button. Wenn du schon ein großer Suchmeister bist, dann klick doch mal oben rechts bei "**Experten**". Wie man hier so richtig ordentlich suchen kann, erfährst du im **Suchmaschinenkurs**.

Und auf unserem kunterbunten Stundenplan ...

Umwelt	Geschichte	Medien	Englisch	Deutsch
Naturkunde	Sachkunde	Kunst	Französisch	Erdkunde
Mensch	Verkehr	Basteln	Irak	Kulturen
Rechnen	Technik	Nachrichten	Städte	International
Internet	Wetter	Rezepte	Rechte	Europa
Museen	Wissen	Politik	Sport	Musik

Übrigens ist mir alles verhasst, was mich bloß belehrt, ohne meine Tätigkeit zu vermehren oder zu beleben. *Johann Wolfgang von Goethe*

2 Mit der linken Maustaste kann man Wörter und Adressen anklicken. Was klickst du auf dieser Seite an, wenn du dich überhaupt nicht zurecht findest?

3 Welches Wort ist bei der Internetseite angeklickt worden?

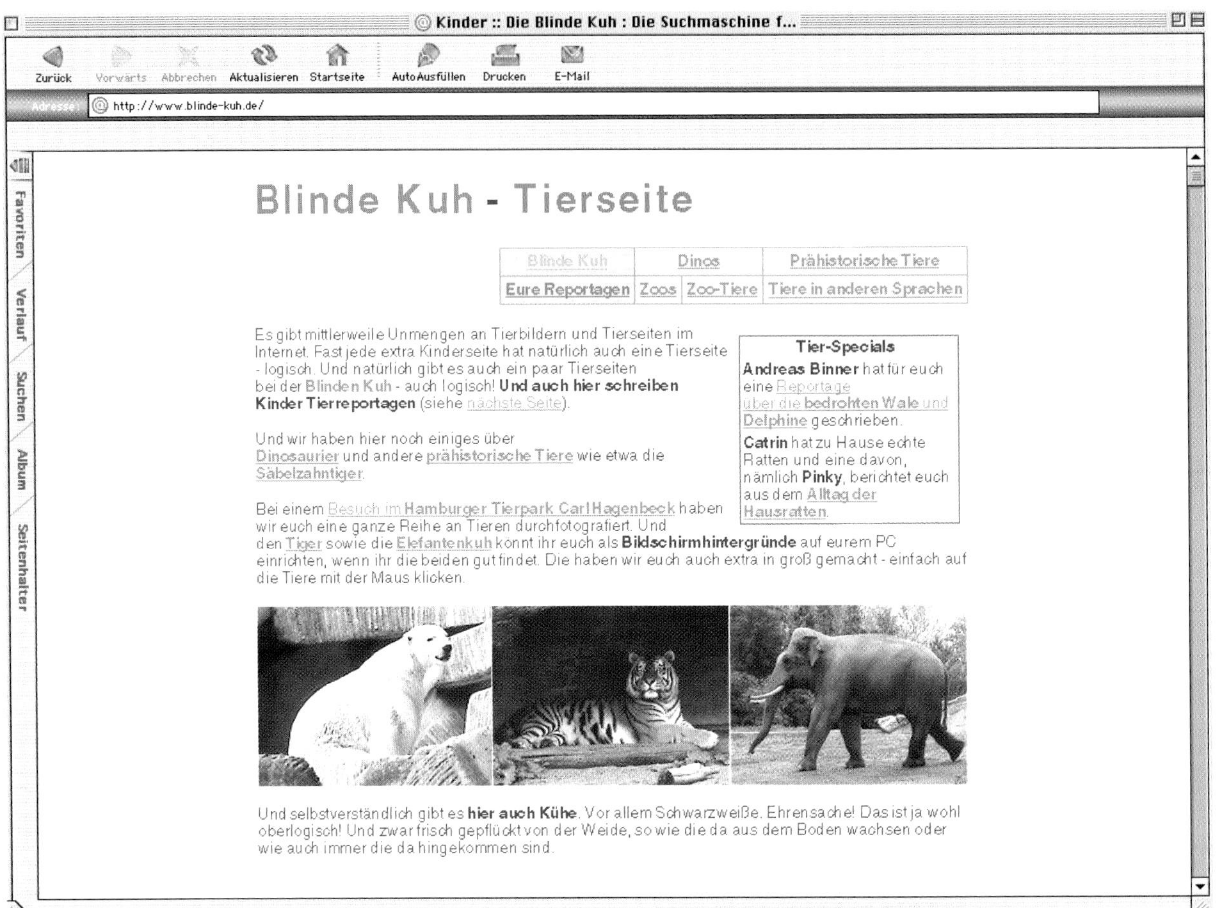

Kinder :: Die Blinde Kuh : Die Suchmaschine f...

Zurück Vorwärts Abbrechen Aktualisieren Startseite AutoAusfüllen Drucken E-Mail

Adresse: http://www.blinde-kuh.de/

Favoriten Verlauf Suchen Album Seitenhalter

Blinde Kuh - Tierseite

Blinde Kuh		Dinos	Prähistorische Tiere
Eure Reportagen	Zoos	Zoo-Tiere	Tiere in anderen Sprachen

Es gibt mittlerweile Unmengen an Tierbildern und Tierseiten im Internet. Fast jede extra Kinderseite hat natürlich auch eine Tierseite - logisch. Und natürlich gibt es auch ein paar Tierseiten bei der Blinden Kuh - auch logisch! **Und auch hier schreiben Kinder Tierreportagen** (siehe nächste Seite).

Und wir haben hier noch einiges über Dinosaurier und andere prähistorische Tiere wie etwa die Säbelzahntiger.

Tier-Specials

Andreas Binner hat für euch eine Reportage über die bedrohten Wale und Delphine geschrieben.

Catrin hat zu Hause echte Ratten und eine davon, nämlich **Pinky**, berichtet euch aus dem Alltag der Hausratten.

Bei einem Besuch im Hamburger Tierpark Carl Hagenbeck haben wir euch eine ganze Reihe an Tieren durchfotografiert. Und den Tiger sowie die Elefantenkuh könnt ihr euch als **Bildschirmhintergründe** auf eurem PC einrichten, wenn ihr die beiden gut findet. Die haben wir euch auch extra in groß gemacht - einfach auf die Tiere mit der Maus klicken.

Und selbstverständlich gibt es **hier auch Kühe**. Vor allem Schwarzweiße. Ehrensache! Das ist ja wohl oberlogisch! Und zwar frisch gepflückt von der Weide, sowie die da aus dem Boden wachsen oder wie auch immer die da hingekommen sind.

1+1
PARTNERARBEIT

4 Genaue Informationen zum Suchen im Internet erhält man, wenn man das Wort „suchmaschinenkurs" anklickt oder die direkte Internetadresse **http://www.blinde-kuh.de/suchkurs** wählt. Versucht mit Hilfe des Suchmaschinenkurses folgende Fragen zu beantworten.

1. Wo sucht die Blinde Kuh überhaupt?
2. Welche Sucharten kennt die Blinde Kuh?
3. Wo gebe ich mein Suchwort ein?
4. Wie muss man die Suchbegriffe schreiben?
5. Was muss ich tun, wenn die Suchmaschine mehrere Wörter auf einmal finden soll?

5 Lest den folgenden Text, den ihr unter der ersten Frage finden könnt, genau durch.
Sucht im Text die Antworten auf diese Fragen:

1. Wonach sucht eine Suchmaschine wie die Blinde-Kuh?
2. Was befindet sich im Internet?
3. Womit kann man das Internet vergleichen?
4. Wann gibt es einen Treffer?

Notiert die Antworten in Stichworten.

1. Wo sucht die Blinde Kuh überhaupt?

Sucht sie etwa **im Internet?** Woher weiß sie, was sie finden soll?

Die Blinde Kuh sucht nach Wörtern, nicht nach Tieren, Dingen, Geschichten oder Bildern.
Jedes Kind weiß doch, dass es im Internet selbst gar keine richtigen Tiere geben kann. Was sollen die denn da auch drin? Die wohnen viel lieber irgendwo draußen im Freien, wo es schön ist und wo es genug zum Essen und zum Spielen gibt. Im Internet sind auch keine Kinder drin, sondern nur Daten. Das ist wie bei den Büchern, auch darin wohnen keine Fische, wenn da „Fische" drauf steht.
Also, die Blinde Kuh sucht in diesen Daten. Und die Daten bestehen aus Wörtern und Sätzen, eben aus Text.
Wenn du nun zum Beispiel nach einem Fisch im Internet suchst, dann möchtest du ja eigentlich, dass dann ein Bild oder ein Text über einen Fisch erscheint, und nicht, dass dir plötzlich ein Fisch aus dem Computer auf den Schoß springt. Stell dir das mal vor ...
Es reicht also völlig aus, dass jemand irgendwo im Internet eine Webseite angelegt hat, in der etwas über Fische oder etwas über einen ganz bestimmten Fisch geschrieben ist. Zum Beispiel hat jemand einen Text mit der Überschrift

„Der Hering ist ein Fisch" 

geschrieben, dann gibt es genau da einen Treffer, weil das Wort **„Fisch"** in der Überschrift vorkommt.

6 Was müsst ihr tun, um weitere Suchmaschinen im Internet zu finden? Probiert auch mal das Wort Kindersuchmaschinen aus. Wenn ihr nicht am Computer in der Schule arbeiten könnt, versucht es zu Hause oder im Computerraum und berichtet über eure Ergebnisse in der Klasse.

Interessante Internetseiten

1 Wichtige Seiten im Internet, die man immer schnell wiederfinden will, notiert man unter dem Fenster „Favoriten“. Suche das Fenster in der ersten Abbildung, S. 128.
Kannst du erklären, wie man „Favoriten“ hinzufügt?
Probiere selbst die Favoriten-Einstellung zu Hause oder im Computerraum deiner Schule aus.

Stichwortzettel
S. 28

2 Stelle eine Seite aus dem Internet, die dir besonders gut gefällt, in der Klasse vor. Gib die genaue „Adresse“ an, wo man sie findet, und beschreibe den Inhalt. Notiere dir vorher die wichtigsten Punkte auf einem Stichwortzettel.
Vielleicht kannst du auch Fragen aus der Klasse zu der Seite beantworten.
Fasse dich kurz, damit jeder an die Reihe kommt.

1. Zur Steinzeitseite kommt man über die Hauptseite, wenn man Geschichte anklickt und anschließend Steinzeit.
2. Zu Beginn dieser Seite erfährt man, wie die Steinzeit zu ihrem Namen gekommen ist.
3. Wenn man auf dieser Seite nach unten rollt, findet man viele gut illustrierte Einzelheiten zum Brotbacken in der Steinzeit, über Schmuck und Wohnen usw.

Welche Tiere aus der Steinzeit leben heute noch bei uns?

Merkblatt für Internetseiten

1 Wenn ihr eure Notizen in einem Ordner sammelt, könnt ihr die interessantesten Internetseiten austauschen und immer weiter ergänzen.
Überlegt, ob eure Vorbereitungszettel dafür ausreichen oder ob ihr ein besonderes Informationsblatt entwickeln wollt. Ein Musterblatt könnte so aussehen:

Wo: ***www.blinde-kuh.de***

Was: Suchmaschine für Kinder

Von wem: Birgit Bachmann, Stefan R. Müller

Inhalt:

Wenn du im Internet Informationen zu einem bestimmten Sachgebiet suchen willst, gib das Suchwort (oder mehrere Wörter) in ein freies Feld ein und klicke dann mit der Maus auf den Suchen-Button.
Bei vielen Themen wie „Ritter“, „Geschichte“, „Deutsch“, „Erdkunde“, „Tiere“, „Sport“ u. a. brauchst du nur das Wort in einer Übersicht anzuklicken, und schon findest du weitere Informationen dazu. Auf der Seite über die Steinzeit kann man z. B. Informationen zu Mammuts finden. Du kannst auch unter dem Wort „Spiele“ online spielen und lernen.

Bewertung:
Sehr informativ und unterhaltend.

Die Welt des Gletschermannes

Ein berühmter Leichnam. Der Gletschermann aus den Ötztaler Alpen.

1 Am 19. 9.1991 fand das Ehepaar Simon bei einer Alpenwanderung einen toten Menschen im Gletschereis. Historiker und Archäologen beschäftigen sich seitdem mit „Ötzi".
Hast du schon einmal von Ötzi gehört? Was bedeutet „Ötzi"?
Was sind Historiker und Archäologen?

2 In diesem Kapitel gehst du auf eine Informationsreise durch die Welt des Mannes aus dem Eis.
Dabei hast du die Möglichkeit, eine besondere Arbeitsweise auszuprobieren: das freie Arbeiten nach Plan. Lies darüber auf den beiden folgenden Seiten.
Du kannst aber auch sofort mit den Arbeitsseiten (ab Seite 136) beginnen und die nächste Seite überspringen.

Freies Arbeiten nach einem Plan

Hier bestimmt ihr selbst,

- wie ihr euch Informationen beschaffen wollt.
- mit welchem Arbeitsblatt ihr beginnt.
- in welchem Tempo ihr vorgeht.
- welche Wahlaufgaben ihr aussucht.
- ob ihr mit anderen zusammen oder alleine arbeitet.

1 Trefft die Vorbereitungen:

1. Legt einen Bearbeitungszeitraum fest.
2. Stellt eine Materialkiste zum Thema „Der Gletschermann aus der Steinzeit“ zusammen: Besorgt euch Bücher und CDs zu den Themen „Steinzeit“, „Urzeit“, „Vorzeit“ und „Archäologie“. Ihr könnt auch im Internet nach interessanten Materialien suchen.
3. Richtet eine Leseecke ein.
4. Besorgt Schnellhefter und gelochtes DIN-A4-Papier für alle Schüler.
5. Richtet einen Kontroll- und Ablagekasten ein.

2 Stellt euren Arbeitsplan zum Projekt „Der Gletschermann aus der Steinzeit“ auf:

Wahlaufgaben

1. Informationen zu einem der folgenden Themen sammeln und so ordnen und aufschreiben, dass ihr darüber in verständlicher Form in der Klasse berichten könnt (Kurzreferat):
   „Gletscher im Wandel der Zeiten“, „Mumien“, „Alpen“, „Archäologie“, „Werkzeuge der Steinzeit“
2. Steinzeitmenschen malen

Pflichtaufgaben

1. Die Titelseite gestalten und sie in den Schnellhefter einlegen
2. Das Inhaltsverzeichnis anlegen
3. Arbeitsblätter auswählen und bearbeiten
4. Eine Wahlaufgabe aussuchen und bearbeiten

REGELN

- Arbeite selbstständig und frage nur, wenn es nötig ist.
- Störe die anderen nicht bei der Arbeit.
- Beende erst eine Aufgabe, bevor du mit einer neuen beginnst.
- Nimm für jede Aufgabe ein neues DIN-A4-Blatt, trage die Überschrift, deinen Namen und das Datum ein.
- Lege die fertigen Blätter in den Kontroll-Ablagekasten.

Eine sensationelle Entdeckung

19. September 1991

Die Sonne stand schon nicht mehr so hoch am Himmel, der blau und klar war. Wie Tausende anderer Wanderer, so liebten auch Erika und Helmut Simon die zerklüfteten Hänge dieses großartigen Gebirgszugs der Öztaler Alpen. Sie hatten den 3516 Meter hoch gelegenen Gipfel der Finalspitze erklommen und beschlossen nun auf dem Rückmarsch den markierten Pfad zu verlassen. Sie wollten eine Abkürzung nehmen, zurück zur Hütte, wo sie ihre Rucksäcke deponiert hatten. Als sie einen Gletscher im Similaun-Gebiet überquerten, sahen sie es.

Zuerst sah es aus wie eine Schaufensterpuppe – ein nackter, brauner Kopf und knochige Schultern, die aus einer matschigen Schmelzwasserpfütze herausragten. Die Simons gingen näher heran und bückten sich, um besser sehen zu können. „Das ist ein Mensch!“, schrie Erika Simon plötzlich entsetzt auf.

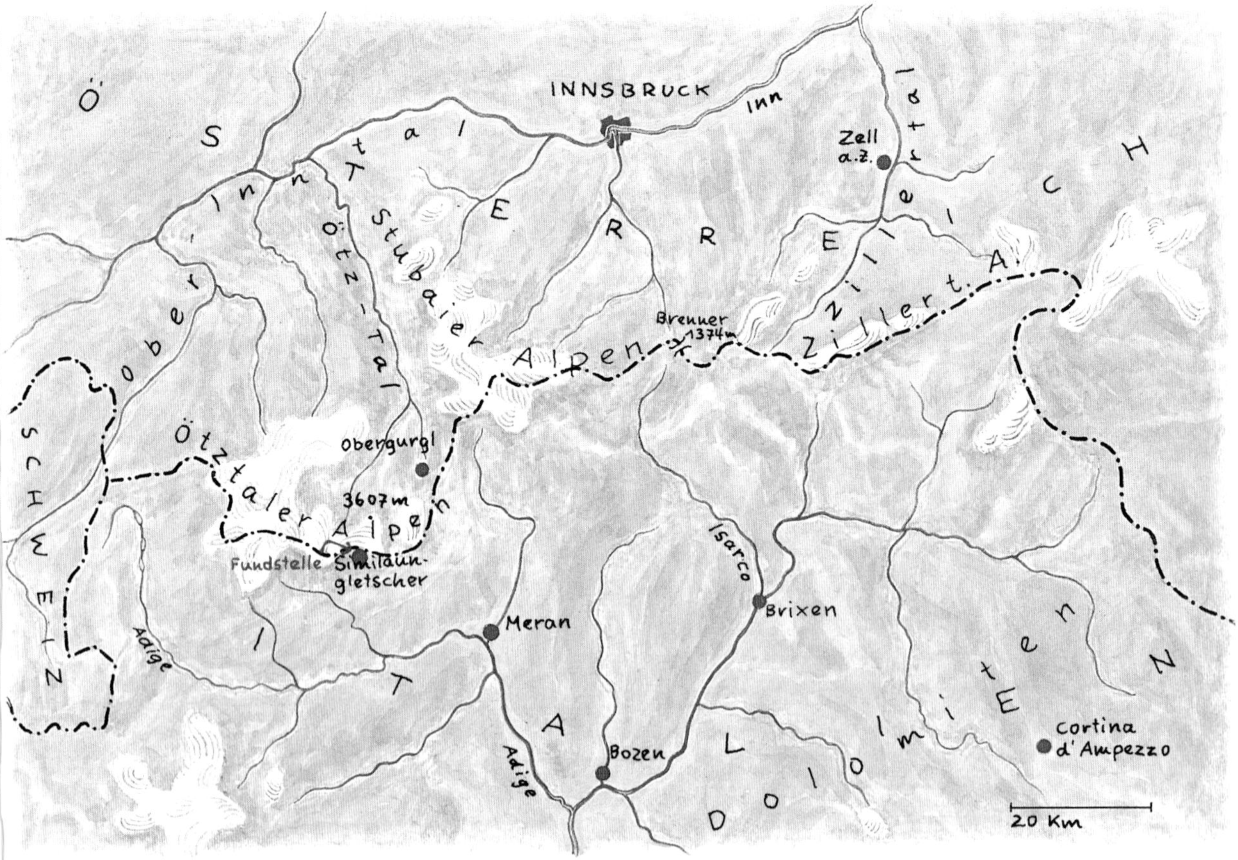

Fünf Tage später

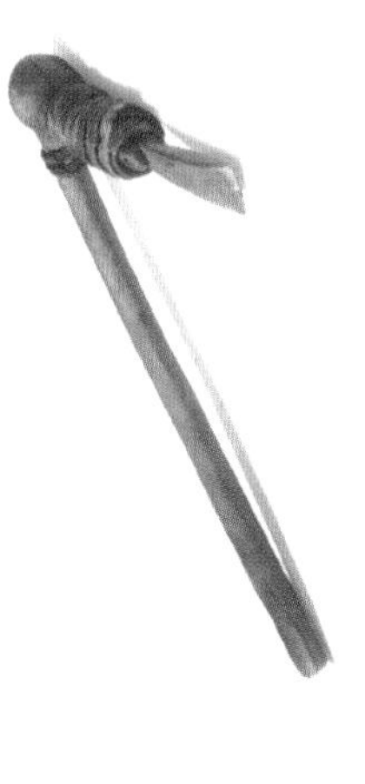

Früh am Morgen des 24. Septembers 1991 klingelte das Telefon im Büro des Archäologen Konrad Spindler von der Universität Innsbruck. Am Apparat war die gerichtsmedizinische Abteilung der Universität. Spindler erfuhr von dem Fund und dass die Rettungsmannschaft mehrere Tage gebraucht hatte, um den Körper freizulegen. Schließlich war es ihnen gelungen, den Körper aus dem Eis zu ziehen. Sie hatten ihn in Plastik gehüllt, in einen Sarg gelegt und zum nächsten medizinischen Labor gebracht. In diesem Moment lag die Leiche gerade auf dem Untersuchungstisch eines Gebäudes, welches nur einige Minuten von Spindlers Büro entfernt war. Ob er einen Blick darauf werfen wolle?

In dem Labor war es still und kühl und es roch nach Krankenhaus. Die Gerichtsmediziner führten Spindler an den mit einem Laken bedeckten Seziertisch. Nur eine Uhr tickte leise. Für Spindler sollte dieser Moment für den Rest seines Lebens unvergesslich bleiben …

Es war genau 8.05 Uhr. Das Laken wurde weggezogen und offenbarte die ausgetrocknete Leiche eines Mannes. Seine Nase war gequetscht, der Mund aufgesperrt.

Doch was Spindler am meisten fesselte, waren die Gegenstände, die in der Nähe der Leiche entdeckt worden waren: ein langes Stück Holz, eine geschliffene Steinscheibe mit einem Lederriemen, merkwürdige Holzstücke, Riemen und Lederreste, ein Beutel mit Feuersteinklingen. Dann lag da noch ein Beil, klein, sorgsam gearbeitet und mit einem geschnitzten Griff.

Spindlers Gedanken überschlugen sich, sein Herz raste vor Aufregung. Er wusste als Archäologe sofort, dass solche Werkzeuge vor langer, langer Zeit mühselig hergestellt worden waren.

Der Wissenschaftler Konrad Spindler von der Universität Innsbruck wusste sofort, dass dieser Mann vor mindestens viertausend Jahren gestorben sein musste.

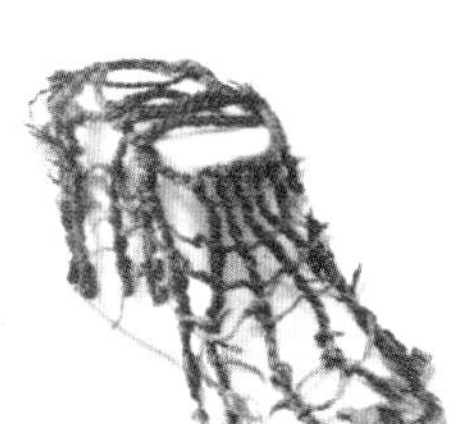

1 Verfasse zwei kurze Zeitungsmeldungen: „Similaun, 19. 9. 1991“ und „Innsbruck, 24. 9. 1991“ Mit einem Computerschreibprogramm kannst du die Nachrichten realistisch (echt) gestalten. Klebe sie auf ein Din-A4-Blatt.

Der Gletscher als Tiefkühltruhe

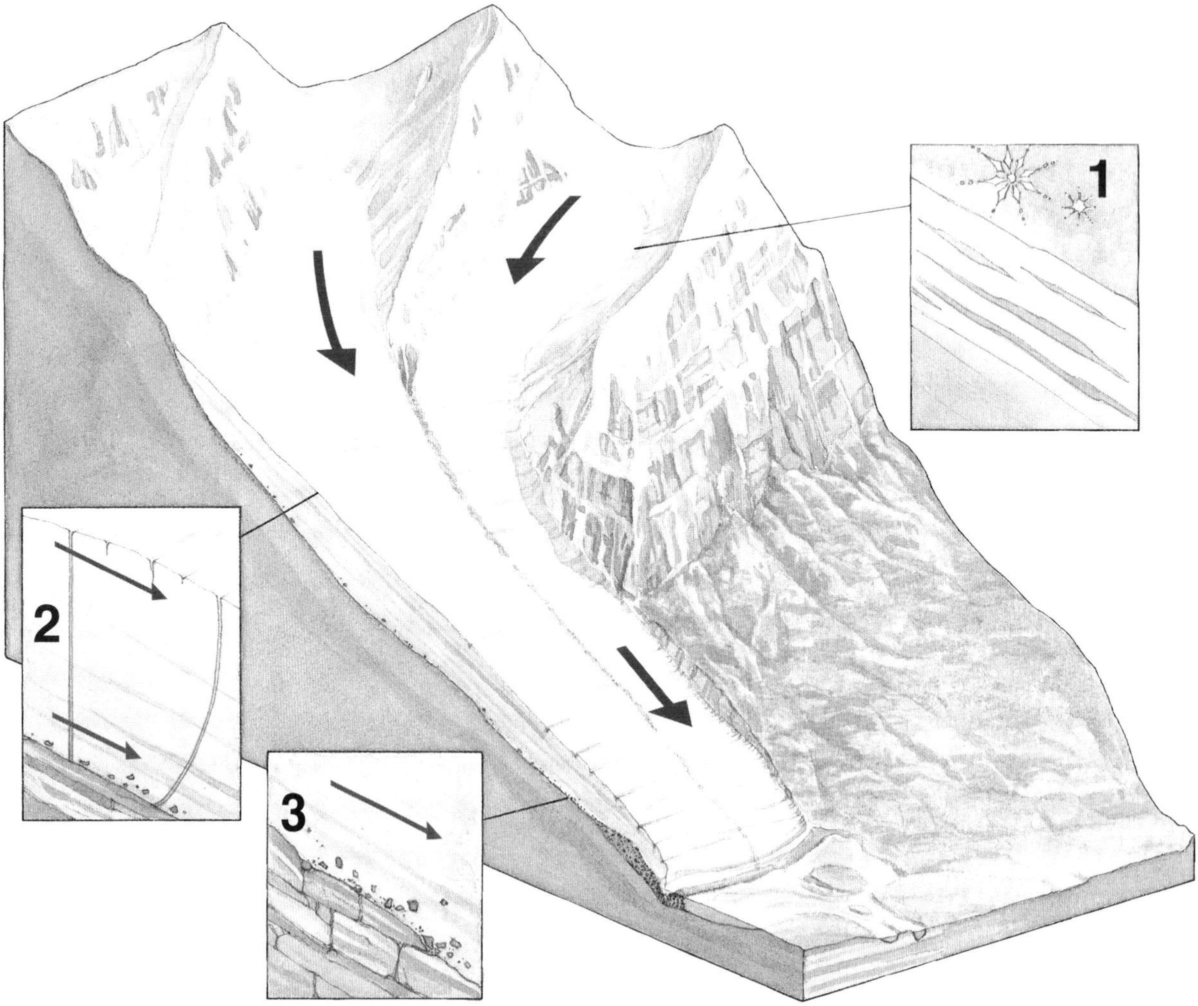

Gletscher sind große Eismassen, die sich unter dem Druck ihres eigenen Gewichts vorwärts schieben. Sie entstehen in den Bergregionen, in denen im Winter mehr Schnee fällt als im Sommer schmilzt.

Beim Auftauen des Schnees sickert Wasser nach unten, füllt die Luftlöcher und verdichtet den Schnee zu Gletschereis (**1**).

Durch das Gewicht des Eises wird der Gletscher talwärts gedrückt, wobei sich die oberen Schichten schneller bewegen als die unteren (**2**).

Am Boden gleitet das Eis langsamer über das Grundgestein und den Schotter. (**3**)

Im Laufe der Zeit bewegt sich der Gletscher wie ein Fluss langsam talabwärts.

Der Gletschermann starb in einer Vertiefung zwischen zwei felsigen Kanten (Felsmulde). Kurz danach setzte Schneefall ein, der den Körper gefror. Später entstand darüber Gletschereis und die Muldenlage verhinderte, dass der Leichnam ins Tal befördert wurde.

Der Similaun-Gletscher, der sich über dem Leichnam bewegte, war früher bis zu 60 Meter dick. In den letzten Jahren lässt ihn wärmeres Klima immer mehr schmelzen, so dass die Eishöhe immer geringer und die Gletscherzunge immer kürzer wird.

1 Verfasse einen informierenden Text, der beschreibt, wie Ötzi vor 5 400 Jahren den Tode fand, in der Mulde tiefgefroren wurde und 1991 wieder zum Vorschein kam.

2 Versuche, den Text mit einem Bild zu illustrieren, auf dem deutlich wird, dass sich Ötzi in einer Mulde befand und sich das Eis des Gletschers über ihn bewegte.

Die Ausrüstung des Gletschermannes

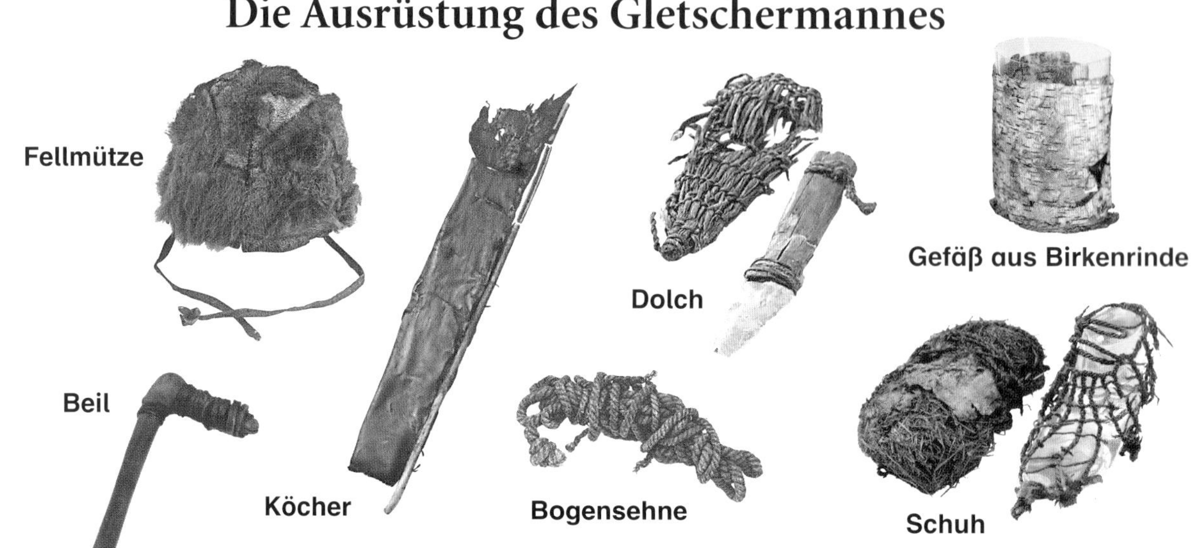

Köcher: Der längliche Fellköcher war aus Rehhaut gemacht, verstärkt mit einer hölzernen Rute. Darin bewahrte Ötzi seine 14 Pfeile auf. Zwei Pfeile waren mit Feuersteinspitzen ausgestattet.
Bogen: Ötzi hatte seinen noch unfertigen Bogen gegen den Felsen gelehnt. Der Bogen brach während der Bergung in zwei Stücke. Der untere Teil wurde erst im August 1992 im Eis gefunden.
Beil: Die metallene Klinge und die Form der Beilspitze gaben Hinweise darauf, dass der Leichnam Ötzis mindestens 4000 Jahre alt sein müsste.
Birkenrinden-Gefäße: Man fand Reste von zwei Birkenrinden-Gefäßen. Es wurde festgestellt, dass eines von ihnen Glut für Feuer enthielt.
Schuh: Die Schuhe Ötzis waren aus Kuhhaut hergestellt. Verknotete Grashalme formten ein Netzgewebe um die Ferse. Die Schuhe waren zum Schutz gegen die Kälte mit Gras ausgestopft.
Dolch: Ötzi trug einen kleinen Dolch mit Feuersteinklinge sowie eine Dolchscheide aus Gräsern bei sich.
Fellmütze: Archäologen fanden die Fellmütze erst 1 Jahr später.
Sie lag 70 cm vom Fundort der Mumie entfernt.

1 An der Fundstelle wurde nicht nur der Leichnam des Gletschermannes gefunden, sondern auch einige für die Jungsteinzeit typische Ausrüstungsgegenstände. Ordne sie dem Text zu.

2 Zeichne die Gegenstände auf ein Din-A4-Blatt und schreibe die passende Textstelle dazu.

Wie Ötzi wirklich aussah

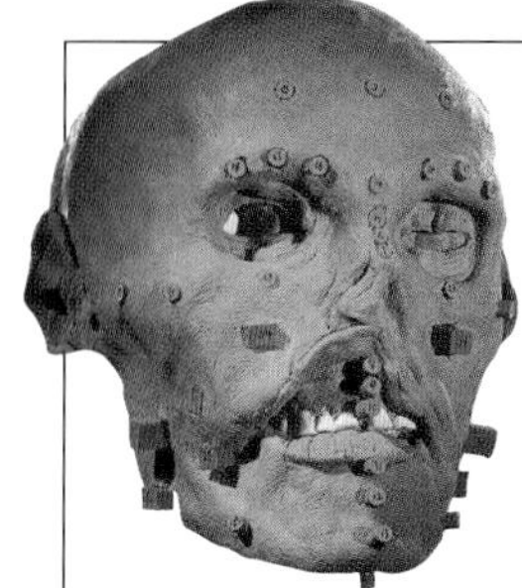

Ötzi wurde 1991 gefunden. Er starb vor über 5000 Jahren. Sein gut erhaltenes Körpergewebe, sein Skelett und sein Schädel geben viele Informationen preis. Daher konnten Wissenschaftler z. B. Ötzis Aussehen rekonstruieren. Sie bildeten den Schädel nach und zogen darüber eine künstliche Haut.

Stifte markierten die Stellen, wo die Dicke des Gewebes bekannt war. So ließ sich das Aussehen des Kopfes nachbilden. Bei der Rekonstruktion des Kopfes wurde auch der Körperbau Ötzis beachtet.

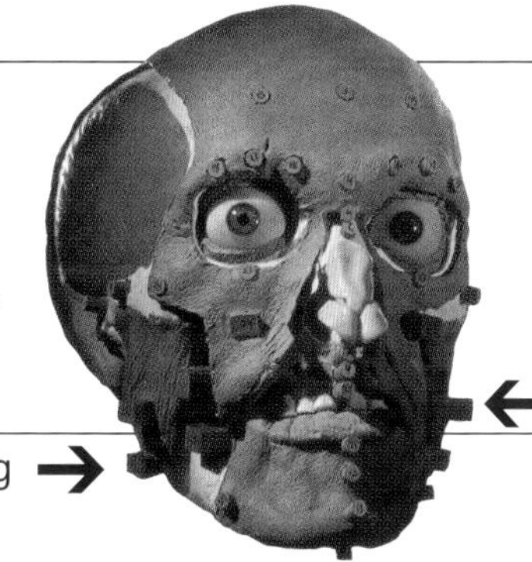

Stifte zur Markierung

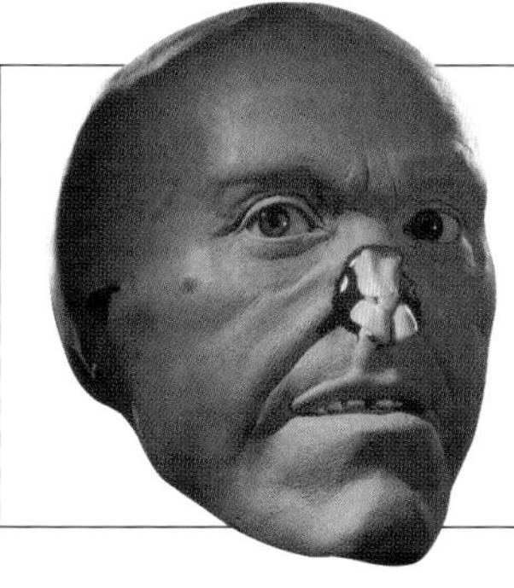

Die Augenfarbe, der Hauttyp und die Haarfarbe beruhen auf Vermutungen, da der gefundene Schädel keine Hinweise darauf gab. Der Nasenknorpel wurde hinzugefügt. Seine Form konnte man von der Schädelform ableiten.

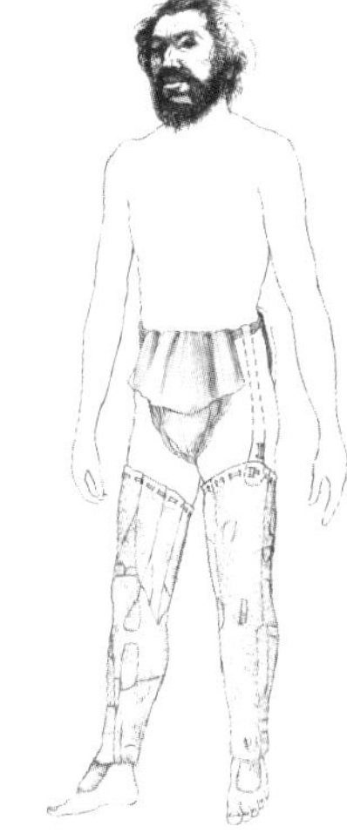

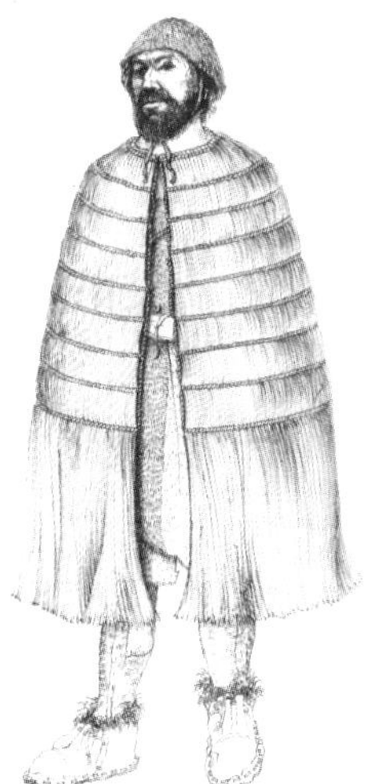

1 Schaue dir die drei Abbildungen zur Gesichtsrekonstruktion an und lies die Anmerkungen dazu. Schlage unbekannte Begriffe in einem Wörterbuch nach. Wie war es möglich, den Kopf des Gletschermannes zu rekonstruieren? Fasse die Erklärung in eigenen Worten schriftlich zusammen.

Heimatliches

Mundart: besondere Form der Sprache (Aussprache, Wörter, Grammatik) einer Region innerhalb einer Sprachgemeinschaft; Synonym: Dialekt

Uuiii!!!

Uuiii!
Uuiii schau hi!
Ja schau hi!
Ja dou schau hi!
Ja schau no grod hi!
Ja schau da sowos oh!
Ja schau halt hi!
Ja schau hi!
Uuiii schau hi!
Uuiii dou schau hi!
Uuiii schau no grod hi!
Uuiii schausdaramal
sowos oh!
Uuiii!
Ja dou schau hi!
Ja uuiii!
Schau hi – schau hi –
ja schau hi – ja schau halt hi –
schau hi – schau hi – schau …

Ejtz is furt –
mei, bis du amal schaust !

Ein paar kleine Aufgaben für dich:

1 Lies die Texte laut und ausdrucksstark vor.

2 Schreibe die Texte in deiner Mundart.

3 Übersetze die Texte ins Hochdeutsche.

4 Erfinde selbst ähnliche Texte in Mundart.

Bayerische Abstammungslehre

I hob g'heart,
dass da Mensch
vom Affm ostammt!
Vom Affn!
Da Mensch vom Affn!
Am Fernseh hamses gsagt!
Vom Affn hams gsagt!
I!
I sollat vom Affn ostamma!
I!
Ja sowos!
Vom Affn!
I!
Nix Adam und Eva!
Vom Affn hams gsagt!
I!
Vom Affn!
Ja sowos!
Ja, mou ma se denn sowos
eigentlich gfalln loun
vom Fernseng?
Komma dou nix macha dageng?
Des is ja Verleimdung, sowos!
Vom Affn!
I vom Affn!
Also naa!
Sowos braucht ma se doch niat
gfalln loun vom Fernseng, oder?

Obwohl –
wenn i mir so überlech,
zu wejvl Leit dass i scho
Du Aff gsagt hob,
na kannts scho sei,
dass d'Menschheit ostammt
vo dene Vejchala!

Wir verändern Texte

Texte in Hochdeutsch können wir verändern, indem wir sie in Mundart umschreiben. Schülerkollegen von dir haben das mit Max und Moritz versucht und das ist dabei herausgekommen:

Hochdeutsch
von
Wilhelm Busch

Ach, was muss man oft von bösen
Kindern hören oder lesen!
Wie zum Beispiel hier von diesen,
welche Max und Moritz hießen.
Die, anstatt durch weise Lehren
sich zum Guten zu bekehren,
oftmals noch darüber lachten
und sich heimlich lustig machten.
Ja, zur Übeltätigkeit,
Ja, dazu ist man bereit! –
Menschen necken, Tiere quälen,
Äpfel, Birnen, Zwetschgen stehlen –
das ist freilich angenehmer
und dazu auch viel bequemer
als in Kirche oder Schule
festzusitzen auf dem Stuhle. –
Aber wehe, wehe, wehe!
Wenn ich auf das Ende sehe!! –
Ach, das war ein schlimmes Ding,
wie es Max und Moritz ging. –
Drum ist hier, was sie getrieben,
abgemalt und aufgeschrieben.

Bayerisch
von
Schülern

Dass Kinda ganz schej bejs oft saan,
mouma lesn, dann und wann!
Vo Kinda, wou wej dej dou saan:
Max und Moritz is eana Nam.
Leana in da Schul goa niad,
dass wos Gescheids aas eana wiad;
dejn bloß iwa sLerna lacha
und se driwa lustich macha.
Ja, zum Bledsinn jederzeit,
dou dazou, dou woans bereit!
Menschn eachan, Viecha quäln,
Epfl, Birn und Zwetschgn stehln –
des is fraale angenehma
und aa glei nu vl bequema,
wej in da Kiacha, in da Schul
staad zum hocka aafm Schduhl.
Owa mej, o mej, o mej!
schlimm wiads endn, i sogs enk fej!
Vielleicht wisstses a nu niad,
wos Schlimms dem Max und Moritz bassiert.
Wos so triem ham, Heaschaftseitn,
is gmalt und gschriem aaf dene Seitn.

1 Übersetze die Streiche von Max und Moritz in deine Mundart.

2 Überlege dir einen neuen Max-und-Moritz-Streich. Schreibe ihn in deiner Mundart auf und zeichne passende Bilder dazu.

3 Überlege, ob und warum es dir leichter fällt, in Mundart als in Hochsprache zu schreiben.

4 Besorge dir aus der Bücherei ein Mundartbuch (Natürlich darfst du gerne auch mehrere ausleihen.). Stelle der Klasse Texte daraus vor, die dir besonders gefallen.

5 Schreibe selbst Mundart-Texte. Ganz egal, ob als Gedicht oder als Erzähltext; ob gereimt oder ungereimt; ob lustig oder traurig; du allein entscheidest, was du schreibst – nur Spaß soll es dir machen! Und denk dran: Grammatik- oder Rechtschreibfehler kannst du hier nicht machen! Also: Voll drauf los und Mundart geschrieben!

Mundart-Autoren gibt es auch in eurer Gegend. Ladet doch einmal einen Mundart-Autor zu einer Lesung in eure Schule ein.

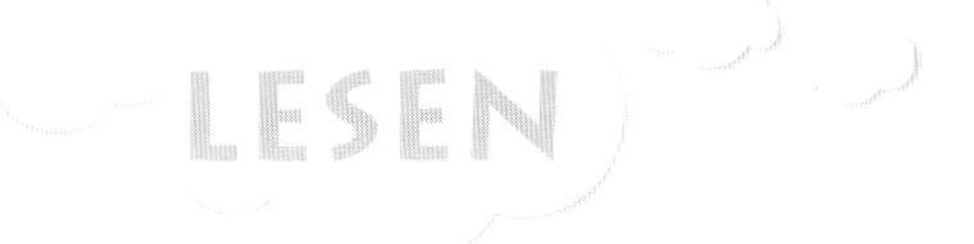

Bildhaft

Comic: Bildergeschichte mit Sprechblasen, in denen kurze Texte, Dialogteile stehen

Welche Comics kennst du, welche liest du selbst? Was gefällt dir an Comics, was nicht?

Ein Comic, den du sicher kennst, ist Asterix und Obelix, die Geschichten von dem kleinen schlauen Krieger und dem großen, starken, nicht ganz so schlauen Hinkelsteinlieferanten. In den Geschichten von den beiden Galliern stecken viele historische Wahrheiten, aber auch jede Menge Erfundenes.

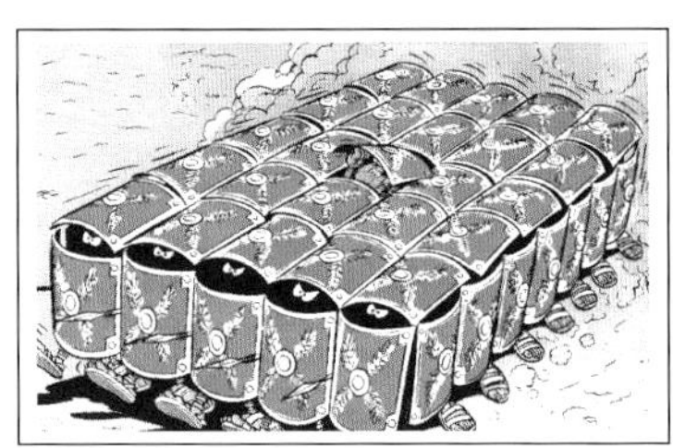

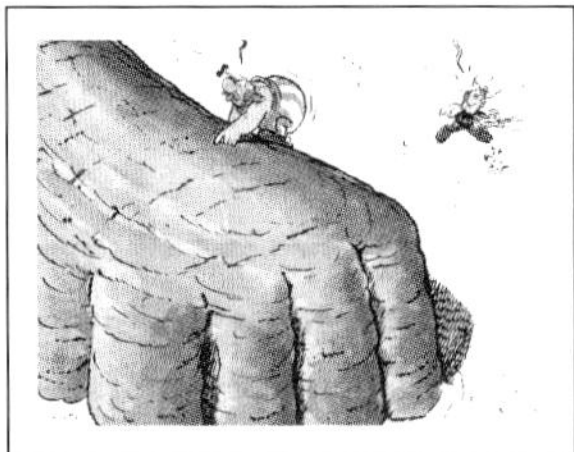

1 Nenne Beispiele aus den Comicbildern für historisch Wahres und für Erfundenes.

2 Suche dir eine Figur aus und beschreibe sie genau. Versuche auf ihren Charakter zu schließen.

3 Schau dir die Figuren auf dem Bild rechts gut an. Überlege und schreibe auf, was sie jeweils sagen könnten. Wahrscheinlich fallen dir sogar mehrere Möglichkeiten ein.

Übrigens: Asterix gibt's auch in Mundart. Frage doch einmal in einer Bücherei danach.

1 Manchmal wird Wilhelm Busch, der Erfinder von Max und Moritz, der „Vater des Comics" genannt. Und Max und Moritz gelten bisweilen als Vorläufer der heutigen Comics. Was denkst du, kann man Max und Moritz als Comic bezeichnen?

Wieder tönt es: „Meck, meck, meck!"
Plumps! Da ist der Schneider weg!

„Meister Müller, he, heran!
Mahl' er das, so schnell er kann!"

2 Was würde in einem heutigen Comic in den Sprechblasen stehen?

3 Wilhelm Busch verwendet, neben vielen anderen, folgende Ausdrücke: Tak tak tak! – Rawau! Rawau! – Ritzeratze! – Kracks! – Plumps! – Rums! – Kritze kratze! – Ratsch! – Knacks! – Knusper, knasper! – Rickeracke! Rickeracke! Warum verwendet Busch diese Ausdrücke? Welche ähnlichen Ausdrucksweisen kennst du aus den heutigen Comics? Gib Beispiele.

4 Erfinde, zeichne und texte selbst einen achten Max-und-Moritz-Streich in Comic-Form. Ihr könnt das auch in Gruppen machen: Manche von euch können gut malen und zeichnen, manche gut schreiben, manche haben gute Ideen und Einfälle; also: Warum nicht zusammenhelfen?

5 Gestalte für das unten stehende Bild eine richtig lustige Sprech- und eine ebensolche Denkblase. Wenn dir genügend einfällt, darfst du gern auch mehrere Lösungen aufschreiben.

Ich halte ein Referat

Referat: Vortrag, Ausführung zu einem bestimmten Thema oder Untersuchungsgebiet

Beim Erarbeiten eines Referats gehst du am besten so vor:

1 Thema wählen

- Wenn das Thema frei wählbar ist, dann suche dir ein Thema aus, das dich wirklich interessiert!
- Wenn dir ein Thema vorgegeben wird: Keine Panik! Es gibt genügend Möglichkeiten, wie du dir Informationen und Material besorgen kannst.

2 Thema einschränken

- Sammle Stichpunkte, die dir zum Thema einfallen, frage andere Leute, schlage im Lexikon nach.
- Wähle Punkte aus, die dir wichtig erscheinen, und über die du berichten willst; unwichtige Aspekte streichst du.

3 Material besorgen

- Suche in Büchern, Lexika, Zeitschriften. In der Bücherei findest du jede Menge.
- Nütze auch den Computer und suche im Internet.
- Frage Bekannte, Lehrer, Fachleute, was sie dir Interessantes zum Thema erzählen können.
- Gut ist es, sich Kopien zu machen und Wichtiges zu notieren.

4 Material ordnen und Gliederung erarbeiten

- Als Gerüst für deine Gliederung können dir folgende Punkte dienen:
  - Einleitung
  - Grobüberblick
  - Darstellung einzelner Gesichtspunkte
  - Abschluss
- Ordne dein Material den Gliederungspunkten zu.

5 Anschauungsmaterial gestalten und Texte verfassen

- Nun gehst du dran, Folien zu erstellen, Plakate zu gestalten und die Vortragstexte zu schreiben.
- Gestalte evtl. eine Vorlage (am besten eine Seite), auf der die wichtigsten Informationen kurz zusammengefasst sind. Dieses Blatt kannst du kopieren und an deine Mitschüler austeilen.

6 Vortrag üben

- Versuche frei zu sprechen und statt der vollständigen Texte nur Stichwortzettel zu verwenden.
- Am besten notierst du deine Stichpunkte groß auf Karteikarten oder einfachen Blättern.

7 Ordnen und Überprüfen aller Unterlagen

- Zweckmäßig ist es, die Unterlagen in einen Ringordner zu heften, in dem man umblättern kann.
- Achte darauf, dass Texte, Folien und sonstiges Material in der richtigen Reihenfolge sortiert sind.

8 Vortrag vor der Klasse

Du kannst ganz ruhig und locker sein, wenn du die Punkte 1 bis 7 befolgt hast und dich auch noch an die Ratschläge unten im Kasten hältst:

Tipps für den Vortrag:

- Warte, bis alle ruhig sind, und schaue die Zuhörer an.
- Überlege dir eine Einleitung, die die Zuhörer neugierig macht.
- Sei beim Sprechen, beim Auflegen der Folien, beim Zeigen der Materialien, Plakate usw. nicht hektisch. Lass dir eventuell von Klassenkameraden helfen.
- Wähle einen passenden, abrundenden Schluss und vergiss den Dank an die Zuhörer nicht.
- Lass nach deinem Referat Fragen zu und versuche, sie so gut du kannst zu beantworten. Wenn du eine Antwort nicht weißt, macht das gar nichts! Dann informierst du dich in Büchern oder im Internet und lieferst deinen Mitschülern die Antwort nach.

Gliederungsbeispiel zu einem Referat von Julia S., 5. Klasse, über

Kunst im Alten Ägypten

1. Vorstellung des Themas:	• räumliche und zeitliche Einordnung des „Alten Ägypten" • Folienbilder: Pyramiden; Tut-Ench-Amun-Totenmaske
2. Kunstformen in Ägypten:	• Flachkunst • Baukunst • Plastiken
3. Ausweitung:	• Die besondere Rolle der Frau in der ägyptischen Kunst • Altägyptische Schriftarten als Sonderform der Kunst
4. Schlussgedanke:	Kennenlernen der Kunst eines Volkes bedeutet auch Kennenlernen von Lebensstil, Brauchtum, Sitte, Religion

Folien und Plakate aus einem Referat zum Thema „Kunst im Alten Ägypten“

Folie 1

KUNST IM ALTEN ÄGYPTEN

3000 vor bis 300 nach Christus

Baukunst
- **Pyramiden**
- **Tempel**

Plastiken
- **Statuen**
- **Särge**
- **Masken**

Flachkunst
- **Wandmalerei**
- **Reliefs**

Ergänzung:

➢ Die besondere Rolle der Frau in der altägyptischen Kunst

➢ Die altägyptischen Schriften als besondere Form der Kunst

Baukunst: Pyramiden, Tempel

Pyramiden von Gizeh und Große Sphinx; um 2600 v. Chr.

rechts: Totentempel Ramses II.; 1 224 v. Chr.

Flachkunst: Wandgemälde, Reliefs

links: Wandrelief: König Sethos I. und Osiris; um 1 240 v. Chr.

rechts: Wandgemälde: Fürst Sirenpowet I. am Speisetisch; um 1 910 v. Chr.

Statuen, Särge, Masken

Folie 2

links: Statuen Paar Prinz Rahotep und Nofret; um 2700 v. Chr.

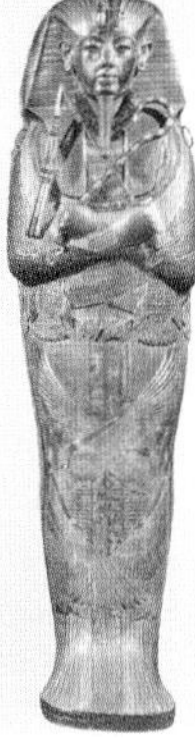

Mitte: Der Innerste der drei Särge des Tut-ench-Amun; 1338 v. Chr.

rechts: Totenmaske des Tut-ench-Amun; um 1300 v. Chr.

Frauen in der Kunst

rechts: (von links) Göttin Selket; Königin Nefertari von Isis geführt; Göttin Maat; um 1250 v. Chr.

links: Töchter eines Verstorbenen; um 1400 v. Chr.

Altägyptische Schriften

1. Hieroglyphenschrift (ab ca. 3000 v. Chr.):

2. Hieratische Schrift (ab ca. 1900 v. Chr.):

3. Demotische Schrift (ab 715 v. Chr.):

Durch das Jahr

Christian Morgenstern

Wenn es Winter wird

Der See hat eine Haut bekommen,
so dass man fast darauf gehen kann,
und kommt ein großer Fisch geschwommen,
so stößt er mit der Nase dran.

Und nimmst du einen Kieselstein,
und wirfst ihn drauf, so macht er klirr
und titscher – titscher – titscher – dirr …
Heißa, du lustiger Kieselstein!

Er zwitschert wie ein Vögelein
und tut als wie ein Schwälblein fliegen,
doch endlich bleibt mein Kieselstein
ganz weit, ganz weit auf dem See draußen liegen.

Da kommen die Fische haufenweis
und schaun durch das klare Fenster von Eis
und denken, der Stein wär etwas zum Essen,
doch so sehr sie die Nase ans Eis auch pressen,
das Eis ist zu dick, das Eis ist zu alt,
sie machen sich nur die Nasen kalt.

Aber bald, aber bald
werden wir selbst auf eigenen Sohlen
hinausgehn können und den Stein wieder holen.

Hans Christian Andersen

Der Schneemann

„Es ist eine so wunderbare Kälte, dass mir der ganze Körper knackt!“, sagte der Schneemann. „Der Wind kann einem wirklich Leben einblasen! Und wie die Glühende da droben glotzt!“ – er meinte die Sonne, die eben unterging. „Mich soll sie nicht zum Blinzeln bringen, ich will meine Stückchen schon festhalten.“ Er hatte nämlich statt der Augen zwei große, dreieckige Stücke von einem Dachziegel im Kopf; sein Mund bestand aus einer alten Harke, folglich hatte er auch Zähne.

Die Sonne ging unter, der Vollmond ging auf in der blauen Luft, rund und groß, klar und schön. „Da ist sie wieder von der andern Seite!“, sagte der Schneemann. Damit wollte er sagen: Die Sonne zeigt sich wieder. „Ich habe ihr doch das Glotzen abgewöhnt! Mag sie nun da hängen und leuchten, damit ich mich selbst sehen kann. Wüsste ich nur, wie man das macht, um von der Stelle zu kommen! Ich möchte mich gar zu gern bewegen! – Wenn ich es könnte, so würde ich jetzt da unten auf dem Eise hingleiten, wie ich die Knaben gleiten sehe; aber ich weiß nicht, wie man läuft.“

„Wäk! Wäk!“, bellte der alte Kettenhund; er war etwas heiser und konnte nicht mehr das echte ‚Wau! Wau!‘ aussprechen; die Heiserkeit hatte er sich geholt, als er noch Stubenhund war und unter dem Ofen lag. „Die Sonne wird dich schon laufen lehren! Das habe ich vorigen Winter an deinen Vorgängern gesehen. Wäk, wäk, und weg sind sie alle!“

„Ich verstehe dich nicht, Kamerad“, sagte der Schneemann. „Die da oben soll mich laufen lehren?“ Er meinte den Mond. „Ja, sie lief ja vorhin freilich weg, als ich sie fest ansah. Jetzt schleicht sie heran von der andern Seite.“

„Du weißt gar nichts!“, entgegnete der Kettenhund; „du bist aber auch eben erst zusammengekleckst. Der, den du da siehst, ist der Mond; die, die vorhin davonging, war die Sonne; die kommt morgen wieder, sie wird dich schon lehren in den Wallgraben hinabzulaufen. Wir kriegen bald anderes Wetter; ich fühle das schon in meinem linken Hinterbein; es sticht und schmerzt – das Wetter wird sich ändern!“ Und das Wetter schlug um. Das Tauwetter nahm zu; der Schneemann nahm ab. Eines Morgens brach er zusammen. Und bald nachher war auch der Winter überstanden.

„Wäk! Wäk!“, bellte der heisere Kettenhund; aber die kleinen Mädchen aus dem Hause sangen:

„Waldmeister grün, hervor aus dem Haus;
Weide, die wollenen Handschuh heraus!
Lerche und Kuckuck, singt fröhlich drein –
Frühling soll es im Februar sein!
Ich singe mit! Kuckuck! Quivit!
Komm, liebe Sonne, komm, quivit!“

Johann Wolfgang von Goethe

Die Frösche

Ein großer Teich war zugefroren,
Die Fröschlein, in der Tiefe verloren,
Durften nicht ferner quaken noch springen,
Versprachen sich aber, im halben Traum,
Fänden sie nur da oben Raum,
Wie Nachtigallen wollten sie singen.
Der Tauwind kam, das Eis zerschmolz,
Nun ruderten sie und landeten stolz,
Und saßen am Ufer weit und breit
Und quakten wie vor alter Zeit.

Joseph von Eichendorff

Die Sperlinge

Altes Haus mit deinen Löchern,
geiz'ger Bauer, nun ade!
Sonne scheint, von allen Dächern
Tröpfelt lustig schon im Schnee,
draußen auf dem Zaune munter
wetzen unsre Schnäbel wir,
durch die Hecken rauf und runter,
in dem Baume vor der Tür
tummeln wir in hellen Haufen
uns mit großem Kriegsgeschrei,
um die Liebste uns zu raufen,
denn der Winter ist vorbei!

Frantisek Halas

Was der Frühling alles tun muss

Erst die Sonne höher heben,
dann die Gräser grün anstreichen,
allen, die auf Erden leben,
brüderlich die Hände reichen;

Für die Vögel Noten schreiben
und die Rosenblätter zählen,
mit Schulkindern Unfug treiben,
Wäldern neue Farben wählen;

Schlangen häuten, Schatten schwärzen,
Felder kämmen, auch die Wiesen,
sorgen, dass Kastanienkerzen
brennen, Weidenruten schießen;

Käfern ihre Panzer putzen,
Zäunen Guten Morgen sagen,
Tau als Schmuck für Gras benutzen,
Licht in Mauselöcher tragen;
Weil die Bienen
gern was hätten,
Honig in die Blüten stecken,
alle Katzenfelle glätten –
und die Kinder morgens wecken!

Äsop

Eine Schwalbe macht noch keinen Sommer

Ein verschwenderischer Jüngling, der sein väterliches Hab und Gut durchgebracht hatte, besaß nur noch einen Mantel. Als er nun in zu früher Jahreszeit eine Schwalbe zurückkehren sah, dachte er, es sei schon Sommer, und in der Meinung, er brauche den Mantel nicht mehr, verkaufte er auch diesen. Später aber, als der Winter anhielt und ein scharfer Wind wehte, sah er die Schwalbe tot am Boden liegen und rief: „Du warst's, du hast auch mich ruiniert."

Ilse Kleberger

Sommer

Weißt du, wie der Sommer riecht?
Nach Birnen und nach Nelken,
nach Äpfeln und Vergißmeinnicht,
die in der Sonne welken,
nach heißem Sand und kühlem See
und nassen Badehosen,
nach Wasserball und Sonnenkrem,
nach Straßenstaub und Rosen.

Weißt du, wie der Sommer schmeckt?
Nach gelben Aprikosen
und Walderdbeeren, halb versteckt
zwischen Gras und Moosen,
nach Himbeereis, Vanilleeis
und Eis aus Schokolade,
nach Sauerklee vom Wiesenrand
und Brauselimonade.

Weißt du, wie der Sommer klingt?
Nach einer Flötenweise,
die durch die Mittagsstille dringt,
ein Vogel zwitschert leise,
dumpf fällt ein Apfel in das Gras,
ein Wind rauscht in den Bäumen,
ein Kind lacht hell,
dann schweigt es schnell
und möchte lieber träumen.

Joachim Ringelnatz

Herbst

Der Herbst schert hurtig Berg und Tal
Mit kalter Schere ratzekahl.
Der Vogel reist nach warmer Ferne;
Wir alle folgten ihm so gerne.

Das Laub ist gelb und welk geworden,
Grün blieb nur Fichte noch und Tann'.
Huhu! Schon meldet sich im Norden
Der Winter mit dem Weihnachtsmann.

Friedrich Hebbel

Herbstbild

Dies ist ein Herbsttag, wie ich keinen sah!
Die Luft ist still, als atmete man kaum,
Und dennoch fallen raschelnd, fern und nah,
Die schönsten Früchte ab von jedem Baum.

O störe sie nicht, die Feier der Natur!
Dies ist die Lese, die sie selber hält;
Denn heute löst sich von den Zweigen nur,
Was vor dem milden Strahl der Sonne fällt.

Georg Britting

Drachen

Die Drachen steigen wieder
Und schwanken mit den Schwänzen
Und brummen stumme Lieder
Zu ihren Geistertänzen.

Von wo der knallende Wind herweht?
Von Bauerngärten schwer!
Jeder Garten prallfäustig voll Blumen steht,
Die Felder sind lustig leer.

Der hohe Himmel ist ausgeräumt,
Wasserblau, ohne Regenunmut.
Eine einzige weiße Wolke schäumt,
Goldhufig, wie ein Ross gebäumt,
Glanzstrudlig durch die Luftflut.

Theodor Fontane

Herr von Ribbeck auf Ribbeck im Havelland

Herr von Ribbeck auf Ribbeck im Havelland,
Ein Birnbaum in seinem Garten stand,
Und kam die goldene Herbsteszeit
Und die Birnen leuchteten weit und breit,
Da stopfte, wenn's Mittag vom Turme scholl,
Der von Ribbeck sich beide Taschen voll,
Und kam in Pantinen ein Junge daher,
So rief er: „Junge, wiste 'ne Beer?“
Und kam ein Mädel, so rief er: „Lütt Dirn,
Kumm man röwer, ich hebb 'ne Birn.“

So ging es viel Jahre, bis lobesam
Der von Ribbeck auf Ribbeck zu sterben kam.
Er fühlte sein Ende, 's war Herbsteszeit,
Wieder lachten die Birnen weit und breit;
Da sagte von Ribbeck: „Ich scheide nun ab.
Legt mir eine Birne mit ins Grab.“
Und drei Tage drauf, aus dem Doppeldachhaus,

Trugen von Ribbeck sie hinaus,
Alle Bauern und Büdner mit Feiergesicht
Sangen „Jesus meine Zuversicht“,
Und die Kinder klagten, das Herze schwer:
„He is dod nu. Wer giwt uns nu ’ne Beer?“

So klagten die Kinder. Das war nicht recht,
Ach, sie kannten den alten Ribbeck schlecht;
Der neue freilich, der knausert und spart,
Hält Park und Birnbaum strenge verwahrt.
Aber der alte, vorahnend schon
Und voll Misstraun gegen den eigenen Sohn,
Der wusste genau, was damals er tat,
Als um eine Birn ins Grab er bat,
Und im dritten Jahr aus dem stillen Haus
Ein Birnbaumsprössling sprosst heraus.

Und die Jahre gehen wohl auf und ab,
Längst wölbt sich ein Birnbaum über dem Grab.
Und in der goldenen Herbsteszeit
Leuchtet’s wieder weit und breit.
Und kommt ein Jung übern Kirchhof her,
So flüstert’s im Baume: „Wiste ’ne Beer?“
Und kommt ein Mädel, so flüstert’s: „Lütt Dirn,
Kumm man röwer, ick gew di ’ne Birn.“

So spendet Segen noch immer die Hand
Des von Ribbeck auf Ribbeck im Havelland.

Bertolt Brecht

Der Kirschdieb

An einem frühen Morgen, lange vor Hahnenschrei
Wurde ich geweckt durch ein Pfeifen und ging zum Fenster.
Auf meinem Kirschbaum – Dämmerung füllte den Garten –
Saß ein junger Mann mit geflickter Hose
Und pflückte lustig meine Kirschen. Mich sehend
Nickte er mir zu, mit beiden Händen
Holte er die Kirscchen von den Zweigen in seine Taschen.
Noch eine ganze Zeitlang, als ich wieder in meiner Bettstatt lag
Hörte ich ihn sein lustiges kleines Lied pfeifen.

Miteinander leben

Von dem Mädchen, das alles zurückfordert

Südafrikanisches Märchen

Es war einmal ein Mädchen, das fand eine Melone. Es brachte die Melone der Mutter. Die Mutter aß gerade einen trockenen Fladen. „Warum isst du den trockenen Fladen? Warum verlangst du keine süße Melone von mir? Glaubst du vielleicht, ich sei geizig?“, sagte das Mädchen schmollend. Also verlangte die Mutter eine Melone, und da sie großen Appetit hatte, aß sie sie sofort auf. Nach einer Weile kam das Mädchen und bettelte: „Mutti, gib mir die Melone zurück, die ich dir geschenkt habe. Ich will sie wiederhaben!“ Die Mutter sagte, was mit der Melone geschehen war, da begann das Mädel zu wüten, zu stampfen und zu weinen: „Wie konntest du nur die Melone aufessen, die ich selbst gefunden habe?“, schrie es. Um es zu beruhigen, gab ihr die Mutter eine Nadel. Mit der Nadel ging die Tochter zum Vater, der gerade im Schatten saß und mit einem spitzen Knochen einen Riemen nähte.

„Warum plagst du dich mit dem stumpfen Knochen Vater? Warum verlangst du keine Nadel von mir? Glaubst du vielleicht, ich sei geizig?“, fragte das Mädchen beleidigt. Also verlangte der Vater eine Nadel von ihr, nähte und nähte, bis die Nadel zerbrach. Nach einer Weile schlenderte das Mädchen herbei und bat „Vater, gib mir schnell die Nadel zurück, die ich von der Mutter bekam, der ich eine Melone schenkte, die ich gefunden habe!“ Als der Vater ihr sagte, die Nadel sei zerbrochen, begann die Tochter zu weinen, zu schreien und zu trampeln. Um sie zu trösten, gab er ihr ein hübsches Messer mit einer metallenen Klinge.

Das Mädchen ging zu ihren Brüdern in den Wald. Sie waren gerade dabei, mit einem steinernen Messer ein Bienennest aus einem hohlen Baum zu schälen, um an Honig zu gelangen.

„Warum verlangt ihr nicht ein Messer mit einer Metallklinge von mir, glaubt ihr, ich sei geizig?“, fragte das Mädchen ärgerlich. Also verlangten sie ein Messer mit einer Metallklinge von ihr. Es dauerte nicht lange, und das Messer zerbrach. Nach einem Weilchen war das Mädchen da. „Brüderchen, gebt mir schnell das Messer zurück, das mir der Vater gab, dem ich eine Nadel schenkte, die mir die Mutter gegeben hat, der ich die Melone gab, die ich gefunden hatte!“ Aber die Brüder sagten, das Messer sei zerbrochen. Da begann das Mädchen zu heulen. Um Ruhe von ihr zu haben, gaben ihr die Brüder eine Wabe Honig. Das Mädchen ging davon und begegnete einer alten Frau, die an einer Brotrinde kaute.

„Warum isst du diese trockene Brotrinde? Warum verlangst du keinen Honig von mir? Glaubst du vielleicht, ich sei geizig?“ Also verlangte die Alte Honig von ihr, und als sie ihn bekommen hatte, ließ sie ihn sich schmecken. Kaum war der Honig verzehrt, kam das Mädchen wieder: „Gib mir schnell, schnell den Honig zurück, den mir meine Brüder gaben, für das Messer, das ich vom Vater bekommen habe, dem ich die Nadel gab, die ich von der Mutter hatte, der ich die Melone gab, die ich gefunden hatte!“ Als ihr die Alte sagte, sie habe den Honig aufgegessen, begann das böse Mädchen schrecklich zu weinen und zu klagen. Um es zu beruhigen, gab ihr die Alte ein paar schöne bunte Federn. Das Mädchen bot die Federn den Kindern an, damit sie nicht glaubten, sie sei geizig. Als die Kinder die Federn beim Spielen verloren hatten, wollte sie das zornige Mädchen sofort, aber sofort wiederhaben! Um sich nicht länger ihr Kreischen anhören zu müssen, gaben ihr die Kinder eine Schale Milch. Das Mädchen nahm die Milch und traf ein Kätzchen.

„Warum verlangst du nicht eine Schale Milch von mir?“, fragte das Mädchen. Also verlangte das Kätzchen die Milch von ihr und schleckte sogleich die Schale aus. Nach einem Weilchen war das Mädchen wieder da: „Kätzchen, gib mir schnell die Milch zurück, die ich von den Kindern bekam.“ Als das Kätzchen sagte, es habe die Milch schon verzehrt, begann das Mädchen zu toben und zu trampeln, wollte für die Milch etwas anderes haben. Aber das Kätzchen gab ihr gar nichts, fauchte sie nur böse an und rannte davon. Das Mädchen hinterdrein. Die Katze sprang ins Gebüsch, das Mädchen sprang ins Gebüsch! Die Katze sprang in eine Pfütze, das Mädchen sprang in eine Pfütze! Die Katze kletterte auf einen Baum, das Mädchen kletterte auf einen Baum! Die Katze sprang vom Baum herunter – wieso springt ihr das Mädchen nicht nach? In der Höhe wurde ihr schwindlig, und so sitzt sie noch heute dort.

Hanna Hanisch

Kein Freund für Kemal

Personen: *Der Sprecher, Herr Öztak, Kemal, der Junge*

Sprecher: Ich erzähle eine Geschichte. Die Geschichte von Kemal, der einen Freund suchte. Sie ist irgendwo passiert, vielleicht hier bei uns. Dort kommt Herr Öztak, das ist Kemals Vater.
(Herr Öztak erscheint auf der Spielfläche.)
Guten Tag, Herr Öztak!

Herr Öztak: Guten Tag. Ich habe keine Zeit für ein Gespräch. Leider. Ich muss zur Polizei gehen.

Sprecher: Ja, ich weiß, Herr Öztak.

Herr Öztak (erregt): Ich habe nichts Böses getan. Warum muss ich zur Polizei gehen?
(Er schaut die Zuschauer an.)
Warum?

Sprecher: Die Leute wissen es nicht. Wir müssen es ihnen erzählen.

Herr Öztak: Ich habe in der Stadt einen kleinen Laden. Für Reparaturen. Sie verstehen?

Sprecher: Herr Öztak ist Schneider. Er ändert und repariert Kleidungsstücke.

Herr Öztak: Vor fünf Jahren bin ich in diese Stadt gekommen. Aus Istanbul. Wir hatten eine schwere Zeit.

Sprecher: Sie haben einen Sohn?

Herr Öztak: Er heißt Kemal. Ist acht Jahre alt.

Sprecher: Es liegt eine Anzeige gegen Sie vor. Wegen Kindesmisshandlung.

Herr Öztak: Ich liebe Kemal.

Sprecher: Die Nachbarn haben gehört, dass er schrie.

Herr Öztak (senkt den Kopf): Einmal habe ich ihn geschlagen.

Sprecher: Und warum?

Herr Öztak: Er war immer ein gutes Kind. Aber er hat gestohlen. Eines Tages. Hat mir Geld weggenommen.

Sprecher: Das war eine Enttäuschung für Sie.

Herr Öztak: Kemal war immer allein. Er spielte auf dem Hof. Ohne Freunde. Manchmal sah ich aus dem Fenster und nickte ihm zu.
(Er tritt zur Seite. Von rechts kommt Kemal auf die Spielfläche. Er hat eine bunte Glaskugel in der Hand, die er betrachtet. Dann spielt er mit dieser Kugel auf dem Boden, schiebt sie hin und her. Ein zweiter Junge kommt von links und beobachtet Kemal.)

Kemal (blickt auf und lächelt erfreut): Willst du mit mir spielen?

Der Junge: Pah! Du hast ja gar kein Spielzeug.

Kemal (hebt seine Kugel hoch): Da!

Der Junge: Diese dumme Kugel? Und weiter nichts?

Kemal: Sie ist bunt. Man kann die Sonne darin sehen.

Der Junge: Gib sie mir!

Kemal: Bist du dann mein Freund?

Der Junge: Vielleicht.

(Er geht mit der Kugel zur Seite. Auch Kemal geht einen Schritt seitwärts.)

Herr Öztak: Kemal war sehr froh, einen Freund zu haben. Den ganzen Abend sprach er davon. Am anderen Tag saß er am Fenster und wartete auf den Jungen.

(Der Junge tritt wieder zur Mitte. Kemal geht glücklich auf ihn zu.)

Kemal: Du bist gekommen. Wollen wir spielen?

Der Junge: Was schenkst du mir heute?

Kemal (erschrocken): Ich habe dir alles gegeben.

Der Junge: Dann habe ich keine Zeit.

(Er dreht sich um und geht seitwärts.)

Kemal (bittend): Warte auf mich! Ich werde dir etwas Schönes schenken. Viel schöner als die Kugel.

Der Junge: Gut. Du hast es versprochen.

(Beide gehen zur Seite.)

Sprecher (tritt mit Herrn Öztak wieder zur Mitte): Wissen Sie, warum Kemal das Geld stahl?

Herr Öztak: Ja. Er hat Spielsachen gekauft. Teure Spielsachen.

Sprecher: Kemal wurde zum Dieb, weil er einen Freund suchte. Vielleicht geschieht das alles morgen schon wieder. Bei uns oder in einer anderen Stadt.

Fredrik Vahle

Ayşe und Jan

Es waren einmal zwei Kinder,
die hießen Ayşe und Jan.
Die waren Nachbarn und kannten sich nicht.
So fängt die Geschichte an.
Zu Ayşe da sagte ihre Mutter:
Geh nicht zu dem deutschen Kind.
Und Jans Vater, der schimpft auf die Türken,
weil das doch Ausländer sind.
Refrain: La, la, la, la, la, la, la …

So spielten die Kinder alleine …
ein jedes in seinem Hof.
Und beide Kinder fanden alleine spielen doof.
Und zwischendrin war eine Mauer …
ein undurchdringliches Stück.
Da hat Jan die Ayşe gerufen …
doch kam keine Antwort zurück.
Refrain

Da hat er mit Steinen geworfen,
und einer traf Ayşe am Kopf.
Da sind Ayşes Brüder gekommen
und haben den Jan verkloppt.
Da ist der Jan ins Gebüsch
dicht an der Mauer gekrochen
und hat geweint, als hätten ihn selbst
mehr als zwanzig Steine getroffen.
Refrain

Doch da hat er plötzlich dicht neben sich
in der Mauer ein Loch entdeckt.
Durch das hat sich eine kleine Hand
mit einem Stück Kuchen gestreckt.
Da hat sich der Jan gewundert und fragte:
Was ist das denn da?
Und da sagte Ayşe ganz leise:
Für dich … ein Stück Baklava*.
Refrain

* **Baklava:** Blätterteig-Gebäck

Und dann war der Jan bei der Ayşe,
und dann war die Ayşe beim Jan.
Sie machten das Mauerloch größer,
so dass man gut durchkrabbeln kann.
Doch einmal hat Jans Vater
nach seinem Sohn gefragt.
Und da hat unten im ersten Stock
Oma Papenfuß gesagt:
Der Jan hat vorhin bei den Türken,
bei unseren Nachbarn gesessen
und hat mit der Ayşe zusammen
eine Friedenstorte gegessen.
Refrain

Jans Vater, der sagte: Wie komisch!
Und stieg die Treppe hinauf.
Von Kindern da kann man was lernen …
So hört die Geschichte auf.
Refrain

La, la, la, la, la,

Erwin Grosche

Das Fremde

Das Fremde bleibt so lange fremd
bis es begrüßt berührt bekennt:
Ich hab dich gern, du hast mich gern
wir leben auf dem gleichen Stern.

Das Fremde bleibt so lange fremd
bis es begrüßt berührt bekennt:
Du bist nicht fremd, du bist vertraut
Gefühle werden aufgetaut.

Das Fremde bleibt so lange fremd
bis es begrüßt berührt bekennt:
Das Anderssein ist interessant
Probieren wir's, nimm meine Hand!

Eine andere Schrift

Das Leben des Louis Braille

A B C D E

F G H I J

K L M N O

P Q R S T

U V W X Y Z

Im Jahre 1809 – das ist schon fast 200 Jahre her – wurde in Frankreich ein kleiner Junge namens Louis geboren. Sein Vater war ein Handwerker und hatte eine eigene Werkstatt, in der er Lederarbeiten anfertigte. Als Louis drei Jahre alt war, geschah ein schlimmer Unfall. Er spielte in der Werkstatt mit einer Ahle, das ist ein spitzes Werkzeug, das einer Nadel ähnlich ist, und stach sich damit ins Auge. Dadurch wurde er blind. Obwohl er jetzt nicht mehr sehen konnte, ging er ganz normal in die Schule seines Wohnortes Coupvray. Louis war sehr schlau und konnte sich alles merken, was der Lehrer erzählte. Das hatte keiner vorher geglaubt! Könnt ihr euch vorstellen, dass er sogar Klassenbester wurde?

Aber etwas konnte er nicht, und das war das Lesen und das Schreiben. Das fuchste ihn natürlich sehr. Deshalb kam er mit 10 Jahren nach Paris, wo es eine spezielle Blindenschule gab. Sogar Bücher fand er hier. Allerdings nur 14 insgesamt. Die hatte der Rektor der Schule selbst hergestellt: Er hatte aus Kupferdraht Buchstaben gebogen und sie auf Papier befestigt. Die Bücher waren aber wahnsinnig schwer und auf jede Seite passten nur ganz wenige Wörter. Louis musste nun mit seinen Fingern Buchstabe für Buchstabe ertasten und zu einem Wort zusammenfügen. Ihr könnt euch sicher vorstellen, dass dabei kein richtiger Lesespaß aufkam. Und schreiben konnte er natürlich auch nicht, weil er ja nicht wusste, ob er die Buchstaben richtig formte. Was sollte Louis bloß tun, um endlich zu Büchern zu kommen? Hättet ihr eine Idee gehabt?

1821 geschah dann etwas Wunderbares, das das Leben vieler Blinder veränderte.

Der Soldat Charles Barbier kam ins Blindeninstitut und führte eine Erfindung vor, die er für Blinde geeignet hielt. Er hatte sich eine Schrift für die Soldaten ausgedacht, damit sie auch nachts ohne Kerzenlicht Nachrichten lesen konnten. Sie bestand aus 12 Punkten und Strichen, die ertastet werden konnten.

Um damit Bücher schreiben zu können, war sie leider immer noch zu groß, aber Louis war ja ein kluges Kind. In seinen Schulferien entwickelte er aus sechs Punkten eine Kombination für alle Buchstaben des Alphabets. Diese Schrift nahm wenig Platz ein, konnte schnell gelesen werden und die Blinden konnten sie sogar schreiben. Louis war damals erst 15 Jahre alt.

1 2 3 4 5

Wollt ihr noch mehr erfahren?
Im Internet findet ihr unter folgenden Adressen weitere Informationen über die Blindenschrift bzw. über Blinden-Projekte im Ausland. Auf der Seite http://home.t-online.de/home/khd-schmidt/Blindenschrift1.htm könnt ihr beispielsweise erfahren, wie blinde Menschen mit der Schreibmaschine arbeiten. Des Weiteren könnt ihr nachlesen, wie die Blinden-Kurzschrift funktioniert. Ihr findet hier auch Links zu Blindenschulen und weiteren Blindeneinrichtungen in Deutschland.

6 7 8 9 0

Auf der Seite http://www.br-online.de/wissen-bildung/collegeradio/medien/ethik/tenberken könnt ihr nachlesen, wie eine blinde Frau in Tibet eine Blindenschule einrichtet.

Wie Louis Braille die Blindenschrift erfand, wird in einem Buch von Jakob Streit erzählt. Hier findet ihr einen Auszug daraus.

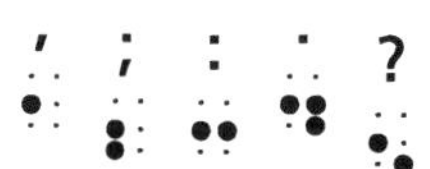

Jakob Streit

Ein blinder Junge erfindet die Blindenschrift *(Auszüge)*

… Im Heim wusste man um Louis’ Eifer. Einige der Mitschüler lachten darüber, andere waren gespannt, ob etwas herauskommen würde.

Eines Tages rief ihn Direktor Pignier in sein Büro. Er hatte Besuch von Hauptmann Barbier. „Ein Schüler beschäftigt sich mit Ihrer Punktschrift, will sie aber vereinfachen“, hatte er diesem berichtet. „Ich lasse ihn holen.“ Und plötzlich stand der 55-Jährige, mit Orden geschmückte Artillerie-Hauptmann dem blassen, schmächtigen dreizehnjährigen Louis gegenüber.

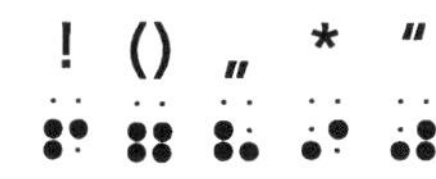

Der Knabe kritisierte klar einige Unzulänglichkeiten und machte Verbesserungsvorschläge. Der Hauptmann hörte ihm mit wohlwollender Aufmerksamkeit zu, verteidigte aber sein System mit Ordonnanz-Stimme, so dass Louis verstummte. Er wurde entlassen. Immerhin bemerkte Barbier: „Ein intelligenter Knabe, ein kleines Genie!“ …

… Immerzu in den Ferien war Louis mit seiner Schrift beschäftigt. Außer den im Französischen ungefähr vierzig Buchstaben und Lauten sollten auch zehn Zeichen für die Satzzeichen (Komma, Punkt, Fragezeichen, Ausrufezeichen und so weiter) gefunden werden und ebenso für die Zahlen von 0 bis 9, womit der ganze Zahlenraum geschrieben werden konnte. Satzzeichen und Zahlen erfand Louis mit genialem Einfall …

Ruf mal an

Was ist ein Handy?

Ein Handy ist ein drahtloses Telefon.
Es ist klein und leicht, man kann es in die Tasche stecken, mitnehmen und unterwegs telefonieren. Das Wort „Handy“ kommt nicht aus dem Englischen, es wurde in deutschsprachigen Ländern geprägt, weil man es mit einer Hand bedienen kann und weil viele unserer Gegenstände in angeblich moderner Weise englisch (denglisch oder neudeutsch) benannt werden. In England ist das richtige Wort „Mobilfon“. Handys sind noch gar nicht so alt. Es gibt sie erst seit 1993.

So ein Handy besteht aus:

- einem Akku, den man immer wieder aufladen kann. Damit das Aufladen geregelt werden kann, muss er aber im Telefon bleiben.
- einer Netzkarte. Das ist eine fingernagelgroße Plastikkarte mit eingebautem Elektronik-Chip. Die eigene Rufnummer ist auf diesem Chip gespeichert und alle Berechtigungen, die zum Telefonieren erforderlich sind. Man kann ein eigenes Telefonbuch mit Namen und Rufnummern auf dem Chip speichern.
- einem Computer, einer Tastatur und einem Display. Mit der Tastatur werden Ziffern für eine Rufnummer eingegeben oder Texte für eine SMS geschrieben. Auf dem Display sind alle Abläufe zu sehen, daher ist es einfach, die richtigen Tasten zu bedienen.
- einer Sende- und einer Empfangseinheit. Die Empfangseinheit merkt, wenn jemand anruft und lässt das Handy klingeln. Wenn man telefonieren will, schickt die Sendeeinheit den Anruf zu dem, den man sprechen will. Es können außer Sprache auch SMS, E-Mails, Bilder und Faxe übertragen werden.

Bei einem Handy werden die Worte nicht über ein Kabel geschickt, sondern mit einer Funktechnik durch die Luft übertragen.
Und weil es ein Gebrauchsgegenstand ist, kann es auch mal aus einem Meter Höhe herunterfallen, ohne Schaden zu nehmen. Während des Radfahrens darf man nicht telefonieren, weil man ansonsten im Straßenverkehr abgelenkt ist.

Die Handys erzeugen durch ihre hochfrequenten Funkwellen ein starkes Magnetfeld, deshalb darf an Tankstellen wegen der Explosionsgefahr nicht telefoniert werden. Auch im Flugzeug ist das Telefonieren verboten, es werden die Instrumente im Cockpit gestört.

Es ist eine Belästigung, wenn Leute durch das Klingeln eines Handys gestört werden, z. B. in der Schule, im Kino, im Theater oder im Konzert.

Ein Handy ist auf jeden Fall sehr praktisch, aber billig und gefahrlos für die Gesundheit ist es nicht.

Was ist ein Mobilfunknetz?

Ein Mobilfunknetz stellt die drahtlosen Verbindungen für alle Mobiltelefone her. Mit einem Handy kann man nur telefonieren, wenn ein Mobilfunknetz vorhanden ist.

Ein Mobilfunknetz besteht aus vielen Funkantennen, die alle mit einem großen Computer verbunden sind.

Eine Funkantenne versorgt eine Fläche mit einem Funkfeld. Diese Fläche nennt man Funkzelle. Alle Handys, die sich in dieser Zelle bewegen, halten Verbindung zu dieser Antenne. Der Anruf wird also vom Handy zur nächsten Funkantenne gesendet. Dort wird er angenommen und zum großen Computer weitergeleitet.

Der Computer kennt alle Handy-Rufnummern und er kennt auch den Standort der Funkzelle, in welcher sich die Handys gerade befinden. Unser Anruf wird von dem Computer in die entsprechende Funkzelle zu dem anderen Handy geschickt. Über diesen langen Weg sind die beiden Handys nun endlich miteinander verbunden.

Dort wo mehr telefoniert wird, müssen die Funkantennen dichter zueinander stehen. In der Stadt beträgt der Abstand zwischen den Antennen 3 km bis 5 km, auf dem Land können bis zu 30 km zwischen ihnen liegen. Bewegt man sich mit seinem Handy von einer Funkzelle in eine andere, dann merkt das der Computer daran, dass das Handy Kontakt mit einer anderen Funkantenne aufgenommen hat.

Bei uns gibt es die Funknetze D1, D2 und E1, E2, die aber verschiedenen Firmen gehören. Die Netze funktionieren alle nach der gleichen Norm, deswegen kann man von einem Netz in ein anderes, auch ins Ausland, telefonieren.

Rüdiger Severin

Handy-Verbot

Bei Herrn Fischer hatten wir Sport und Englisch. Er war einer von den strengen Lehrern. In keinem anderen Fach waren wir so ruhig wie bei ihm. Und mittwochs, nach den beiden Doppelstunden Sport und Englisch, hatte die neue Musiklehrerin dann keine Chance mehr …

In Sport gab es klare Regeln. Inzwischen „vergaß“ niemand mehr das Sportzeug und keiner meuterte, wenn nicht gerade seine oder ihre Lieblingssportart dran war. Denn das wussten wir: Wenn wir uns an die Regeln hielten, konnten wir einmal in der Woche eine Stunde frei spielen.

Seit einiger Zeit gab es eine neue Regel: Vor Beginn des Sportunterrichts mussten wir unsere Handys abgeben und auf die Bank neben der Lehrerumkleide legen. Eigentlich hatten gar nicht so viele von uns ein Handy, aber seit Fischer diese Regel aufgestellt hatte, kamen immer mehr mit Handy in die Schule. Und so brachten wir die Handys mit, damit wir sie in Sport abgeben konnten. Das sah dann jeder und machte mächtig Eindruck.

Ich hatte mir das Handy von meiner Schwester ausgeliehen und legte es dann an einem Mittwoch voller Stolz auf die Bank. Es war gutes Wetter und die Sonne schien durch die Fenster der Turnhalle. An dem Tag klappte sogar der Felgaufschwung, Fischer und ich waren mit mir zufrieden und Anja hatte mich zweimal angelächelt. Als die Stunde fast zu Ende war und wir auf dem Weg in die Umkleide waren, wollte ich das Handy mitnehmen, doch da stockte mir plötzlich der Atem:

Viktor, der heute wegen einer Knieverletzung nicht mitmachen konnte, stand seelenruhig da und spielte – mit meinem Handy! Ich kochte vor Wut und wollte sofort auf ihn los. Dieser Viktor! Der war erst seit drei Jahren in Deutschland. Seine Familie kommt aus Kasachstan. Vor ein paar Wochen war er aus der Auffangklasse in unsere Klasse gekommen. Eigentlich ein netter Kerl, wenn er auch überhaupt nicht auf Markenkleidung steht. Und jetzt spielte dieser Typ mit meinem Handy. Vor drei Jahren musste der noch trommeln, wenn er eine Nachricht verschicken wollte. Telefon war für die da ein Fremdwort, vom Handy ganz zu schweigen. Na ja, vom Angucken geht das Handy ja nicht kaputt. Soll der sich unsere Hightech-Welt mal ruhig anschauen. Also blieb ich stehen und sah ihn gönnerhaft an. Der hätte wohl nie gedacht, dass ich so ein modernes Teil mit WAP-Funktion hätte. Aber jetzt traute ich meinen Augen nicht: Der Typ setzte noch einen drauf. Er blickte mir dreist in die Augen, drückte auf die Tasten und fing an wie selbstverständlich mit irgendwem zu telefonieren. Ich Idiot hatte vergessen, das Ding auszustellen und so konnte Viktor ohne PIN-Nummer auf Kosten meiner Schwester telefonieren. Dachte der, wir hätten so viel Geld und würden ihm das Telefonieren bezahlen? Das ging zu weit.

Als ich mich gerade auf ihn stürzen wollte, lächelte Viktor mich an und sagte ganz cool: „Hey, leg dein Handy aus der Sonne, so werden die Batterien schnell leer!“ Mit roten Ohren sah ich mein Handy auf der Bank liegen. Viktor hatte das gleiche Modell wie meine Schwester. „Und ich dachte, du hättest dir einfach mein Handy genommen!“, sagte ich noch schnell.

„Ich weiß“, antwortete Viktor, „sollen wir nachher in Musik ein paar SMS texten?“

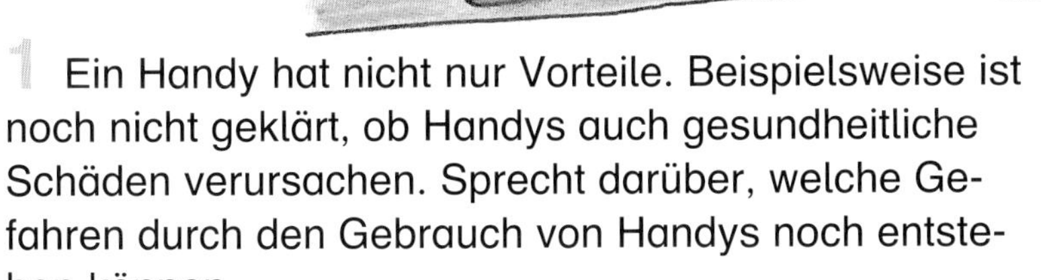

1 Ein Handy hat nicht nur Vorteile. Beispielsweise ist noch nicht geklärt, ob Handys auch gesundheitliche Schäden verursachen. Sprecht darüber, welche Gefahren durch den Gebrauch von Handys noch entstehen können.

Schelmengeschichten zum Nachspielen

Wie Till Eulenspiegel einem Esel das Lesen beibrachte

Nach dem Volksbuch in Szene gesetzt von Herbert Lutz

(In einem Zimmer sitzen fünf Professoren beieinander und diskutieren. Da kommt der Hausmeister und unterbricht sie.)

Hausmeister: Meine Herren, ich bitte die Störung vielmals zu entschuldigen. Aber draußen steht ein komischer Kerl, der sich für die neue Professorenstelle bewerben will.

Professor Obergescheit: Was meinst du mit komisch?

Hausmeister: Na ja, er hat einen bunten Rock an und so eine komische Narrenkappe mit zwei Glöckchen auf dem Kopf.

Professor Neunmalklug: Hat er denn seinen Namen gesagt?

Hausmeister: Ja, ich glaube, er heißt Till Beulenflügel oder so.

Alle: Till Eulenspiegel!

Professor Alleswiss: Da müssen wir vorsichtig sein. Der Galgenvogel will uns bestimmt einen Streich spielen. Vor ein paar Wochen erst hat er unseren allergnädigsten Herrn Grafen hereingelegt. Er hat ihm für viel Geld ein weißes Blatt Papier verkauft und behauptet, es sei ein kostbares Gemälde darauf, das aber nur der sehen könne, der noch nie gelogen habe.

Alle (empört): So ein Gauner!

Professor Obergescheit: Am besten wäre es wahrscheinlich, wenn wir ihn gar nicht hereinlassen.

Professor Besserwiss: Aber da sind wir doch blamiert, wenn das rauskommt, dass wir vor dem Schelm gekniffen haben. Ich denke, wir sollten einfach den Spieß umdrehen und ihm einen Streich spielen.

Professor Ratlos: Aber wie? Mir fällt nichts ein.

Professor Besserwiss: Ich glaube, ich habe da eine Idee. Lasst ihn hereinkommen. Ich werde das schon machen.

Professor Obergescheit: Hausmeister, bring den Herrn herein!

(Der Hausmeister geht hinaus und kommt mit Till herein.)

Till Eulenspiegel (verbeugt sich tief): Ich wünsche den sehr gelehrten Herren einen wunderschönen Tag. Ich habe gehört, dass hier noch ein

Professor gebraucht wird und würde mich gerne für die Stelle bewerben.

Professor Besserwiss: Nun, da müssen wir zuerst prüfen, ob du für die Stelle überhaupt geeignet bist.

Till Eulenspiegel: Nur zu, prüft mich.

Professor Besserwiss: Also, der neue Professor soll alle unsere Schüler das Lesen lehren. Wir haben da aber einen Schüler, der sich sehr schwer damit tut. Keiner hat es bisher geschafft, es ihm beizubringen. Wenn du es schaffst, sollst du die Stelle bekommen.

Till Eulenspiegel: Kein Problem. Lasst ihn gleich kommen.

(Professor Besserwiss flüstert dem Hausmeister etwas ins Ohr. Der Hausmeister geht hinaus und kommt mit einem Esel herein.)

Professor Neunmalklug (zu Professor Besserwiss)**:** Das ist eine gute Idee, Herr Kollege. Jetzt kann er seine Künste zeigen.

Professor Ratlos: Aber kann ein Esel überhaupt lesen lernen?

Till Eulenspiegel: Aber natürlich, Herr Professor, bei mir kann es jeder lernen. Lasst mich nur kurz mit ihm allein, dann bring ich ihm die ersten Buchstaben gleich bei.

(Alle, bis auf Till und den Esel, verlassen den Raum. Till legt dem Esel ein Buch hin. Der Esel interessiert sich aber nicht für das Buch.)

Till Eulenspiegel: Da muss ich wohl ein wenig nachhelfen. (Er geht zur Tür und ruft:) Hallo Hausmeister, bring mir ein paar Haferflocken. Mein Schüler hat noch kein Pausenbrot gehabt. Und ein leerer Magen studiert nicht gern. (Der Hausmeister bringt ihm Haferflocken. Till streut einige davon in das Buch. Der Esel steckt seine Schnauze in das Buch und frisst sie. Till nimmt das Buch, streut neue Haferflocken hinein, klappt es zu und geht zur Tür und ruft:) Meine Herrschaften, Ihr könnt wieder hereinkommen. Er liest schon ein wenig.

(Alle kommen wieder herein. Till schlägt das Buch mit den Haferflocken darin auf. Der Esel steckt seine Schnauze ins Buch.)

Professor Ratlos (staunt)**:** Er liest tatsächlich in dem Buch.

Professor Besserwiss: Aber ich höre nichts. Er soll laut lesen.

(Till geht zum Esel und zieht ihn am Schwanz.)

Esel (brüllt)**:** I-A, I-A

Till Eulenspiegel: Sehn Sie, meine Herrschaften, das I und das A kann er schon. Morgen werde ich ihm das E, das S und das L beibringen, damit er Sie als Kollegen begrüßen kann.

Alle (schimpfen)**:** Unverschämter Kerl! Betrüger! Nichtsnutz!

Professor Obergescheit: Hausmeister, wirf ihn hinaus!

Till Eulenspiegel: Nicht nötig, ich geh schon von selbst.

(Er geht zur Tür, dreht allen eine Nase und verschwindet. Die Professoren bleiben schimpfend zurück.)

Wer am besten reimt, wird Bürgermeister in Schilda

Nach dem Volksbuch in Szene gesetzt von Herbert Lutz

(Ein Reiter kommt an das Stadttor von Schilda.)

Torwächter (bläst in sein Horn): Bürger, zu Hilfe, ein feindliches Heer steht vor dem Stadttor!

Reiter: Du Narr, ist ein einzelner Reiter ein Heer? Ich bin der Bote des Kaisers. Lass mich hinein, ich habe eine Botschaft!

Torwächter: Dann kommt morgen wieder. Wir müssen zuerst ein Loch in die Stadtmauer hauen, damit Ihr herein könnt.

Reiter: Aber ich kann doch durch das Tor reiten.

Torwächter: Das geht nicht, wir haben den Schlüssel verloren.

Reiter: Aber der Schlüssel steckt doch!

Torwächter: Wie soll ich das sehen? Ich bin doch blind.

(Der reitende Bote schließt auf und reitet in die Stadt hinein.)

(Marktplatz: Die Bürger kommen und umringen den Boten.)

Reiter: Bürger von Schilda, ich habe euch eine Botschaft des Kaisers zu überbringen. Der Kaiser will euch besuchen. Er möchte sehen, ob ihr tatsächlich so klug seid, wie man immer erzählt. Um euch zu prüfen, stellt er euch folgende Aufgaben: Erstens sollt ihr ihm halb reitend und halb gehend entgegenkommen, und zweitens will er mit einem Gedicht empfangen werden. Je nachdem, wie er damit zufrieden ist, wird er die Steuern für das nächste Jahr festlegen.

(Der Bote reitet wieder weg. Die Bürger unterhalten sich aufgeregt.)

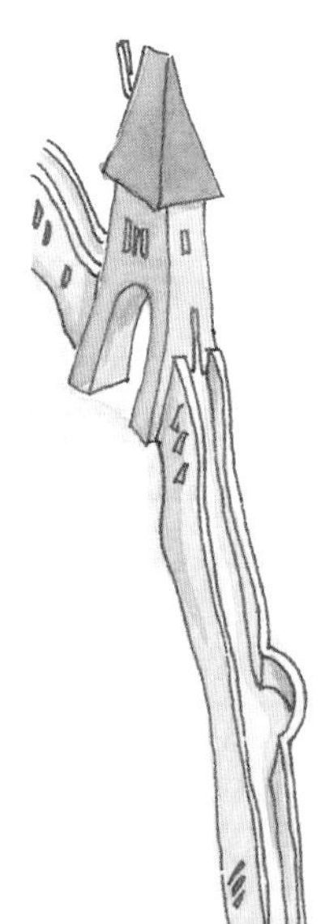

Bäcker: Oh weh, wer soll denn bloß das Empfangsgedicht reimen? Wir haben doch keinen Dichter in der Stadt!

Schweinehirt: Doch! Der Metzger hat gestern zu mir gesagt: Dein Schwein ist mir zu klein. – Das reimt sich doch.

Metzger (hebt abwehrend die Hände): Schweinegedichte sind einfach. Aber auf Kaiser reimt sich gar nichts. Da fällt keinem Schwein was ein und mir auch nicht.

Schneider: Dann muss der Bürgermeister das Gedicht machen.

Müller: Aber wir haben doch gar keinen Bürgermeister.

Wirt: Dann müssen wir eben einen wählen. Oder noch besser: Wer das schönste Gedicht reimt, wird Bürgermeister.

Alle: Ja, das ist eine gute Idee. So machen wir's!

Wirt: Also gut, geht nach Hause und denkt einen Reim aus. Morgen treffen wir uns wieder hier. (Alle gehen.)

(Im Haus des Schweinehirten: Der Schweinehirt sitzt da, kratzt sich am Kopf und denkt angestrengt nach. Seine Frau kommt herein.)

Katrine: Mann, warum runzelst du denn die Stirn so?

Schweinehirt: Ach, die Bürger haben beschlossen, wer bis morgen das beste Gedicht reimt, wird Bürgermeister von Schilda. Und ich wär auch so gern mal Bürgermeister, aber mir will einfach kein Gedicht einfallen.

Katrine: Ha, dann lass doch mich mal probieren. Ich hab doch in der Schule dichten gelernt. Pass mal auf (sie überlegt angestrengt), ich glaub, ich hab's:

Mein liebes Weib heißt Katrein
und möcht gern Bürgermeisterin sein.
Sie ist schöner als mein schönstes Schwein
und trinkt gern kühlen Wein.

Schweinehirt: Donnerwetter, das reimt sich ja richtig toll! Aber wie soll ich mir das bloß merken?

Katrine: Du musst es eben auswendig lernen!

(Sie üben das Gedicht laut miteinander, bis er es halbwegs kann.)

(Am nächsten Tag: Die Bürger versammeln sich auf dem Marktplatz.)

Wirt: Also, nun lasst eure Reime hören!

Schreiner: Ich glaub, ich hab einen wunderbaren Reim:

Ich arbeite meist mit Kleister,
aber ab heut bin ich Bürgermeister.

(Einige Bürger klatschen, die anderen buhen und pfeifen.)

Schweinehirt: Ich habe auch etwas gereimt:

Mein liebes Weib heißt Katrine
und möcht gern Bürgermeisterin sein.
Sie trinkt gerne Schnaps
und meine schönste Sau ist schöner als sie.

Wirt: Donnerwetter, das ist ja ein richtig modernes Gedicht!

Alle: Ja, der Sauhirt soll unser Bürgermeister sein!

Schreiner: Aber sein Gedicht reimt sich doch gar nicht.

Metzger: Das merkt doch kein Schwein!

Wirt: Also, abgemacht, der Schweinehirt ist unser Bürgermeister und wird den Kaiser mit einem Gedicht empfangen.

(Alle klatschen, nur der Schweinehirt schaut nachdenklich drein.)

Erzähle die Geschichte zu Ende.

Alles richtig?

Rechtschreiberfahrungen

1 Welche Rechtschreibfehler machst du häufig? Warum?

2 Lies, welche Erfahrungen andere beim Rechtschreiben gemacht haben.

Ich finde Rechtschreiben blöd, weil man da so viele Fehler machen kann. Rechnen macht mir mehr Spaß.

Ich schreibe nicht gern Diktate, weil meine Lehrerin so schnell vorliest und ich nicht überlegen kann, wie die Wörter geschrieben werden. Das ist für mich besonders schwierig, weil Deutsch nicht meine Muttersprache ist.

Ich hatte noch nie Angst vor Diktaten, weil es mir immer leicht gefallen ist, die Wörter richtig zu schreiben. Vielleicht kommt das daher, dass ich sehr viel lese.

Ich bin ziemlich sicher in der Rechtschreibung. Das war aber nicht immer so. Noch heute schaue ich im Wörterbuch nach, wenn ich nicht genau weiß, wie ein Wort geschrieben wird.

Irmela Wendt
Die Katastrophe

Wenn ich im Schwimmen noch unsicher bin,
gehe ich nicht ins Tiefe.
Aber wenn ich im Rechtschreiben unsicher bin,
muss ich trotzdem das Diktat schreiben,
das für die anderen passt,
die schon sicher sind im Rechtschreiben.
Und dann gibt es jedes Mal diese Katastrophe.

3 Und was sagt ihr dazu? Sprecht über eure Erfahrungen beim Rechtschreiben und bei Diktaten.

4 Welche Rechtschreibregeln kennt ihr aus der Grundschule?

Zugvögel unterwegs

1 Tina hat Tiere sehr gerne. Sie liest viele Bücher über Tiere. Nun möchte sie mehr über Zugvögel wissen.

Im Herbst verlassen viele Zugvögel die Heimat, um weit im Süden zu überwintern. Seeschwalben legen auf diese Weise in jedem Jahr bis zu 20 000 Kilometer zurück, indem sie von Europa bis weit über den Äquator hinaus nach Afrika ziehen. Stare, Finken und Lerchen fliegen in die Länder rund ums Mittelmeer. Der Rückzug im Frühjahr geht fast doppelt so schnell vor sich wie der Wegzug im Herbst.

2 In dieser kurzen Beschreibung sind einige Wörter enthalten, die zu einer Wortfamilie gehören, also aus einem Wortstamm entstanden sind. Hier findest du noch weitere Angehörige dieser Wortfamilie:

vorzüglich Zugmaschine zuziehen

zögern Erzieher Gesichtszug

beziehen

Bienenzüchter zügellos

zügeln unverzüglich

Güterzug

Rückzieher entziehen Viehzucht

3 Wenn du erkennst, dass verschiedene Wörter zur gleichen Wortfamilie gehören, wirst du beim Rechtschreiben weniger Fehler machen. Warum? Erkläre anhand einiger Beispiele aus unserer Wortfamilie.

4 Durch Vorsilben, Nachsilben, Zusammensetzungen und Laut-Abwandlungen verzweigt und vergrößert sich die Wortfamilie. Finde weitere Wörter, die zur Wortfamilie „ziehen“ gehören.

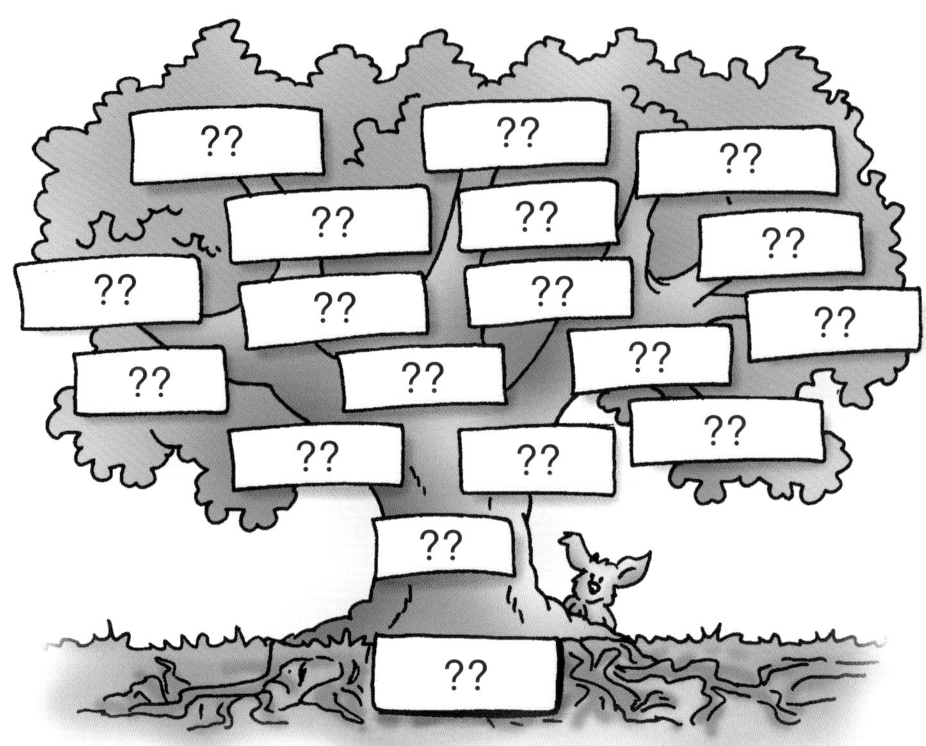

5 Ordne die Wörter von Seite 174 folgenden Verben zu:
ziehen: beziehen …
zügeln: vorzüglich …
zögern: Verzögerung …
züchten: Viehzucht …

6 Ergänze die Tabelle durch Wörter der Wortfamilie „ziehen“. Denke daran: Nomen schreibt man groß, Verben und Adjektive klein!

Nomen	*Verb*	*Adjektiv*	
Erziehung	*verzögern*	*zügellos*	
…	…	…	

Silbe für Silbe, Laut für Laut

Wie hängt das Sprechen mit dem Rechtschreiben zusammen? Beobachtet und testet euch selbst.

1 Ihr kennt bestimmt folgenden Zungenbrecher. Wer kann ihn am schnellsten fehlerfrei sprechen?

Fischers Fritz fischt frische Fische.

2 Schreibt nun diesen Zungenbrecher auf. Sprecht gleichzeitig halblaut etwas anderes mit, z. B.: blablabla

3 Schreibt den Satz noch einmal und sprecht beim Schreiben jedes Wort mit.

4 Welche Aufgabe fiel euch leichter? Welchen Satz habt ihr sauberer geschrieben? Habt ihr sonst noch etwas festgestellt?

Hamsterfutternapfherstellerschule

Löwenkrankenpflegerschule

Zirkuselefantenoberaufseherschule

5 Diktiert euch gegenseitig die Bandwurmwörter. Beobachtet euch beim Schreiben.
Was macht ihr, um keinen Buchstaben zu vergessen? Achtet auf euren Mund.

6 Lies den Text laut und deutlich und sehr langsam vor, so dass du alle Laute klar hören kannst.

Rechtschreibschule für alle

In der Schule lernen hundert Kinder,
dazu
zwei Ameisen und eine Laus,
ein Puma und ein Löwe,
drei Raben und eine Amsel,
fünf Kater und eine Maus,
neun Hamster und ein Hase,
ein Wal und ein Karpfen,
ein Affe und eine Giraffe,
eine Forelle und eine Gazelle,
eine Eselin, aber kein Esel
die Robotersprache.

7 Lies den Text von Aufgabe 6 jetzt in Silben vor. Versuche dabei „ü-ber-deut-lich" – wie ein Ro-bo-ter – zu sprechen.

In der Schu-le

8 Was passiert mit den beiden *ff* bei *Affe*, wenn du in Silben sprichst?

9 Eine „Silbensprechtrommel" hilft dir, lange Wörter in Silben zu zerlegen. Du kannst auf den Tisch trommeln oder auf eine Trommel, wenn du eine hast.

Unsere Trommel ist eine …

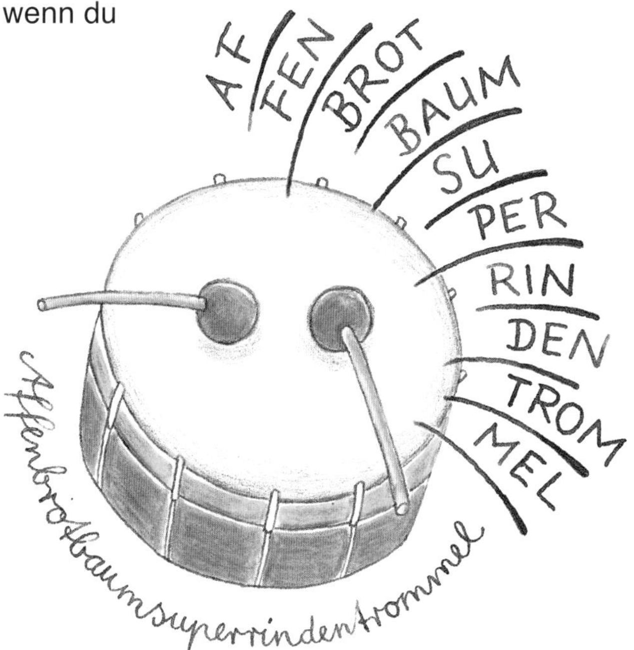

10 Trommle nun beim Silbensprechen mit:

Bananenbaumrindentrommel

Statt zu trommeln, kannst du auch mit den Armen schwingen.

11 Trommle oder schwinge mit beim Silbensprechen. Achte besonders auf die Stellen, an denen zwei gleiche Buchstaben nebeneinander stehen.

Klapperschlangenende

Wellensittichhaustürschlüssel

12 Erfinde selbst Bandwurmwörter. Kannst du dein Bandwurmwort fehlerfrei trommeln?

ARBEITSTECHNIK

Beim Schreiben mitsprechen

1. Schreibe bewusst langsam und schön.
2. Sprich beim Schreiben Laut für Laut und Silbe für Silbe wie ein Roboter mit.
3. Lies nach jeder Silbe und nach jedem Wort, was da steht.
4. Berichtige Verschreibungen.

13 Die Schulleiterin der Rechtschreibschule hat einen Aushang verfasst. Diktiert euch die Sätze gegenseitig in der „Ro-bo-ter-spra-che“.
Sprecht dabei die Wörter so aus, dass euer Partner möglichst keine Fehler macht.

1+1
PARTNERARBEIT

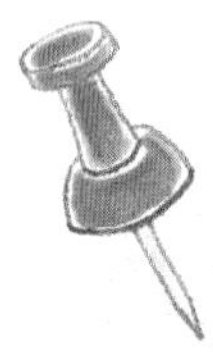

An alle Schülerinnen und Schüler

Nicht selten erreichen mich Beschwerden über euer Verhalten. Daher bitte ich Folgendes in Zukunft zu beachten:

1. Schnecken müssen sich beeilen, um pünktlich zum Unterricht zu kommen.
2. Bei Feueralarm begeben sich alle sofort auf den Schulhof und stellen sich dort der Größe nach auf. In der ersten Reihe stehen die Flöhe mit den Ameisen, in der hintersten Reihe die Wale mit den Elefanten.
3. Bei Klassenarbeiten dürfen auch die Giraffen den Mitschülern nicht über die Schulter schauen.
4. In den Regenpausen bleiben alle in den Klassenzimmern, auch die Regenwürmer.
5. Die Bücher in den Leseecken sind nicht nur für die Ratten da.
6. Auch die Pferde unterlassen bitte im Unterricht das Schaukeln.

geht kommt von gehen

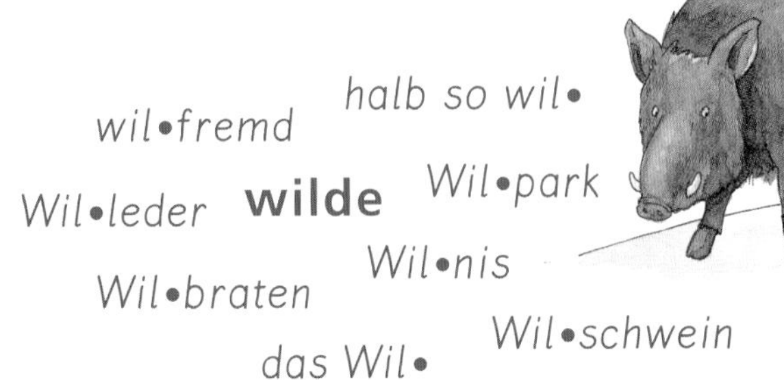

halb so wil•
wil•fremd
Wil•leder **wilde** Wil•park
Wil•nis
Wil•braten
Wil•schwein
das Wil•

Erle•nis
gele•t **leben** Le•ewesen
Le•ensgefahr zu Le•zeiten
le•los

Ber•bau ber•ab
ber•steigen **Berg** Bücherber•
Ber•mann Ber•führer
Ber•wacht

Wenn du am Ende eines Wortes oder einer Silbe **p, t, k** hörst, wird trotzdem oft **b, d, g** geschrieben. Um das zu prüfen, musst du das Wort **ableiten**.

1 In manchen Wörtern schreibt man *b, d, g,* hört aber *p, t, k*. Lies die Wörter vor. Welche Buchstaben hast du ergänzt? Wann hörst du genau, welcher Buchstabe geschrieben werden muss?

2 Schreibe die Wörter so, dass die fehlenden Buchstaben immer untereinander stehen, z. B.:

leben
lebhaft
Erlebnis

3 Schreibe möglichst viele Wörter auf, die zu den Wortfamilien gehören:

Liebe *Wege* *Schulden*

Ordne sie untereinander wie in Aufgabe 2.

Da hilft nur verlängern!

1 Überlege:

Wie schreibt man das Wort am Ende?	Kann man das Wort verlängern – ja!	Jetzt kann man hören, wie man das Wort schreibt:
Spu – mit ***g*** oder ***k***?	spu **ken**	spuken und Spuk mit *k*
Ber? – mit ***g*** oder ***k***?	Ber **ge**	Berge und Berg mit *g*
Gel? – mit ***d*** oder ***t***?	Gel **der**	Gelder und Geld mit *d*
Wel? – mit ***d*** oder ***t***?	Wel **ten**	Welten und Welt mit *t*
hal? – mit ***b*** oder ***p***?	hal **be**	halbe und halb mit *b*

2 Ergänze.
Den letzten Buchstaben eines Wortes kann man oft nur erkennen, wenn man das Wort …

3 Welche Buchstaben fehlen bei diesen Wörtern?

g oder k: Wer?, erschra?, Zwer?, We?
d oder t: Hun?, leich?, lau?, Wan?
b oder p: Lo?, gi?, Lau?, plum?

Sprich die Ableitungsschritte mit und schreibe jedes Wort mit Ableitung in eine neue Zeile.

Werk ← k → Wer ke
Hund ← d → Hun de

4 Bei diesen Wörtern ist es noch etwas schwieriger, den richtigen Buchstaben herauszufinden. Warum?
Wie kannst du dir hier helfen?

Schla?zeile, Kal?fleisch, Han?werker, Lan?wirtschaft, Hal?jahr, Wer?paket, Ra?weg

Sprich die Ableitungsschritte beim Schreiben mit, z. B.:

Schlagzeile:
Schlag lässt sich verlängern zu schlagen, also mit g.

Schreibt so: Schlagzeile ← g → schla gen

Achtung: t-Signal!

1 Überlege:

Wie schreibt man die Verbform vor dem t?
ki?t – mit ***p*** oder ***pp***?
schrei?t – mit ***b*** oder ***p***?
fä?t – mit ***l*** oder ***ll***?
sa?st – mit ***g*** oder ***k***?

Bilde die Grundform und sprecht in Silben:
ki**p** **p**en
schrei **b**en
fa**l** **l**en
sa **g**en

Jetzt kann man hören, wie man die Verbform vor dem t schreibt:
kippen/kippt mit *pp*
schreiben/schreibt mit *b*
fallen und fällt mit *ll*
sagen und sagst mit *g*

kippt

schreibt sagst

fällt

2 Ergänze.
Das *t* und *st* in den Endungen der Verbformen warnt:
Achtung! Ableiten!
Bilde die … und sprich diese in … Dann kannst du hören, wie man die Verbform vor dem t oder st schreibt.

3 Schreibe den Text ab und unterstreiche die Verbformen mit t-Signal. Schreibe sie heraus und füge dahinter die Grundform ein. Male die Silbenbögen.
kennt ← nn → ken nen

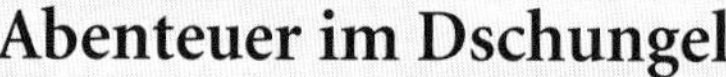

Abenteuer im Dschungel

Kennst du die aufregenden Abenteuer des kleinen Mogli, nachdem er von dem Tiger Shere Khan aus einem Dorf in Indien in den Urwald verschleppt wird?
Shere Khan lebt zwanzig Kilometer von Vater und Mutter Wolf entfernt. Und so fängt die Geschichte von Rudyard Kipling an:
An einem heißen Sommerabend erwacht Vater Wolf, reckt und streckt sich und vertreibt so das schläfrige Gefühl aus seinen Pfoten. Neben ihm liegt Mutter Wolf bei ihren Welpen, die sie über alles liebt und aufopfernd hegt und pflegt.
Da kommt Tabaqui, der Schakal, und sagt, dass der heimtückische Shere Khan sein Jagdgebiet verlegt habe und auf der Jagd nach Menschen sei, was dem Wolf gar nicht gefällt …

Das ableitbare h

1 Überlege:

Wie schreibt man das Wort am Ende? Re? – mit ***h***? ge? – mit ***h***? Schu? – mit ***h***? ste? – mit ***h***?	**Verlängere das Wort oder bilde die Grundform und sprich in Silben:** Re **he** ge **hen** Schu **he** ste **hen**	**Jetzt kann man das h sprechen:** Rehe und Reh mit *h* gehen und geh mit *h* Schuhe und Schuh mit *h* stehen und steh mit *h*

2 Suche zu den hervorgehobenen Befehlsformen die entsprechende Grundform des Verbs. Sprich das Verb beim Schreiben in Silben mit und schreibe es auf, z. B.:
zieh ← h → zie hen

Zieh dich an! Geh weg! Sieh nicht so viel fern!
Dreh das Radio leiser! Näh mir bitte den Knopf an!
Leih mir bitte deinen Discman!

Reh

Schuh

Steh still!

Geh weg!

3 Schreibe kurze Sätze mit den Verben in der zweiten oder dritten Person (du oder er-sie-es). Markiere das h, das du jetzt nicht mehr hören kannst, mit einem Farbstift, z. B.:
Sie mäht den Rasen.

mähen blühen drohen fliehen
verzeihen verstehen bemühen wehen
wiehern geschehen einweihen

4 Auch in zusammengesetzten Wörtern versteckt sich manchmal ein h. Was ist das? – Eine G…
Wie viele Buchstaben hat das Wort?

5 Suche möglichst viele zusammengesetzte Nomen zu den folgenden Wortbausteinen. Male das h im Wort ganz besonders groß, z. B.:
Schuh-, Schuhmacher, Schuhgeschäft …

Schuh-	Näh-
Floh-	Kuh-
Mäh-	Steh-
Geh-	Reh-

ä oder e, äu oder eu?

1 Überlege:

Schreibt man das Wort mit ä oder e, mit äu oder eu?	**Gibt es verwandte Wörter mit a oder au? – Ja!**	**Jetzt weißt du, dass man ä und äu schreibt:**
W?lder – mit ***ä*** oder ***e***?	W**a**ld	Wälder (Wald) mit *ä*
B?me – mit ***äu*** oder ***eu***?	B**au**m	Bäume (Baum) mit *äu*
f?llt – mit ***ä*** oder ***e***?	f**a**llen	fällt (fallen) mit *ä*
K?fer - mit ***äu*** oder ***eu***?	k**au**fen	Käufer (kaufen) mit *äu*

Wer wäre der Nächste?

Heute läuten Leute für die Bräute.

2 Versuche zu erklären, wie man Wörter ableiten kann, damit aus a ein ä und aus au ein äu wird.
Mann – Männer: a (Singular) → ä (Plural)

Mann – Männer, Mann – Männchen, lang – länger, Traum – träumen, Tag – täglich, backen – Bäcker, halten – er hält, verkaufen – Verkäufer, kam – käme, gesamt – sämtlich, laufen – du läufst

3 ä-äu-Wettbewerb:
Wer findet die meisten Wörter mit *ä* und *äu* zu …?

Land, Band, Wald, Garten, Arzt, Angst, Anfang, Ball, Dach, Stadt, Mantel, Hals, Kamm, schlafen, Schrank, Kraft, tragen, anfangen, fallen, graben, waschen, Baum, Haut, Raum, laufen, Kraut, kaufen, außen

+4 Vorsicht! Reim-Falle!
Erst denken und ableiten – dann schreiben!

Nicht für alles Geld der W…
Das ist das Werk von einem Zw…
Wie sie keuchen mit ihren dicken B…!
Ob das Zelt Anja gef…?
Es schallt durch den W…

Texte für Partnerdiktate nutzen

1 Ihr könnt die Texte auf dieser Seite als Partnerdiktat schreiben. Wenn ihr bei den Wörtern, bei denen ihr unsicher seid, ableitet, kann kaum mehr etwas schief gehen.

1+1
PARTNERARBEIT

Waldspaziergang

Noch können Wanderer, Spaziergänger und Radfahrer die Ruhe und die frische Luft im Wald genießen. Doch wenn man genau hinsieht, bemerkt man, dass viele Bäume krank sind. Dürre Äste, lichte Kronen, gelb gefärbte Nadeln und kranke Wurzeln sind Anzeichen dafür.
Nicht jeder versteht, wie wichtig der Wald für uns alle ist. Wälder speichern und filtern kostbares Trinkwasser.
Sie verhindern, dass fruchtbarer Boden weggeschwemmt wird, und sie dienen der Erholung.

Der Wald und seine Besitzer

Mehr als ein Drittel der gesamten Fläche Bayerns ist bewaldet. Bayern ist damit das waldreichste Land der Bundesrepublik Deutschland. Der Wald gehört einer Vielzahl von Eigentümern. Über die Hälfte des Waldes ist Privatwald. Die meisten der etwa 400 000 privaten Waldbesitzer sind Landwirte. Häufig handelt es sich um Kleinbesitz.
Rund ein Drittel des Waldes ist Staatswald, gehört also dem Bundesland Bayern.

Verschiedene Baumarten

Aufgrund der Entwicklung in den letzten Jahrhunderten ist der Anteil der Laubwälder stark zurückgegangen. An ihre Stelle trafen vielfach Nadelwälder. Vorrangiges Ziel naturnaher Forstwirtschaft ist es nun, diese Bestände in stabile, ökologisch wertvolle Mischwälder umzuwandeln. Deshalb werden wieder mehr Laubhölzer gepflanzt.

Welche Wörter schreibst du groß?

1 Lies dir die Aussagen der Schüler genau durch. Schaue dir dann die folgenden Sätze an und erkläre, warum diese Wörter großgeschrieben werden.

„Ich muss das Wort großschreiben, das am Satzanfang steht."

„Alle Nomen werden großgeschrieben. Das sind Wörter, vor denen „der", „die" oder „das" stehen kann!"

„Man muss alle Namen großschreiben!"

„Wenn ich mit einer wörtlichen Rede beginne, dann schreibe ich das erste Wort groß"

Am Himmel türmen sich große Wolken auf. Susanne ruft:
„Kommt schnell in den Garten!"
Die jungen Katzen liegen im Körbchen.
„Ich bin mit der Hausaufgabe fertig", freut sich Christian.

2 Welche dieser Wörter werden immer großgeschrieben, welche nur in diesem Satz?
Erkläre den Unterschied!

Tests

Welche Wörter werden großgeschrieben? Es gibt verschiedene Möglichkeiten, das herauszufinden. Du findest hier fünf Tests. Einige kennst du bestimmt schon, andere sind vielleicht neu für dich.

Test 1:

Ist das Wort ein Name für etwas, das man sehen oder anfassen könnte (z. B. ***K**aninchen, **M**ondlicht*)? Dann ist das Wort ein Nomen und wird großgeschrieben.

1 Suche alle Wörter vom Rand heraus, die den ersten Test bestehen. Schreibe sie in dein Heft und verwende sie in Sätzen.

2 Manche Wörter werden großgeschrieben, obwohl sie den ersten Test nicht bestehen. Erkläre, warum das so ist.

Test 2:

Könnte man das Wort mit „ich habe" kombinieren (z. B. *ich habe **F**ieber, ich habe **R**uhe*)? Dann ist das Wort ein Nomen und wird großgeschrieben.

3 Suche alle Wörter vom Rand heraus, die den zweiten Test bestehen. Schreibe sie in dein Heft.

4 Manche Wörter werden großgeschrieben, obwohl sie den zweiten Test nicht bestehen. Erkläre, warum das so ist.

+5 Verwende die Wörter aus Aufgabe 3 in Sätzen, z. B.:

Er hat schon seit drei Tagen hohes Fieber.

BAUM
TIER
HAI
SCHULE
MORGENSTERN
BUCH
HAUSTÜR
FLAMME
FREUND
INTERESSE
FREUDE
ARBEIT
RECHT
PAUSE
FRÖHLICHKEIT
EIGENTUM
HUNGER
SCHULD
VERSTÄNDNIS
STILLE
FLUG
LEERE
MÄRCHEN
FREUNDSCHAFT
LEHRE
NEBEL
NACHT
KRANKHEIT
SCHLUCKST
SCHLUCK
FREUEN
NEBLIG

Test 3:

Gehört ein Artikel (*der, die, das*) zu dem Wort (z. B. ***der A****bschied,* ***die R****eise,* ***das E****nde*)? Dann ist das Wort ein Nomen und wird großgeschrieben.

6 Suche alle Wörter vom Rand (S. 187) heraus, die den dritten Test bestehen. Schreibe sie in dein Heft.

Test 4:

-keit, -nis, -schaft, -chen, -ung, -heit, -tum – Endet das Wort mit einem von diesen Wortbausteinen (z. B. ***R****eich****tum****,* ***E****rgeb****nis***)? Dann ist das Wort ein Nomen und wird großgeschrieben.

7 Suche alle Wörter vom Rand (S. 187) heraus, die den vierten Test bestehen. Schreibe sie in dein Heft.

Test 5:

Lässt sich direkt vor das Wort ein Adjektiv setzen, welches sich dabei verändert (z. B. er ist gut im *schnell****en*** ***L****aufen*, beim *richtig****en*** ***S****chreiben*)? Dann ist das Wort ein Nomen und wird großgeschrieben. Aber: Lässt sich vor das Wort ein Adjektiv setzen, welches sich dabei jedoch nicht verändert, so wird das Wort kleingeschrieben (z. B. er kann *schnell* ***l****aufen/richtig* ***s****chreiben*).

1. Joschua backt einen kuchen.
2. Da kommt seine schwester.
3. Sie will den teig mal probieren.
4. Joschua erwischt sie beim naschen.
5. „Du störst mich beim backen", sagt Joschua.
6. „Es bleibt nicht genug zum essen übrig, wenn wir naschen."
7. „Dann essen wir eben ein stück weniger", meint sie.
8. „Vor dem backen schmeckt es aber viel besser."

8 Welche Wörter sind in diesen Sätzen falsch geschrieben? Überprüfe mit Test 5.
Schreibe die Sätze mit den eingesetzten Adjektiven in dein Heft. Unterstreiche diese Adjektive und kreise die Veränderung daran ein, z. B.:

1. Joschua backt einen großen Kuchen.

9 Übt das Einfügen von Adjektiven mit einem Kettenspiel in der Klasse.
Wer schreibt die längste Kette in sein Heft?

1+ GRUPPENARBEIT

Erster Schüler:	*Ich brauche eine Idee.*
Zweiter Schüler:	*Ich brauche eine neue Idee.*
Dritter Schüler:	*Ich brauche eine neue atemberaubende Idee.*
Vierter Schüler:	*Ich brauche eine neue atemberaubende, geniale Idee.*
Fünfter Schüler:	*Ich brauche eine neue atemberaubende, geniale ... Idee.*

1. Frau Lehmann hat Spaß am … Singen.
2. Herr Schulze kauft sich einen … Hut.
3. Elisa schreibt einen … Aufsatz.

10 Du hast verschiedene Tests zur Großschreibung ausprobiert. Welche kanntest du schon, welche sind neu? Mit welchen Tests kommst du besonders gut zurecht? Sprich über deine Erfahrungen mit deinen Mitschülern.

11 Besprecht, wie ihr die Tests zur Großschreibung allen in der Klasse zugänglich machen könnt.
Ihr könnt sie zum Beispiel auf ein Plakat schreiben oder in einer Klassenkartei festhalten.

ARBEITSTECHNIK

Tests: Großschreibung

So kannst du prüfen, ob ein Wort großgeschrieben wird:

Test 1: Könnte man das, was das Wort bezeichnet, sehen oder anfassen?

Test 2: Kann man das Wort mit *„ich habe"* kombinieren?

Test 3: Kann man das Wort mit einem der Artikel *der, die, das* kombinieren?

Test 4: Endet das Wort auf *-keit, -nis, -schaft, -chen, -ung, -heit, -tum?*

Test 5: Lässt sich direkt vor das Wort ein Adjektiv setzen, welches sich dabei verändert?

Kannst du eine dieser Fragen mit „Ja" beantworten, wird das Wort großgeschrieben.

Üben, üben, üben!

1 Erratest du, welche Tiere das sind?
Schreibe eines der beiden Tierrätsel in normaler Schreibung in dein Heft.

WIR SIND KLEIN
UND SCHWARZ, HABEN EINEN
KÖRPER WIE EINE WALZE UND EINEN
SPITZEN KOPF. DIE AUGEN SIND KAUM ZU
SEHEN. DIE NASE WIRKT WIE EIN RÜSSEL
UND HILFT UNS BEIM GRABEN IN DER ERDE.
DIE FÜNF FINGER MIT DEN KRALLEN ERSETZEN
DIE BEINE UND DIE ARME. WIR LEBEN UNTER DER
ERDE IN EINER NESTKAMMER. WIR WERFEN OFT
DIE KLEINEN HÜGEL AUF, DIE AUCH DIE
TIERGARTENBESUCHER NICHT MÖGEN.
WER SIND WIR?

EINSAM TAUCHT ER
VOR DER KÜSTE DURCH DIE
WELLEN. ER HAT HEUTE WEDER RUHE
NOCH ZEIT, DAS JAGEN MIT DEN HARPUNEN
HAT IHM ANGST GEMACHT. ER HAT NUR
NOCH EINEN WUNSCH: DIE FISCHER SOLLEN
IMMER FERIEN HABEN. WER HAT EINE IDEE,
WER DAS IST?

1+1 PARTNERARBEIT

2 Schreibt selbst Tierrätsel in Großbuchstaben und tauscht sie aus. Überlegt, wie ihr damit die Großschreibung üben könnt.

3 Schreibt die beiden Texte als Partnerdiktat.
Ihr könnt eurem Partner oder eurer Partnerin Hilfen zur Schreibung der Wörter geben. Überprüft die Großschreibung vor der Korrektur aber selbstständig mit den Tests. Besprecht schwierige Stellen in der Klasse.

1+1 PARTNERARBEIT

Wir hatten Ferien und Langeweile. Da kam uns der Gedanke den Tiergarten im Nachbarort zu besuchen. David hatte Lust die Tiere zu necken. Das Lama wurde sofort sauer und zielte beim Spucken genau auf Davids neuen Anorak. So ein Pech! Wir gingen weiter zum Wasserbecken der Robben. David suchte wieder Streit. Die Robbe freute sich und spritzte Wasser auf den schmutzigen Anorak. Da war alles wieder sauber.

Ich döste am Morgen auf dem sandigen Boden. Da kamen zwei Kinder zum Gehege. Der eine Junge hatte einen besonders bunten Anorak an. Sein Hüpfen und das Fuchteln mit den Armen fielen mir sofort auf. Es war klar, er suchte Streit mit mir, dem alten Löwen. Ich schaute zur Seite und rief, er solle doch die Tür zum Gehege aufmachen. Doch der feige Kerl hatte offenbar nicht den Mut dazu. Ich war sicher, dieses Gesicht würde ich mir merken. Wehe, wir treffen uns in Afrika!

4 Auf der Seite 186 hast du gelesen, was einzelne Schüler zur Großschreibung in Sätzen gesagt haben. Fasse die Aussagen in einem kurzen Merktext zusammen, formuliere jeweils einen Beispielsatz und kennzeichne das Wort, das man großschreibt, farbig.

Mmh, kannst du mir das Rezept geben?

Pizza

- **400 g Mehl**
- **1 Stück Hefe**
- **etwas Milch, Salz, Zucker**
- **lauwarmes Wasser**
- **300 g passierte Tomaten**
- **Rosmarin, Oregano**
- **250 g geriebener Käse**
- **etwas Öl**

Belag nach Geschmack:
in Scheiben geschnittene Tomaten, Pilze, Thunfisch, Schinken, Salami, Mais …

Hefe in der lauwarmen Milch mit einem halben Teelöffel Zucker gut verrühren.
Warm stellen und etwa 10 Minuten warten, bis die Hefe beginnt zu gehen. Spätestens jetzt die Hände sehr gut waschen.
Mehl, eine Prise Salz und Wasser dazugeben und gründlich zu einem geschmeidigen Teig kneten.
Den Teig an einem warmen Ort 30 Minuten gehen lassen.
Ein Backblech mit dem Öl einfetten und den Teig gleichmäßig darauf verteilen.
Den Teig mit den passierten Tomaten bestreichen und mit den Gewürzen bestreuen.
Pizza nach Wunsch belegen. Zum Schluss mit dem Käse bestreuen.
Achtung: Salami und Schinken werden erst nach dem Backen auf die heiße Pizza gelegt!
Die Pizza 25 Minuten bei 200 °C im Ofen backen.

Möhrenrohkost

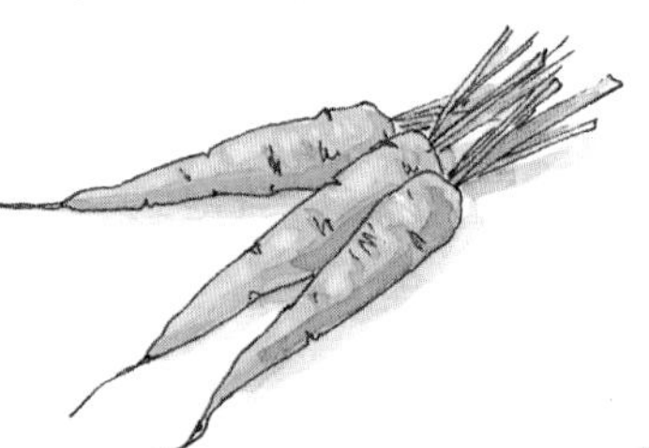

- **500 g frische Möhren**
- **1 Zitrone**
- **1 Esslöffel Zucker**

Möhren waschen und dünn schälen.
Möhren reiben, am besten mit der Küchenmaschine, und in eine große Schüssel geben.
Die Zitrone auspressen.
Zitronensaft und Zucker zur Rohkost geben und mit zwei großen Löffeln alles vermischen.
Rohkost am besten frisch essen.

1 Welche Gerichte esst ihr gern, welche könnt ihr schon selbst zubereiten? Bringt Rezepte von zu Hause mit und tauscht euch darüber aus.

2 Welche Rezepte möchtest du selbst einmal ausprobieren?
Leihe dir die Rezepte aus und schreibe sie auf ein besonderes Blatt. Du kannst dazu auch den Computer benutzen.
Zu Hause kannst du die Rezepte ins Kochbuch legen.
Vielleicht legst du auch eine Rezeptsammlung an.

ARBEITSTECHNIK

Abschreiben

1. Lies zuerst den ganzen Text, damit du den Inhalt verstehst.
2. Lies jetzt den ersten Satz, präge dir die erste Wortgruppe ein, decke sie ab und schreibe sie auswendig auf.
3. So schreibst du Wortgruppe für Wortgruppe auf. Achte auf besondere und schwierige Wörter sowie auf die Satzzeichen.
4. Vergleiche jeden Satz genau und prüfe, ob du Fehler gemacht hast.
5. Berichtige den Text.

3 Du schreibst oft etwas ab, in der Schule und zu Hause. Wie kommt es, dass du dabei manchmal Fehler machst? Was kannst du tun, um Fehler zu vermeiden?

4 „Abschreiben ist wie ein Diktat, bei dem ich Lehrer und Schüler zugleich bin."
Erkläre diesen Satz. Was ist beim Abschreiben die „Lehrerarbeit", was ist die „Schülerarbeit"?

5 Schreibt eines der Rezepte von Seite 192 als Partnerdiktat. Einer übernimmt die Lehrerrolle, einer die Schülerrolle.
Besprecht, wie ihr diktieren und korrigieren wollt.
Wechselt euch in den beiden Rollen ab.

1+1
PARTNERARBEIT

Merken – aber wie?

Manche Wörter sind nicht so einfach. Man muss sich einprägen, wie sie geschrieben werden. Hier findest du Übungen, die beim Einprägen und Merken helfen. Du kannst alleine üben, mit einem Partner oder in Gruppen.

wider
Rhythmus verwechseln
wieder Maifeier fliehen
allmählich Verwandte
sympathisch

Alleine üben

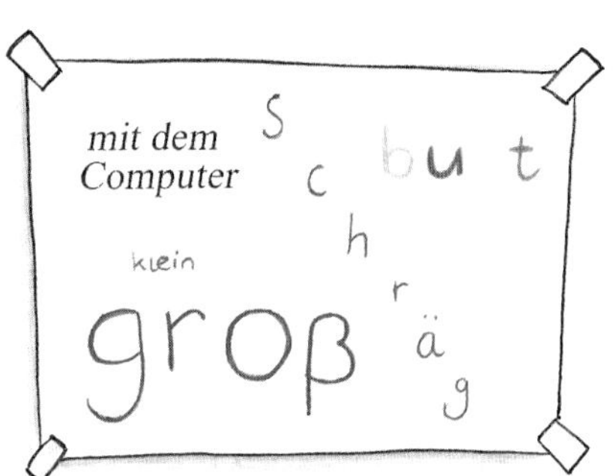

1 Sieh zuerst deine letzten Diktate und Aufsätze durch. Sammle schwierige Wörter, die du üben willst. Lege eine Liste mit deinen Merkwörtern an.

2 Gedächtnistraining:
Merke dir zwei Wörter aus der Merkwörterliste. Decke sie zu und schreibe die Wörter aus dem Gedächtnis auf. Vergleiche mit der Vorlage.

3 Schriftproben:
Wähle Wörter aus deiner Merkwörtersammlung aus und gestalte sie.

4 Geisterschrift:
Schreibe die Wörter, die du dir merken willst, mit dem Finger auf den Tisch.

+5 Buchstabengeschichten erfinden:

Eines Tages trafen sich alle Buchstaben des Wortes **wider** zu einer Konferenz. Es gab Streit. Die anderen Buchstaben waren **dagegen**, dass das **e** zweimal vorkommen durfte. „Na gut“, sagte das **e** und gab nach. Seit damals wird **wider** nur mit einfachem **i** geschrieben, wenn es „**gegen**“ bedeutet.

An einem anderen Tag trafen sich die Buchstaben des Wortes wieder. „Ein Buchstabe soll sich **wiederholen**. Das passt besser zu unserer Bedeutung“, sagten sie. „Na gut“, sagte das e, „mich könnt ihr zweimal nehmen.“

Erfinde selbst Buchstabengeschichten zu besonders schwierigen Merkwörtern.

Mit einem Partner üben

1 Wörter fühlen:

Sucht euch ein Wort aus eurer Merkwörterliste aus. Schreibt die Buchstaben einzeln in BLOCKSCHRIFT mit dem Finger auf den Rücken eines Partners. Er schreibt die Lösung auf.

Ihr könnt die Übung auch schwerer machen: Baut einen Rechtschreibfehler ein. Probiert aus, ob euer Partner den Fehler findet.

2 Memory:

Stellt ein Memoryspiel mit Merkwörtern her. Ihr braucht dazu Kärtchen oder Zettel. Schreibt die Merkwörter paarweise darauf, dreht sie um und spielt Memory.
Ihr könnt das Memoryspiel auch „zinken“: Schreibt auf die Rückseite einer der beiden Karten immer eine Rechtschreibbesonderheit, bei „sympathisch“ z.B. „y–th“.
Welche Karte wird zuerst umgedreht? Überlegt euch Spielregeln.

3 Lauschwörter:

Lest einem Partner ein Wort von eurer Merkwörterliste vor. Merkt euch die Anzahl der Buchstaben. Euer Partner buchstabiert das Wort und nennt die Anzahl der Buchstaben. Stimmt alles? Wechselt euch ab.

4 Wörter-Duett:

Diktiert einem Partner zwei Wörter aus eurer Merkwörterliste. Kontrolliert die Rechtschreibung. Tauscht die Rollen.

In der Gruppe üben

Am 1. 5. gab es bei uns im Garten eine M •••
Meine Großeltern, meine Tante und die anderen V••• kamen •••

1 Lückentext:

Wählt einige Merkwörter aus. Schreibt einen Text und verwendet dabei die Wörter. Unterstreicht sie. Schreibt den Text dann noch einmal, lasst nun aber die Merkwörter weg und ersetzt sie durch Punkte.
Wenn ihr wollt, könnt ihr den Anfangsbuchstaben der Wörter vorgeben. Dann wird die Aufgabe leichter.

2 Lückenwörter:

Wählt zuerst einige Merkwörter aus. Nehmt dann ein Blatt und knickt es in der Mitte. Auf die eine Hälfte zeichnet oder malt ihr etwas zu jedem Wort, so dass man das Wort erraten kann. Auf die andere Hälfte zeichnet ihr Buchstabenkästchen in der richtigen Anzahl. In diese Kästchen kann dann das erratene Wort geschrieben werden. Ihr könnt einen oder zwei Buchstaben vorgeben.

Lösungswort senkrecht:
Großeltern, Eltern, Geschwister

waagerecht:
1 Tiere; 2 weglaufen; 3 vertauschen; 4 noch einmal; 5 Monat; 6 Streichinstrument; 7 Behälter, Gefäß; 8 Werkzeug

3 Wörterrätsel:

So könnt ihr ein Wörterrätsel für einen Partner bauen: Wählt ein Lösungswort aus. Schreibt die Buchstaben des Wortes untereinander. Sucht dann Merkwörter, die einen dieser Buchstaben enthalten.
Schreibt die Wörter waagerecht auf. Nun habt ihr das vollständige Rätsel.
In dem Rätsel für eure Mitspieler lasst ihr die Kästchen leer. Beschreibt als Letztes die gesuchten Wörter, ohne sie zu nennen.

Lösungswort: Verwandte

Lösungswort: ....

Ein Wortfamilien-Rechtschreibheft anlegen

1 Lege dir dein eigenes Rechtschreibheft an. Du brauchst dazu ein etwas stärkeres Schreibheft. Gestalte auf der ersten Seite ein Titelblatt: ***„Merkwörter – Alphabetisches Wörterverzeichnis“***

Bereite auf den folgenden Seiten ein alphabetisches Wörterverzeichnis vor. Schreibe auf jede Seite oben an den Außenrand einen Buchstaben des Alphabets. Auf diesen Seiten könnt ihr dann Merkwörter und Fehlerwörter nach dem Anfangsbuchstaben geordnet eintragen.

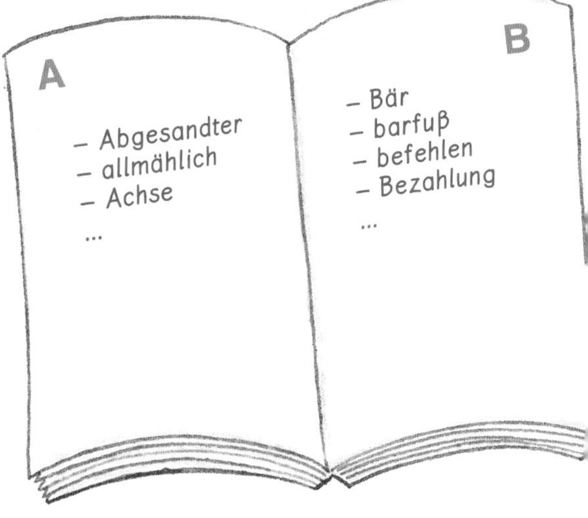

Drehe das Heft nun um und beginne von hinten nach vorn zu arbeiten. Gestalte wieder ein Titelblatt: ***„Merkwörter – Wortfamilienwörterbuch“.*** Lasse zwei Seiten für ein Inhaltsverzeichnis frei. Trage auf den folgenden Seiten Wortfamilien ein. Überprüfe beim Eintrag in das alphabetische Wörterverzeichnis immer, ob das Wort zu einer Wortfamilie gehört.

A
– Abgesandter
– allmählich
– Achse
...
B
– Bär
– barfuß
– befehlen
– Bezahlung
...

2 Übe mit deinem Rechtschreibheft. Du kannst allein üben, mit einem Partner oder in der Klasse.

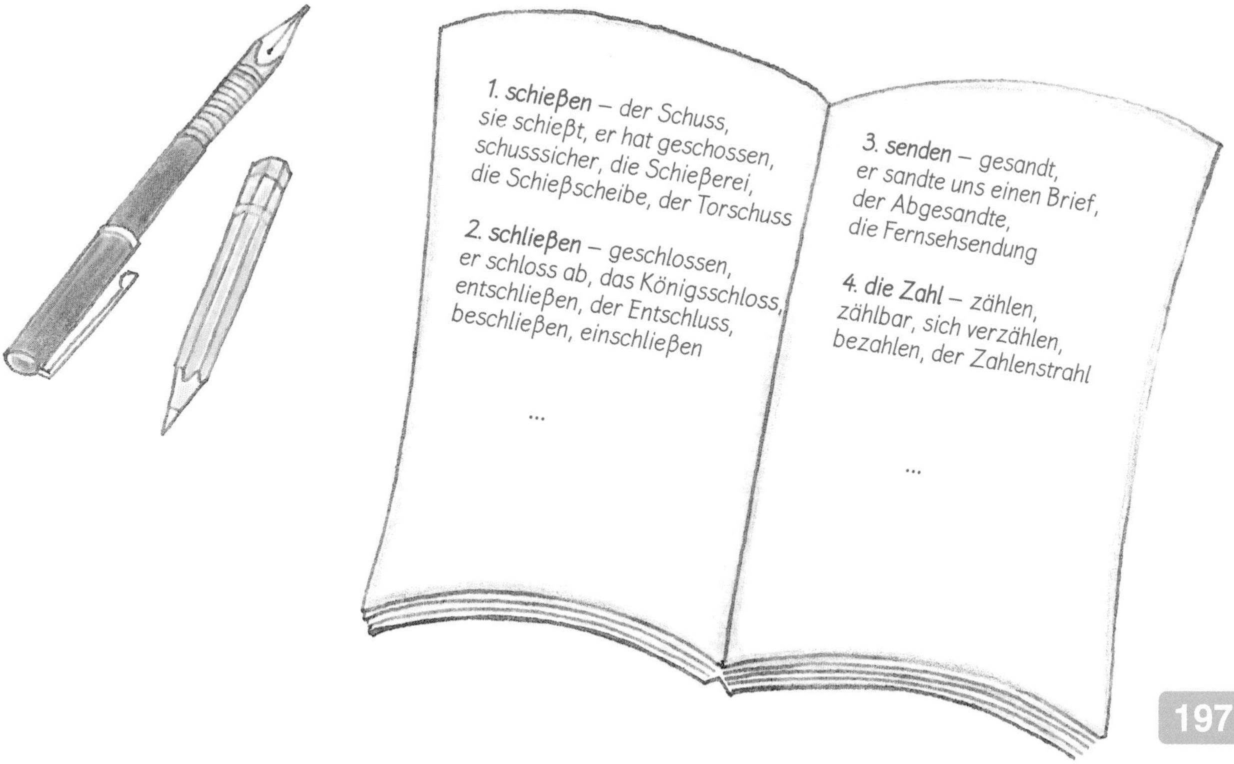

1. schießen – der Schuss, sie schießt, er hat geschossen, schusssicher, die Schießerei, die Schießscheibe, der Torschuss
2. schließen – geschlossen, er schloss ab, das Königsschloss, entschließen, der Entschluss, beschließen, einschließen
...
3. senden – gesandt, er sandte uns einen Brief, der Abgesandte, die Fernsehsendung
4. die Zahl – zählen, zählbar, sich verzählen, bezahlen, der Zahlenstrahl
...

Zum Üben und Ordnen: Die Rechtschreibkartei

Wie du weißt, sind nicht alle Wörter für alle gleich schwierig. Jeder macht andere Fehler. Mit der Rechtschreibkartei kannst du deine Fehlerwörter üben.

1 Besorge dir einen Karteikasten oder eine Schachtel. Unterteile sie in fünf Fächer.

2 Schreibe immer ein Fehlerwort auf ein Kärtchen oder auf einen Zettel. Unterstreiche die Problemstelle. Die ersten Fehlerwörter kannst du deinen letzten Diktaten oder Aufsätzen entnehmen.

3 Fächerrücken:
1. Lies das Fehlerwort laut und präge es dir ein.
2. Schreibe das Wort auswendig auf. Sprich es dabei deutlich mit.
3. Vergleiche das Wort mit der Vorlage:

Richtig geschrieben? → weiter ins nächste Fach
Falsch geschrieben? → zurück ins erste Fach

Übe so oft, bis das Kärtchen oder der Zettel im letzten Fach liegt.

4 Benütze auch hier verschiedene Übungsmöglichkeiten. Ideen dazu findest du auf Seite 194.

5 Im letzten Fach deiner Rechtschreibkartei werden sich mit der Zeit viele Wörter ansammeln. Ordne sie, indem du dieses Fach unterteilst. Überlege dir mit deinen Mitschülern, welche Unterteilungen ihr einrichten wollt.

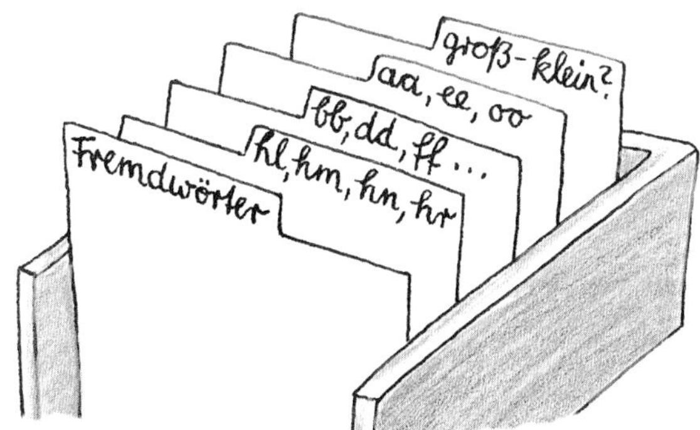

Wenn sehr viele Kärtchen oder Zettel im letzten Fach liegen, kannst du sie herausnehmen. Sammle sie und übe ab und zu damit.

6 Du kannst die Rechtschreibkartei auch im Computer anlegen:

1. Richte ein besonderes Verzeichnis ein. Du kannst es z. B. Rechtschreibkartei nennen.
2. Richte eine Datei *Fach_1* ein. Hier kommen die Fehlerwörter zuerst hinein.
3. Richte Dateien für die anderen vier Fächer ein. Unterteile die Datei *Fach_5* durch Überschriften.
4. Übe nun mit der Kartei. Lies die Wörter, präge sie dir ein und schreibe sie mit der Hand auf. Vergleiche die Rechtschreibung. Lösche das Wort dann und trage es in das nächste „Fach" ein.

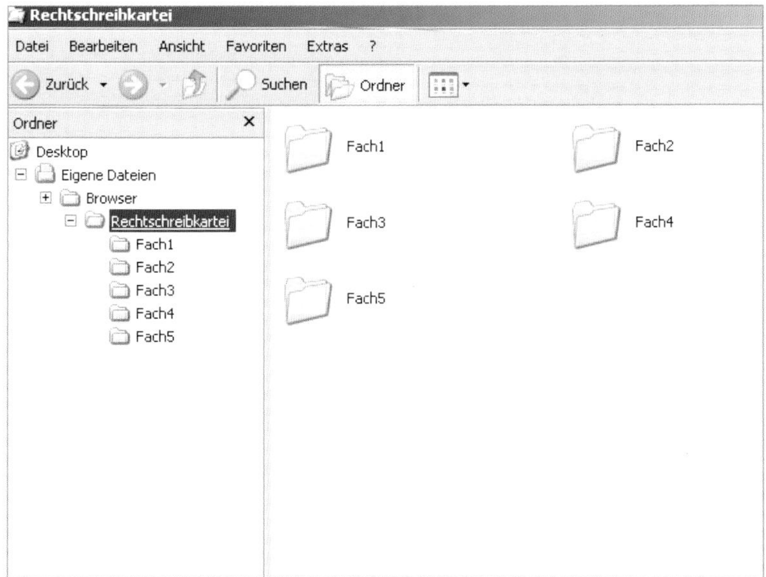

Gewusst, wo ...

1 Hast du die Tiere im Bilderrätsel erkannt? Schreibe ihre Namen auf. Die Anzahl der Punkte zeigt dir, wie viele Buchstaben die gesuchten Wörter haben.

2 Wenn du die zehn nummerierten Buchstaben aneinander setzt, ergeben sie ein Wort: etwas, das dir beim Rechtschreiben hilft.

3 Vielleicht hast du nachgeschlagen, um das Rätsel zu lösen. Wie lange hast du suchen müssen?

Übungen rund ums ABC

1 Der Abc-Sprint

Nennt eurem Partner einen Buchstaben. Er sagt dann möglichst schnell das Alphabet von dieser Stelle aus weiter auf.

1+1
PARTNERARBEIT

2 Das Abc-Quiz

Stellt euch gegenseitig Fragen:
Welcher Buchstabe steht nach dem (vor dem) T …?
Zwischen welchen Buchstaben steht R …?
Der wievielte Buchstabe im Abc ist das L …?

3 Das Zeitungs-Abc

Markiert auf einer Zeitungsseite je einmal alle Buchstaben des Abc. Sind alle vorhanden?

tierte der Amerikaner Percival Lowell 500 „Kanäle“ und 200 „Oasen“. Und das seriöse Magazin *Scientific American* beschrieb noch im Jahr 1920 ein ausgeklügeltes Signalsystem mit Scheinwerfern

Mars ragt der höchste Vulka
nensystems in den Himmel.
Die Bilder und Messungen
ner 9 und einem halben Dutz
rer unbemannter Späher ou

Hitzehoch Michaela gi

Neue Rekordnachttemperatur mit 27,6 Grad, in Portug

München (SZ) – Das Hoch „Michaela“ verabschiedet sich mit einem Rekord: Die Nacht zum Mittwoch war die heißeste seit Beginn der Wetteraufzeichnungen: Dem Deutschen Wetterdienst zufolge sank die Temperatur auf dem Weinbiet an der Weinstraße (Rheinland-Pfalz) nicht unter 27,6 Grad. In den nächsten Tagen sollen die Temperaturen deutlich sinken.

Unterdessen haben sich die Waldbrände in der Algarve in Südportugal unkontrolliert ausgebreitet. Die Kleinstadt Aljezur war von Flammen teils eingeschlossen. Nur ein Wetterumschwung könne den Bränden ein Ende setzen, sagte der Einsatzleiter. Die Urlauberhochburgen an der Südküste der Algarve waren nicht berührt. Die seit vier Tagen wütenden Feuer vernichteten in der Region bisher rund 200 Quadratkilometer Wald. Vor allem das Bergland der Serre de Monchique war betroffen. In dieser Gegend leben auch Rentner aus Deutschland und Großbritannien, es kam dort

aber niemand zu Schaden. In
wurden in diesem Jahr bereits 2
dratkilometer Wald Raub der F
Dies entspricht fast der Fläche
landes.
In Spanien kam in der Nacht z
woch ein Feuerwehrmann u
22-Jährige verunglückte beim
bei Lleida im Nordosten mit eine
wehrauto, fünf Feuerwehrleute
verletzt. Die seit Sonntag lo
Brände westlich Barcelonas
nicht unter Kontrolle gebracht w
In Deutschland ist trotz der k
den Abkühlung und vereinzelter
schauer die Waldbrandgefahr n
bannt. Wie der Feuerwehrverband
lin mitteilte, sorgen die vorherg
Gewitter sogar für zusätzliche Br
fahr wegen möglicher Blitzeins
Der Verband wies eindringlich a
Rauchverbot in den Wäldern hi
Großbrand bei Jüterbog in Brand
ist nach zwei Tagen endgültig gel
In der südfranzösischen Ardèc

Hoffnung auf eine gute

der Sohn einer Stewardess, die beim

4 Das Abc-Rätsel

Gesucht wird ein Wort mit fünf Buchstaben:

Der erste Buchstabe ist der vor dem D, der zweite der nach dem K, der dritte der zwischen N und P, der vierte der viertletzte des Abc, der fünfte der vierzehnte des Abc.

Erfindet selbst solche Rätsel.

5 Die Abc-Geheimschrift

Schreibt eure Namen in Geheimschrift auf. Statt der Buchstaben wählt ihr die entsprechenden Platznummern im Abc. Schreibt so Wörter oder kleine Botschaften, die euer Partner entziffern soll.

A = 1
B = 2
C = 3
…

6 Der Abc-Satz

Erfindet Sätze, bei denen jedes Wort mit dem nächsten Buchstaben beginnt, z. B.:

Affenwärter bringen Chamäleons duftende Erdbeeren.

Ordnung muss sein

1 Ordnet die Wörter nach dem Abc.
Am einfachsten geht es, wenn du sie abschreibst und nummerierst, z. B.:

Geige,	**Dudelsack,**	**Trommel,**	**Harfe,**	**Flöte**
1	2	3	4	5

Pudding

Würstchen

Jogurt

quasseln

Faulpelz

mäuschenstill

Kuddelmuddel

Mops

Schildkröte

löffeln

Ameise

bellen

Schokolade

schwimmen

Rauhaardackel

E|i|d|e|c|h|s|e
Esel
Ente
Eisbär
Eule
Eichhörnchen
Erdnüsse
Garten
gießen
gut
Geld
grün
Grill
golden

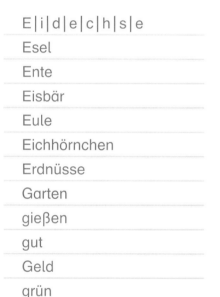

2 Schreibe die Wörter vom Rand so untereinander auf:

E | i | d | e | c | h | s | e

Ordne sie dann in der Reihenfolge des Abc.
Welche Buchstaben entscheiden über die Reihenfolge?
An welcher Stelle stehen sie?

3 Bildet Sechser-Gruppen. Welche Gruppe hat sich am schnellsten in alphabetischer Reihenfolge aufgestellt?

1. Runde: nach den Vornamen,
2. Runde: nach den Familiennamen,
3. Runde: nach den Straßennamen und dabei, wenn nötig, nach den Hausnummern.

Sagt beim Aufstellen laut die Namen und kontrolliert, ob die Reihenfolge stimmt. Wechselt die Gruppen.

Wildes Blättern? – Nein, danke!

1 Suche möglichst schnell in deinem Wörterbuch folgende Wörter:

Trapez	Zirkus	Leopard
Vorstellung	Ruhe	Saxophon

2 Was hast du getan, damit du nicht alles durchblättern musstest?

3 Um folgende Wörter zu finden, muss man wissen, unter welcher Grundform sie im Wörterbuch stehen.

gefasst	am höchsten	Schränke

4 Suche nun diese Wörter. Unter welchem Wort musst du nachschlagen?

Köche	Mäuse	Tücher
am besten		am meisten
schlief	schwammen	geschrieben

5 Wie findest du Wörter mit ä/äu, ö oder ü?
In fast allen Wörterbüchern werden diese Buchstaben so eingeordnet, als hätten sie ihre Umlaut-Pünktchen nicht, also ä/äu bei a, ö bei o, ü bei u.
Wie ist das in deinem Wörterbuch?

Fassadenkletterer der: Dieb, der an der Fassade hochklettert
fassbar
fassen: du fasst den Dieb, er fasste, er hat gefasst; er war sehr gefasst (beherrscht)

du hobelst, er hobelte, sie hat gehobelt
hoch [höher, am höchsten]: der Preis ist zu hoch, er hat es hoch und heilig versprochen, er trägt die Nase hoch (ist eingebildet);

Schrank der [die Schränke]: er hat nicht alle Tassen im Schrank (ist nicht ganz beieinander)
Schrankbett das
Schranke die: er kannte keine Schranken (war maßlos), er in die Schranken

Oster|ei das
Osterglocke die: Narzisse
österlich

6 Einen Wörterwettkampf austragen:
Schlage alle Wörtergruppen nach.
Schreibe als Kontrolle die Seitenzahlen dazu.
Stoppe die Zeit, die du dazu brauchst.

• Männer, Bälle, Notausgänge, Ställe, Tänze •

Tiger, Nilpferd, Zebra, Pudel, Affe •

• zugeschaut, gelacht, geschrieen, gezittert •

• höchste, beste, größte •

• springen, applaudieren, musizieren, fliegen •

pannend, lustig, interessant, unglaublich •

Können Computer rechtschreiben?

Die Rechtschreibprüfung

1 Wer von euch schreibt manchmal am Computer? Wann schreibt ihr lieber am Computer, wann lieber mit der Hand?

2 Viele Textverarbeitungsprogramme haben eine Rechtschreibprüfung. Erklärt euch gegenseitig, was das ist und wie man sie benutzen kann.

3 **Die Rechtschreibprüfung nach dem Schreiben:**
Arbeite am Computer – in der Schule oder zu Hause. Öffne das Textverarbeitungsprogramm und schreibe einen kurzen Text.
Wo schaltet man in deinem Programm die Rechtschreibprüfung ein?
Überprüfe damit die Rechtschreibung in deinem Text.

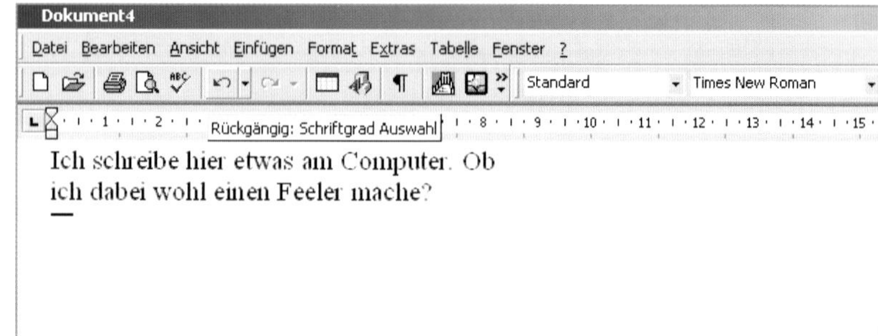

4 Die Rechtschreibprüfung während der Eingabe:

Die meisten Textverarbeitungsprogramme haben auch eine automatische Rechtschreibkontrolle während der Eingabe. Wie schaltet man diese Rechtschreibkontrolle in deinem Programm ein und aus?

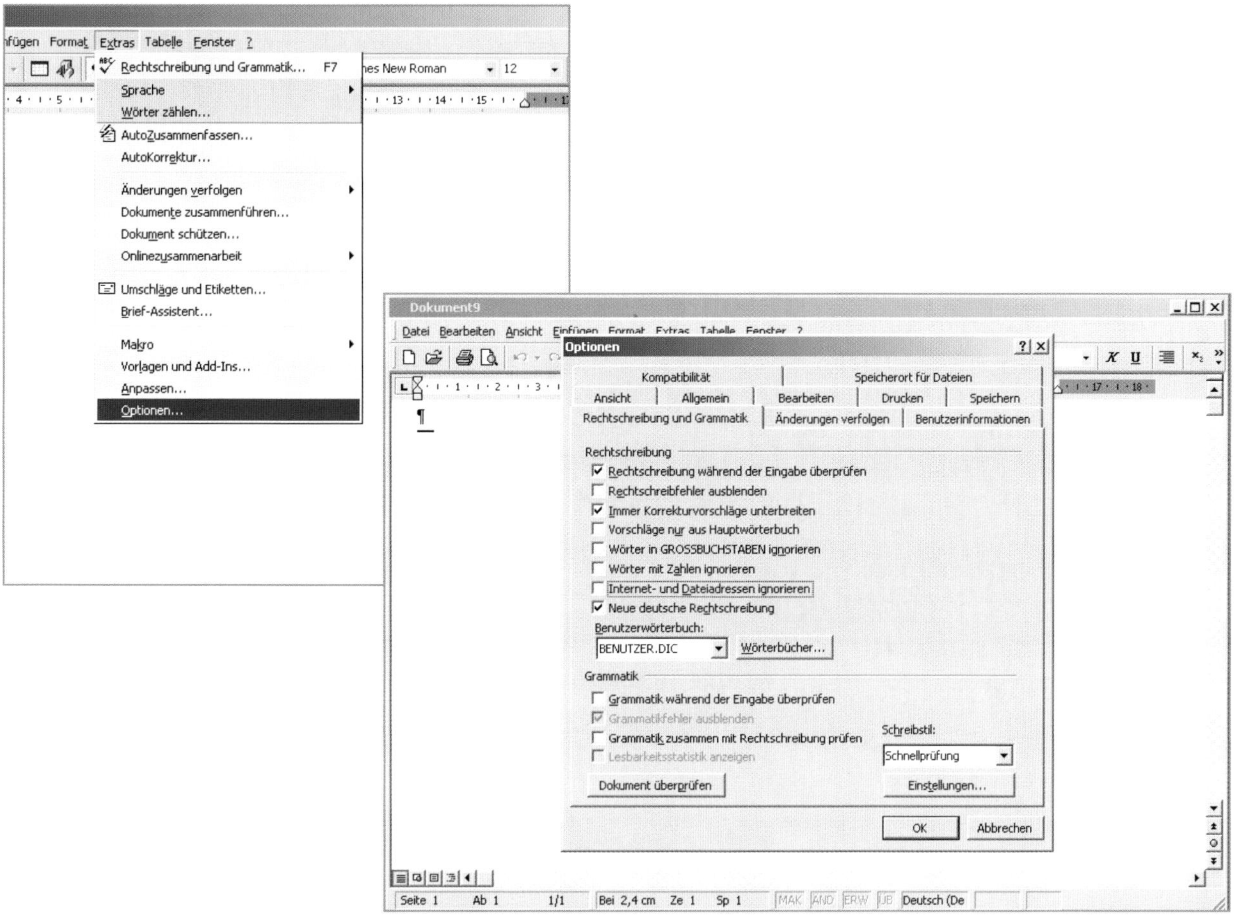

nfügen Format Extras Tabelle Fenster ?

Rechtschreibung und Grammatik... F7
Sprache
Wörter zählen...
AutoZusammenfassen...
AutoKorrektur...
Änderungen verfolgen
Dokumente zusammenführen...
Dokument schützen...
Onlinezusammenarbeit
Umschläge und Etiketten...
Brief-Assistent...
Makro
Vorlagen und Add-Ins...
Anpassen...
Optionen...

Dokument9

Datei Bearbeiten Ansicht Einfügen Format Extras Tabelle Fenster ?

Optionen

Kompatibilität | Speicherort für Dateien
Ansicht | Allgemein | Bearbeiten | Drucken | Speichern
Rechtschreibung und Grammatik | Änderungen verfolgen | Benutzerinformationen

Rechtschreibung
- [x] Rechtschreibung während der Eingabe überprüfen
- [ ] Rechtschreibfehler ausblenden
- [x] Immer Korrekturvorschläge unterbreiten
- [ ] Vorschläge nur aus Hauptwörterbuch
- [ ] Wörter in GROSSBUCHSTABEN ignorieren
- [ ] Wörter mit Zahlen ignorieren
- [ ] Internet- und Dateiadressen ignorieren
- [x] Neue deutsche Rechtschreibung

Benutzerwörterbuch: BENUTZER.DIC | Wörterbücher...

Grammatik
- [ ] Grammatik während der Eingabe überprüfen
- [x] Grammatikfehler ausblenden
- [ ] Grammatik zusammen mit Rechtschreibung prüfen
- [ ] Lesbarkeitsstatistik anzeigen

Schreibstil: Schnellprüfung

Dokument überprüfen | Einstellungen...

OK | Abbrechen

Seite 1 Ab 1 1/1 Bei 2,4 cm Ze 1 Sp 1 MAK ÄND ERW ÜB Deutsch (De

Schalte die „Rechtschreibkontrolle während der Eingabe" ein und probiere sie aus.

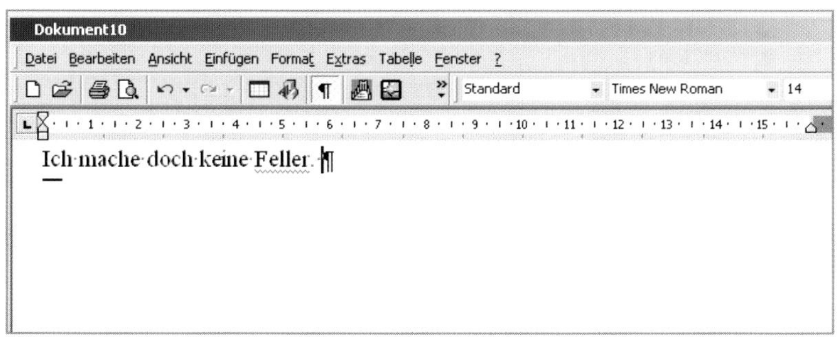

Findet der Computer alle Fehler?

1 Schreibe einen Text am Computer, z. B. über die Kinder in deiner Klasse und ihre Hobbys. Kontrolliere mit der Rechtschreibprüfung.
Sprecht über eure Beobachtungen.

2

Wir bauen eine Falle.

Im folgenden Satz steckt ein Fehler. Findest du ihn? Probiere aus, ob die Rechtschreibprüfung den Fehler auch findet.

Ich gebe dir einen guten Rad.

- der Hunt
- das Farrad
- schwehr
- der Kauboi
- Wir haben es zusammen geschrieben.
- die Bluhmen giessen
- Ich komme etwas speter.
- mein Hobbi
- Ich Suchte dich.
- Die suche dauerte lange.

3 Die Wörter am Rand enthalten Fehler. Probiere aus, ob die Rechtschreibprüfung die Fehler findet.

4 Wahrscheinlich „kennt“ das Textverarbeitungsprogramm nicht alle Vornamen aus eurer Klasse. Du solltest sie ihm „beibringen“.
Meistens klickt man dazu in der Fehlermeldung auf die Schaltfläche „Hinzufügen“

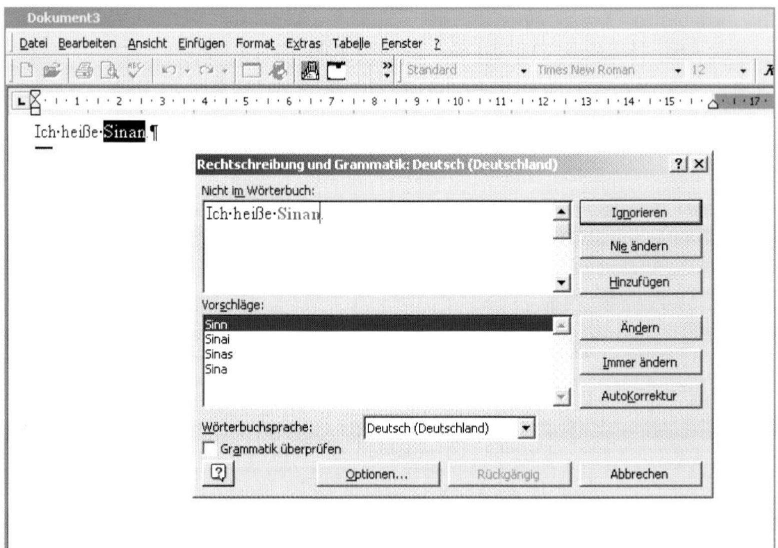

5 Du kannst auch in der Hilfe nachsehen, wie man Wörter hinzufügt.

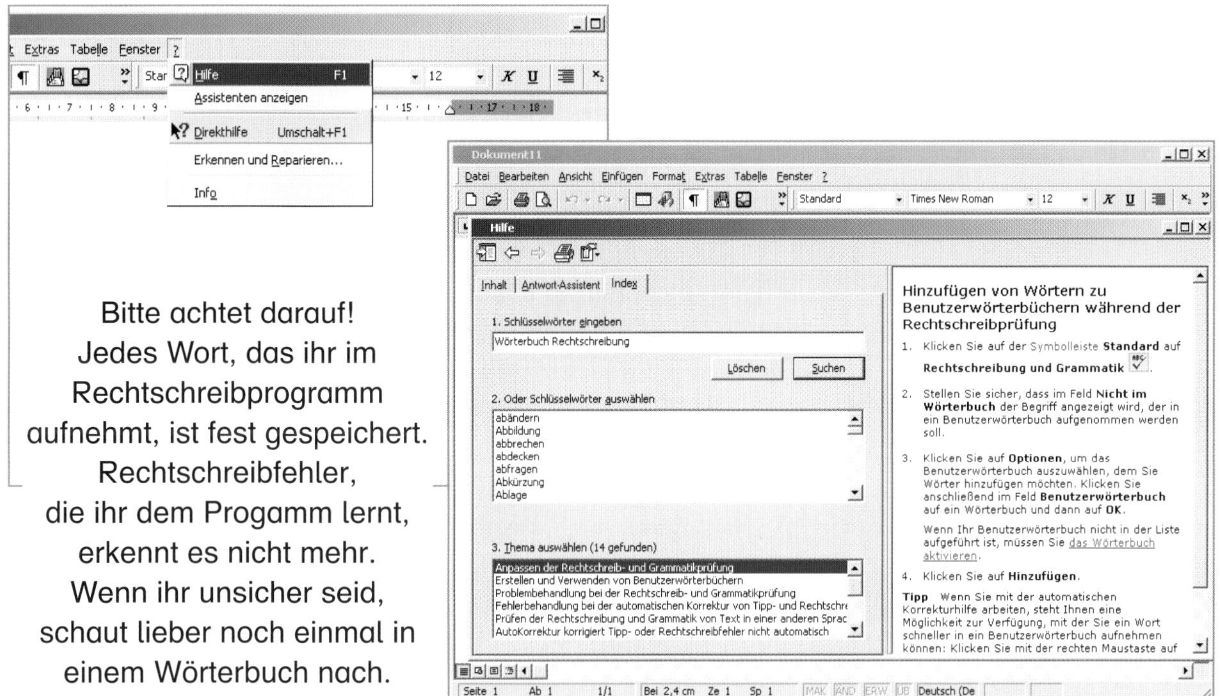

Bitte achtet darauf!
Jedes Wort, das ihr im Rechtschreibprogramm aufnehmt, ist fest gespeichert. Rechtschreibfehler, die ihr dem Progamm lernt, erkennt es nicht mehr. Wenn ihr unsicher seid, schaut lieber noch einmal in einem Wörterbuch nach.

6 Jetzt kennt das Programm die Vornamen. Probiere es aus.

7 Was denkst du, wie geht der Computer vor, um die Schreibung von Wörtern zu überprüfen?

+8 Schreibe einen Text zur Bildergeschichte. Schreibe am Computer und überprüfe die Rechtschreibung.

Wörter, Wörter, Wörter!

Wenn ihr an die Schule denkt, fallen euch bestimmt viele Wörter ein: Was gehört zur Schule? Was kann man dort machen? Wie findet ihr die Schule?

1 Auf Los! geht's los: Jeder schreibt ein Wort an die Tafel und gibt die Kreide an den Nächsten weiter. Wie viele Wörter findet ihr in fünf Minuten?

2 Wie könnt ihr die vielen Wörter ordnen? Hier sind ein paar Vorschläge:

?	?	?	?
Schulbus schulisch Hauptschule schuleigen	lernen einsehen verstehen behalten	Schulhof Lehrer Ferien	
Mathebuch Bücherei Buchstabe ausgebucht	sehr gut gut befriedigend	spielen schwatzen lernen	
		interessant streng lustig	

Wortfeld | Wortfamilie | Wortart | Verben | Nomen | Adjektive

Wortfamilie S. 197
Wortfeld S. 57

3 Untersucht nun die Wörter, die ihr gefunden habt. Findet ihr Wörter, die zu einer Wortfamilie gehören, zu einem Wortfeld oder zu einer Wortart?
Bildet Arbeitsgruppen: ‚Wortfeld', ‚Wortfamilie' usw.
Habt ihr noch weitere Ideen für Arbeitsgruppen?

einfache Wörter | Gegensatzpaare | Fremdwörter | zusammengesetzte Wörter

4 Die meisten Wörter der deutschen Sprache gehören zu den drei Wortarten Nomen, Verb, Adjektiv. Wie habt ihr diese Wortarten bisher genannt?

Nomen | Wiewort | Zeitwort | Adjektiv | Namenwort | Tunwort | Substantiv | Tätigkeitswort | Eigenschaftswort | Verb

5 Schreibe den Text ab und setze dabei sinnvolle Wörter aus der Liste ein. Diese Farben stehen für
■ Nomen ■ Verben ■ Adjektive

Die traumhafte Schule „Irgendwo"

Jeden Morgen bringt das schnelle ■ alle ■ zur Schule „Irgendwo". In dem ■ Klassenzimmer legen sich alle Schüler auf ein ■ Sofa. Die Schüler dürfen immer laute Musik ■, spannende Bücher ■, über lustige Geschichten ■ oder tolle Sachen ■. In der zweistündigen Pause gibt es leckere ■ und köstliche ■. Wenn die Schüler ■ sind, schaukelt sie der ■ Hausmeister in einem ■ Schaukelstuhl. Die Rektorin ■ den Schülern viele Kartentricks, der Lehrer ■ jedem Schüler zum Abschied die Hand.

rostig – nett – freundlich
alt – winzig – weich
Kokosnüsse – Limonade – Steine
lachen – weinen – nachdenken
malen – hören – genießen
machen – basteln – vergessen
reichen – schütteln – prüfen
windig – riesengroß – hell
Kuchen – Dinos – Brötchen
Schüler – Großeltern – Tanten
fröhlich – müde – kariert
verraten – zeigen – befehlen
Taxi – Flugzeug – Dreirad
braten – lesen – vorstellen
hart – gemütlich – mutig

6 Schreibe selbst Texte über die traumhafte Schule „Irgendwo", z. B.:

Die traumhafte Sporthalle „Irgendwo"

Das traumhafte Musikzimmer „Irgendwo"

Das traumhafte Lehrerzimmer „Irgendwo"

Der traumhafte Pausenhof „Irgendwo" ...

- Wählt in euren Texten Nomen, Adjektive und Verben aus und unterstreicht sie farbig.
- Schreibe deinen Text dann als Lückentext. Lege wie bei Aufgabe 5 eine Wörterliste mit Nomen, Adjektiven und Verben an. Tausche den Text mit deinem Partner aus, fülle jetzt den fremden Lückentext aus und lies ihn der Klasse vor.

Schulfest: Was machen wir?

1 Habt ihr auch schon einmal bei einem Schulfest mitgemacht? Erzählt davon.

2 Beschreibt, was die Kinder hier alles machen.

Info-Punkt

Die Form, in der ihr die Verben aufgeschrieben habt, ist die **Grundform**. Man nennt sie auch **Infinitiv:** *klettern, hüpfen, spielen …*

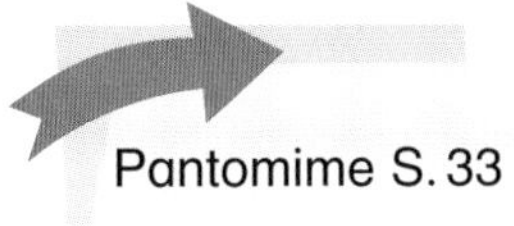
Pantomime S. 33

3 Was würdest du bei einem Schulfest am liebsten tun? Schreibe mindestens fünf Tätigkeiten auf, z. B.:

malen, klettern …

Kannst du deine Wunschtätigkeiten auch pantomimisch darstellen? Lasse die anderen raten.

4 Vielleicht hast du noch weitere Ideen für ein Schulfest. Ergänze deine Stichwortsammlung mit weiteren Verben im Infinitiv.

5 Baue Sätze aus dem Wörterigel. Welche Wörter kann man mit der Verbform *klettert* kombinieren, welche nicht? Verändere die Verbform so, dass du immer Sätze bilden kannst.

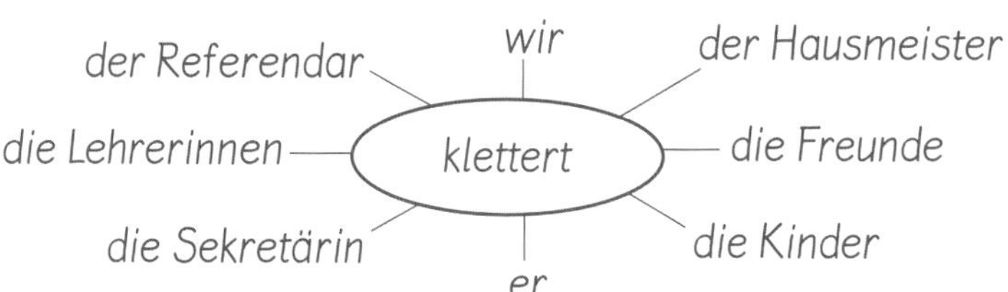

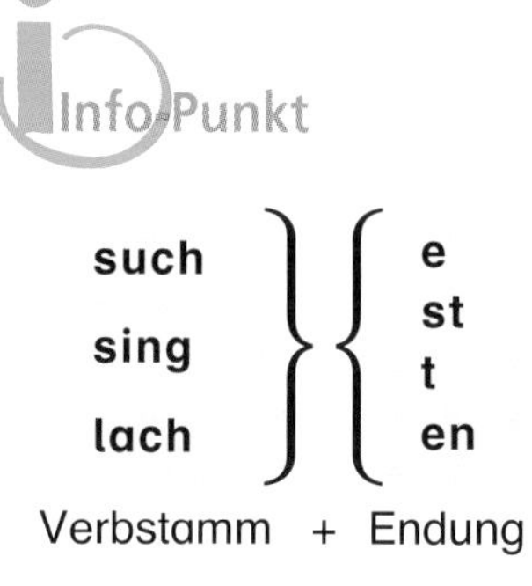

6 Versuche das folgende Schulfest-Quiz zu lösen. Überlege, welche Lebewesen sich hier hinter den fett gedruckten Wörtern verbergen.

SCHULFEST-QUIZ

1. **Ich** gebe Noten.
2. **Du** legst unsere Frühstückseier.
3. **Er** liebt Blut, aber keinen Knoblauch.
4. **Sie** wohnt in der Villa Kunterbunt.
5. **Es** erscheint um Mitternacht im alten Schloss.
6. **Wir** tragen eine Rüstung und ein Schwert.
7. **Ihr** sagt zu unseren Großeltern Mutti und Vati.
8. **Sie** freuen sich auf die Ferien, aber nicht auf die Hausaufgaben.

Ich, du, er, sie, es, wir, ihr, sie sind **Personalpronomen**.

7 Erfinde selbst Quizfragen.

ARBEITSTECHNIK

Tests zum Erkennen von Verben

So kannst du prüfen, ob ein Wort ein **Verb** ist:

Test 1: Kann man das Wort mit *ich* und *du* kombinieren?

Test 2: Verändert sich die Endung des Wortes?

Kannst du beide Fragen mit „Ja" beantworten, ist das Wort ein Verb.

8 Besprecht, wie ihr die Tests allen in der Klasse zugänglich machen könnt. Ihr könnt sie zum Beispiel auf ein Plakat schreiben oder in einer Klassenkartei festhalten.

9 Welche Wörter sind Verben? Verwende die Tests zum Erkennen von Verben von Seite 211.

SPRINGEN FRÖHLICHEN SINGEN GESTERN WARTEN TASCHEN PARKEN SEHEN SEEN

10 Hier dreht sich alles um ein Verb. Baue aus den Wörtern auf der Drehscheibe unterschiedliche Sätze.

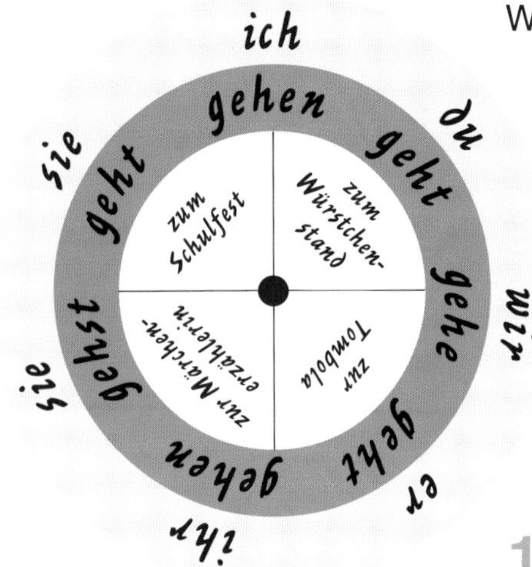

Ich **geh**e zur Tombola.
du …st
er …
sie …
wir …
ihr …
sie …

11 Schreibe die Sätze auf. Hebe die Verben farbig hervor. Unterstreiche die Endungen der Verben.

12 Schüttele die Wörter in der Mitte so, dass aus ihnen passende Verbformen entstehen. Bilde daraus Sätze. Hebe darin die Verben farbig hervor und unterstreiche die Endungen.

ich – HEGE – fort
du – STEHG – mit
er – TEHG – unter
sie – HEGT – auf
es – HETG – los
wir – HENGE – dazwischen
ihr – TEHG – vor
sie – ENGEH – aus

13 Stelle deine Ergebnisse von Aufgabe 10 und 12 an der Tafel vor. Beobachte, wie sich die einzelnen Verbformen verändern. Dies nennt man: ein Verb konjugieren.

14 Schreibe den Text ab und setze dabei passende Verben ein.

1. Preis: 20 Tüten Gummibärchen

Heute ___ Schulfest in der Schule „Überall". Florian ___ einen Preis bei der Tombola: 10 Tüten Gummibärchen. Er ___ eine Tüte nach der anderen.
Lisa ___ : „Wir ___ auch gerne Gummibärchen! Warum ___ du denn nicht mit uns?"
Sie ___ keine Antwort. Beim Wettrennen ___ Florian plötzlich, er ___ fürchterliche Bauchschmerzen. Lisa ___ als Erste durchs Ziel. Etwas später ___ sie den 1. Preis in der Hand: 20 Tüten Gummibärchen. Alle Kinder ___ gierig. Lisa ___ lächelnd: „Ich ___ , worauf ihr ___ ."
Und schon ___ sie alle Gummibärchen.

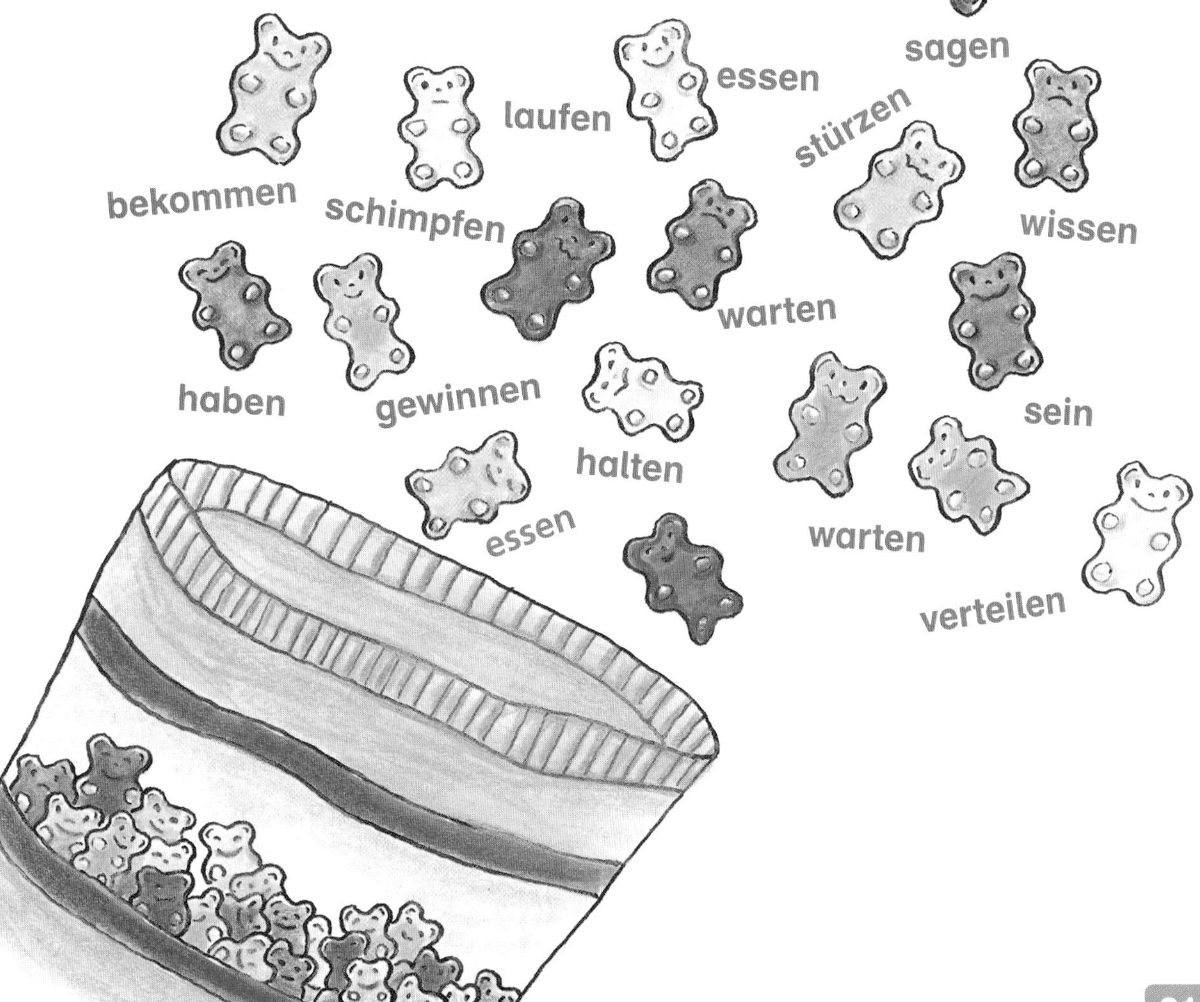

Flüge durch die Zeiten

Liebe Oma!
Ich liege hier am Strand und träume vor mich hin. Das Meer rauscht und über mir ziehen weiße Wolken. In meinen Gedanken möchte ich mich in eine Möwe verwandeln und über die weiten Sandflächen fliegen. Was meinst du, was man von oben alles sehen kann ...

Lieber Philipp!
Heute lag ich wieder einmal am Strand und träumte so vor mich hin. Das Meer rauschte und über mir zogen weiße Wolken. In meinen Gedanken verwandelte ich mich in eine Möwe und flog über die weiten Sandflächen. Von oben konnte ich so viele interessante Dinge sehen ...

1 Lest die beiden Briefe. Erklärt die Unterschiede.

1+1
PARTNERARBEIT

2 Arbeitet zu zweit. Einigt euch, wer welchen Brief weiterschreibt. Versucht in der Zeit zu bleiben, in der der Brief begonnen wurde.

3 Tauscht eure Briefe aus. Unterstreicht die Verbformen in euren Texten. Überprüft, ob ihr wirklich in der geforderten Zeit geblieben seid.

4 Stellt an der Tafel alle Verben zusammen, die ihr in den Briefen verwendet habt, z. B.:

Brief 1	Brief 2	Infinitiv
liege	lag	liegen
träume	träumte	träumen
...	...	...

5 Vergleicht die Verbformen. Was sagen sie darüber aus, zu welcher Zeit etwas geschieht?

6 Wie habt ihr diese Verbformen in der Grundschule genannt?

7 Jeweils zwei von euch stellen sich mit dem Rücken zur Tafel. Die anderen rufen ihnen Infinitive (= Grundformen) von Verben zu. Wer von den beiden nennt am schnellsten die Ich-Form im Präsens und Präteritum?

liegen: ich liege – ich lag

Jetzt wird es schwieriger: Fragt die beiden an der Tafel nach der Du-Form.

träumen: du träumst – du träumtest

Verwendet auch die anderen Personalformen:

er/sie/es – wir – ihr – sie

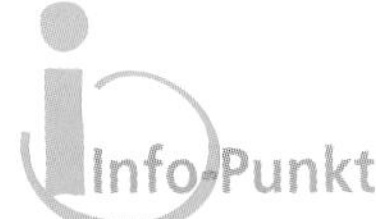
Info-Punkt

Das **Präsens** verwendet man, wenn man etwas erzählt, das **gerade geschieht** (ich *liege*) oder das **immer gilt** (das Meer *rauscht*).
Das **Präteritum** verwendet man, wenn man über etwas Vergangenes berichtet oder erzählt (ich *flog*, die Wolken *zogen*).

8 Übernehme die Tabelle in dein Heft. Trage die Verben von Aufgabe 4 ein. Verwende für das Präsens und für das Präteritum immer die Ich-Form.
Lasse schon jetzt Platz für zwei weitere Spalten. Du brauchst sie für Aufgabe 12.

Infinitiv	Präsens	Präteritum	
liegen	ich liege	ich lag	
träumen	ich träume	ich träumte	
...	...	...	

Info-Punkt

Das **Perfekt** verwendet man, wenn man über etwas **Vergangenes** berichtet (ich *habe gearbeitet*, er *ist geflogen*).
Das **Plusquamperfekt** verwendet man, wenn man über etwas Vergangenes berichtet und deutlich machen will, dass dieser Vorgang **abgeschlossen** ist (ich *hatte geholfen*, er *war gesprungen*).

9 Lies dir noch einmal den Brief deines Partners aus Aufgabe 2 durch.
Erzähle anschließend der Klasse, was darin steht.
Beginne so:

Dennis hat am Strand gelegen und vor sich hin geträumt. Das Meer hat gerauscht und über ihm sind weiße Wolken gezogen. In seinen Gedanken hat er sich in eine Möwe verwandelt und ist über die weiten Sandflächen geflogen. Von oben hat er …

10 Sammelt einige der verwendeten Verbformen an der Tafel, z. B.:

hat gelegen
hat geträumt
…
sind gezogen
…

Wie habt ihr diese Zeitform in der Grundschule genannt?

Info-Punkt

Beim Bilden des **Perfekts** helfen die Verben *sein* und *haben*. Sie heißen deshalb **Hilfsverben**.
Von den meisten Verben wird das **Perfekt** gebildet aus:
haben + **ge-**(Verb),
z. B.: er *hat geträumt* (Perfekt)
er *hatte* geträumt (Plusquamperfekt)
Verben der Fortbewegung bilden das Perfekt meist aus:
sein + ge-(Verb),
z. B.: ich *bin geflogen,*
ich *war geflogen.*

11 Was ist beim Perfekt anders als beim Präteritum? Wie wird das Perfekt gebildet? Wie wird das Plusquamperfekt gebildet?

12 Jetzt kannst du die Tabelle von Aufgabe 8 ergänzen. Trage das Perfekt und das Plusquamperfekt in die Spalten ein. Ergänze darunter die Verben in den einzelnen Zeitstufen, z. B.:

Infinitiv	*Perfekt*	*Plusquamperfekt*
liegen	*ich habe gelegen*	
träumen	*ich habe …*	
…	*…*	

13 Schreibt einen der Texte ab – **A, B, C oder D**. Setzt dabei die passenden Verben in der richtigen Zeitform ein. Setzt den Text dann fort.

A
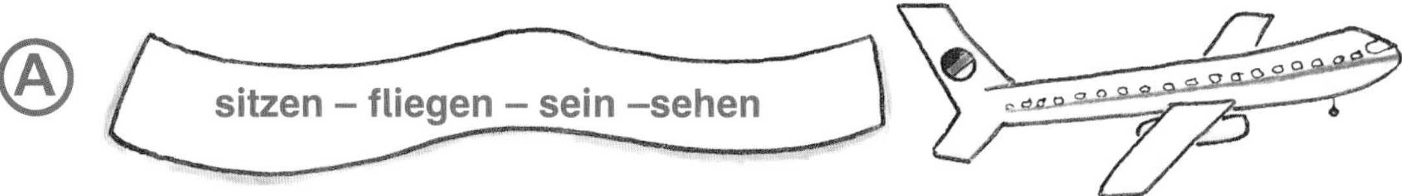

Liebe Marina!
Endlich Ferien! Meine Eltern und ich im Flugzeug und nach Athen. Hier es ganz toll! Gerade wir …

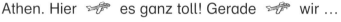

B

Dädalus und Ikarus
Dädalus die Kräfte der Natur:
Er Flügel aus Federn, sie sich an, schnell das Gleichgewicht und sich in die Lüfte …

C

Hier ist die aktuelle Welle:
In den letzten Stunden vor dem Start der Raumfähre sind viele Schwierigkeiten 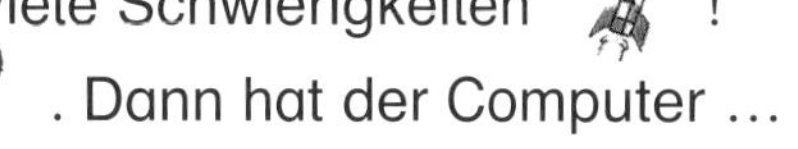 !
Der Start hat sich deshalb . Am Vormittag hat es . Dann hat der Computer …

D

Die Leseratte
Sandra hatte ein spannendes Buch . Sie war mit ihren Eltern nach München und hatte es in einer Buchhandlung . Schon bei der Rückfahrt hatte sie es noch im Auto .

14 Tauscht die Texte untereinander aus und unterstreicht die Verbfomen, die euer Partner verwendet hat. Korrigiert sie, wenn sie von der Zeitform des Textanfangs abweichen.

1+1
PARTNERARBEIT

Ein Regenwald unterm Glasdach

Regenwaldhaus Hannover Herrenhausen

Querschnitte
M. 1:100

Schnitt 1 · 7

1 Versuche, den Text vorzulesen.

Einleisezischendesgeräuschertöntundausvielen
feinenwasserdüsensenkensichmillionenvonkleinsten
wassertropfenalsnebelaufpflanzen, tiereundbesucher.
Imregenwaldhausinhannover, einemriesigengewächs
haus, isteinkleinesstückdestropischenregenwaldes
nachgebildet. Pflanzen, insekten, amphibienundsogar
fledermäuse – allesistechtundmachtdenbesuchernlust
aufabenteuer. Hiergibtesspaßundinformationenfüralle
freundedernatur.

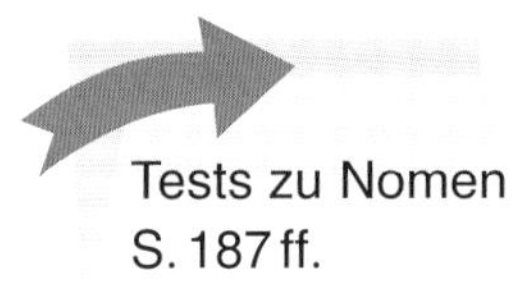

Tests zu Nomen
S. 187 ff.

2 Ohne Wortabstände und ohne die großen Anfangsbuchstaben der Nomen ist der Text schwer zu lesen. Schreibe den Text in der richtigen Schreibweise auf. Unterstreiche alle Nomen. Wie viele Nomen zählst du? Vergleiche dein Ergebnis mit dem Ergebnis deines Partners.

3 Woran habt ihr die Nomen erkannt? Welche Erklärungen habt ihr in eurer Klasse gesammelt?

4 Ihr wisst schon, dass man vor die meisten Nomen einen Begleiter setzen kann. Dafür gibt es zwei Möglichkeiten:

Artikel nennt man auch Begleiter. Es gibt **bestimmte Artikel** (der, die, das) und **unbestimmte Artikel** (ein, eine). In der Mehrzahl (Plural) heißt der Artikel immer **die**.

das
ein Geräusch

Übernimm die Tabelle in dein Heft und trage die Nomen ein.

männlich *der; ein*	*weiblich* *die; eine*	*sächlich* *das; ein*
...	...	*Geräusch*

Erlebnis
Fernweh
Baumsteigerfrosch
Wald
Freude
Insekt
Klassenfahrt
Ferien
Natur
Geräusch
Erinnerung
Angst
Fledermaus
Mammutbaum

Info-Punkt

mein, dein, sein, ihr, unser, euer sind **Possessivpronomen**. Sie können als Begleiter auftreten und geben an, zu wem etwas gehört.

5 Als Begleiter können auch die Wörter *mein, dein, sein, ihr, unser, euer* auftreten, z. B.: ***mein Bruder***.

Kombiniere die Nomen mit den Possessivpronomen.

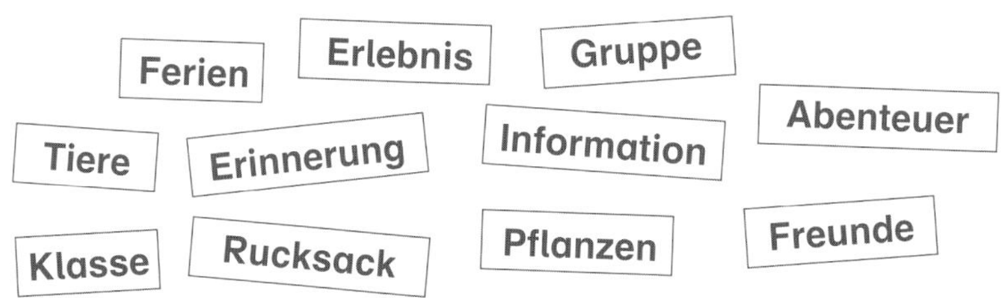

+6 Bilde mit den entstandenen Wortgruppen Sätze, z. B.: ***Unser Abenteuer*** *begann auf einer Klassenfahrt.*

7 Die meisten Nomen können im Singular (Einzahl) und im Plural (Mehrzahl) stehen:

der Wald	die Wälder
das Geräusch	die Geräusche
die Pflanze	die Pflanzen

Wie verändern sich diese Nomen, wenn man sie in den Plural setzt?

8 Lege eine Tabelle an und trage die folgenden Nomen im Singular und Plural ein.

Singular	*Plural*
...	...

TIPP!

Nähere Informationen zum Regenwaldhaus findest du unter http//www.regenwaldhaus.de.

9 Suche aus dem Interview auf Seite 221 die Nomen heraus und schreibe sie mit ihren Begleitern auf. Wende die Tests zur Großschreibung von Seite 187 an.

1+1
PARTNERARBEIT

10 Erarbeitet das folgende Interview in Partnerarbeit so, dass ihr es vorlesen könnt.

Interviewimregenwaldhaus

Deutschbuch: Fraudoktorhagemann, siesindbiologin. könnensieunserklären, wasindiesenglasboxenundglasröhrenlosist?

Dr. H.: HIERLEBTEINGANZESVOLKVONBLATTSCHNEIDEAMEISEN.

Deutschbuch: Wasgeschiehtdennindendreiglasbehältern?

Dr. H.: INDERERSTENBOXWERDENDIETIERETÄGLICHMITFRISCHEN BLÄTTERNGEFÜTTERT. DIEARBEITERINNENSCHNEIDENSICH STÜCKEAUSDENBLÄTTERNHERAUSUNDBRINGENSIEINDASNEST. DASISTINDERZWEITENBOX.

Deutschbuch: Unddortfressensiedieblattstückeauf?

Dr. H.: NICHTDIREKT. SIEÜBERGEBENSIEANANDEREARBEITERINNEN. DIEKAUENSIEDURCHUNDPRODUZIERENEINENBREI. MITDIESEMBREIERNÄHRENSIESPEZIELLEPILZE. UNDVONDIESENPILZENLEBTDASVOLK.

Deutschbuch: Undwasgeschiehtimdrittenbehälter?

Dr. H.: DASISTDIEABFALLKAMMER. DORTHINBRINGENDIEAMEISENALLEABFALLSTOFFE.

Deutschbuch: Wennmangenauhinschaut, kannmangrößereundkleineretiereunterscheiden.

Dr. H.: OHJA. ALLEDIESEAMEISENSINDSPEZIALISTINNEN. DIESOLDATINNENSINDFASTZWEIZENTIMETERLANG. DIEAUSSENARBEITERINNENSINDETWASKLEINER. DIEGÄRTNERINNENSINDWINZIG. SIEPFLEGENDIEPILZKULTUR.

Deutschbuch: Woherweißdennjedestierwaseszutunhat? Undkennensichdieinsektenuntereinander?

Dr. H.: NEIN, SIEKENNENSICHSICHERNICHT. UNDKEINESHATEINEN ÜBERBLICKÜBERDENGANZENAMEISENSTAAT. DIEVERHALTENSWEISENSINDANGEBOREN. SIEWERDENVORALLEMDURCHDUFTSTOFFEUND BEWEGUNGSMUSTERAUSGELÖST. SOFUNKTIONIERTZWARDERKOMPLIZIERTESTAAT. ABERKEINTIERHANDELTAUSFREIEMWILLEN.

Deutschbuch: Fraudoktorhagemann, vielendankfürihreauskünfte.

Auf einer einsamen Insel

1

Im Jahre 1719 veröffentlichte der englische Schriftsteller Daniel Defoe seinen weltberühmten Roman ***Das Leben und die seltsamen Abenteuer des Robinson Crusoe***. Das Buch beruht auf wahren Ereignissen. Defoe hat darin die abenteuerliche Lebensgeschichte des schottischen Seemanns Alexander Selkirk verarbeitet. Selkirk war erster Steuermann auf einem altersschwachen und schlecht ausgerüsteten Piratenschiff gewesen, das im Jahre 1704 bei einer unbewohnten Insel im Südpazifik weit vor der Küste Südamerikas ankerte. Nach einem heftigen Streit mit seinem Kapitän über eine dringend nötige Reparatur wurde er ausgesetzt und lebte vier Jahre und vier Monate einsam auf der Insel, bis er glücklich gerettet wurde.
Defoe machte aus dem Seemann die Figur des Robinson Crusoe. In seinem Roman liegt die tropische Insel in der Karibik und Robinson muss 28 Jahre dort ausharren, bis er gefunden wird.

2

Im Jahre 1719 veröffentlichte der Schriftsteller Daniel Defoe seinen Roman ***Das Leben und die Abenteuer des Robinson Crusoe***. Das Buch beruht auf Ereignissen. Defoe hat darin die Lebensgeschichte des Seemanns Alexander Selkirk verarbeitet. Selkirk war Steuermann auf einem Piratenschiff gewesen, das im Jahre 1704 bei einer Insel im Südpazifik vor der Küste Südamerikas ankerte. Nach einem Streit mit seinem Kapitän über eine Reparatur wurde er ausgesetzt und lebte vier Jahre und vier Monate auf der Insel, bis er gerettet wurde.
Defoe machte aus dem Seemann die Figur des Robinson Crusoe. In seinem Roman liegt die Insel in der Karibik und Robinson muss 28 Jahre dort ausharren, bis er gefunden wird.

1 Lies die beiden Texte auf Seite 222 und vergleiche sie. Was fällt dir auf? Welcher Text gefällt dir besser? Begründe deine Meinung.

2 Wörter wie *wahr, glücklich, einsam* nennt man Adjektive. Hier sind drei Tests zum Erkennen von Adjektiven.

ARBEITSTECHNIK

Tests zum Erkennen von Adjektiven

Test 1: Fast alle Adjektive kann man mit *sein (bin, bist, ist ...)* kombinieren: *Robinson ist **einsam**.*

Test 2: Die meisten Adjektive kann man steigern:
*Auf der Insel war Robinson **glücklich**.*
*Mit seinem Freund Freitag war er **glücklicher**.*
*Nach der Rettung war er am **glücklichsten**.*

Test 3: Adjektive kann man zwischen einem Artikel und einem Nomen setzen. Dabei muss man an das Adjektiv eine Endung anfügen:
die ***tropische*** *Insel, die* ***dringende*** *Reparatur*

3 Suche alle Adjektive aus Text 1 auf Seite 222 heraus und schreibe sie auf.
Welche Adjektive bestehen alle drei Tests, welche nur zwei?

4 Welche dieser Wörter sind Adjektive, welche nicht? Wende die drei Tests an.

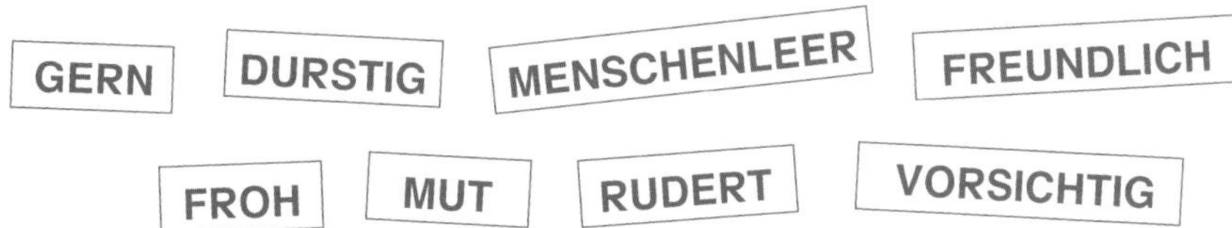

5 Besprecht, wie ihr die Tests allen in der Klasse zugänglich machen könnt.
Ihr könnt sie zum Beispiel auf ein Plakat schreiben oder in einer Klassenkartei festhalten.

6 Aus Robinsons Tagebuch

Wähle **Text A oder B**. Schreibe den Text ab, den du ausgewählt hast. Ergänze dabei in den Lücken Adjektive. Du kannst dazu die Adjektive vom Rand verwenden.

glücklich
endlos
flach
drückend
steil
freundlich
groß
sonnig
kühl
klein
sauber
tobend
friedlich
gefährlich
neu
tiefschwarz
ernst
gemütlich
ruhig
köstlich
wild
fröhlich
stürmisch
abenteuerlich
traumhaft
erfrischend
unheimlich

Der dritte Tag auf der Insel: Alles ist so fremd und bedrohlich.
Wo ich auch hinschaue, überall sehe ich ___ Strand und ___ Felsen.
In den ___ Nächten höre ich ___ Tierstimmen und ___ Geräusche.
Auch tagsüber erscheint mir vieles seltsam. Bei ___ Winden habe ich Angst vor dem ___ Meer. Nur in meiner ___ Höhle fühle ich mich sicher und geborgen.

Jahre später: Hier ist der schönste Platz auf Erden.
Alles ist so ___ und ___. Nie wieder möchte ich den ___ Wald, den ___ Strand und ___ das Meer verlassen:
Bei ___ Hitze faulenze ich mit meinem ___ Freund Freitag. Wir essen ___ Trauben und trinken ___ Zitronensaft. Ich bin so ___ hier.

7 Stellt euch vor, ihr müsstet mit anderen Kindern einige Zeit auf einer einsamen Insel leben:
Keiner weiß, wie es dort sein wird. Nachts erscheint euch die einsame Insel besonders unheimlich und gefährlich. Ihr müsst Nahrung beschaffen, ihr braucht einen Wohnplatz, vielleicht gibt es Raubtiere, vielleicht haben sich Piraten versteckt …

Zum Glück seid ihr nicht allein! Ob es euch gut geht, hängt auch von den anderen ab.

Besprecht, wie die Inselkinder sein müssen:

- bei Gefahr,
- beim Steineschleppen,
- beim Fischfangen,
- beim Körbeflechten,
- beim Jagen,
- bei der Nachtwache,
- bei Dauerregen,
- bei Streitereien,
- bei der Essensverteilung,
- beim Hüttenbauen,
- im Umgang mit Werkzeug,
- beim Schwimmen und Klettern …

8 Schreibt auf, wie die Inselkinder sein müssen, z. B.:

Beim Fischfangen müssen sie schnell, geschickt, ausdauernd, sportlich und vorsichtig sein.

9 Stellt euch vor, ihr habt einige Wochen auf der Insel gelebt. Was könnt ihr wohl besser als vorher? Schreibt Sätze.

Ich kann besser auf Bäume klettern, weil ich viel kräftiger geworden bin. Ich kann …

Habt ihr auch manches verlernt?

Ich kann nicht mehr so gut …, weil ich …

Trauminsel in der Sonne

die schönsten Badebuchten
die längsten Strände mit weißem Sand
die geheimnisvollsten Vulkane
das Meer klarer und sauberer als irgendwo
die höchsten Palmen
die Hotels schöner als anderswo
die dicksten Kokosnüsse
Die beste Art den Urlaub zu verbringen!
14 Tage
Traum-Reisen
auf den beliebtesten Inseln der Südsee
• Einmal leben wie Robinson!
• Eine Insel schöner als die andere!
• Jetzt noch billiger, noch schneller mit
Traum-Reisen

1 Was fällt dir bei den Adjektiven in dem Werbetext auf?
Warum sind sie in einem solchen Text besonders wichtig?

2 In welchen Formen sind die Adjektive in dem Werbetext gebraucht worden?
Lege eine Tabelle an. Trage alle Adjektive in die richtige Spalte ein. Ergänze die Tabelle.

Grundstufe (Positiv)	1. Vergleichsstufe (Komparativ)	2. Vergleichsstufe (Superlativ)
schön	schöner	am schönsten

Die meisten Adjektive lassen sich steigern. Sie können auf der **Grundstufe,** der **1. Vergleichsstufe** oder der **2. Vergleichsstufe** stehen.

3 Überlege, wie die Vergleichsstufen von gut, hoch und viel heißen. Trage sie in deine Tabelle ein.

4 Kann man alle Adjektive steigern? Probiere es mit diesen Wörtern aus und erkläre deine Ergebnisse.

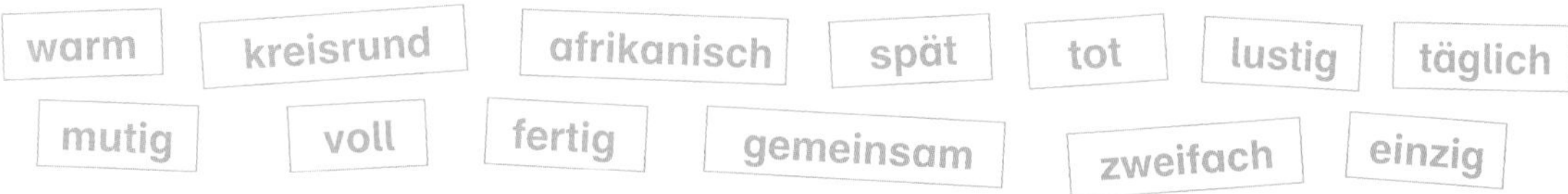

warm
kreisrund
afrikanisch
spät
tot
lustig
täglich
mutig
voll
fertig
gemeinsam
zweifach
einzig

Welches Adjektiv in dem Werbetext konntest du auch nicht steigern?

5 Manchmal findest du dennoch diese Formen: Versuche, das zu erklären.

... wäscht so weiß, weißer geht es nicht.

... die rundeste Sache der Welt.

6 Mit Adjektiven kann man auch übertreiben. Erfinde selbst einen originellen Werbespruch. Verwende dabei Adjektive in den drei Steigerungsstufen.

Das wird der
tollstesensationellstewahnsinnigstetraumhaftestewunderbarsteunglaublichste
Urlaub *aller Zeiten.*

Film, Computerspiel, Gruppe, Lied ...

Ein Baumhauspuzzle

1 Versuche das Puzzle zu lösen: Schreibe die Wörter mit derselben Farbe jeweils in einer Reihe auf. Bilde aus den Wörtern einen Satz und schreibe ihn auf. Überlege, wie die Reihenfolge der Sätze sein muss, damit eine kurze Geschichte entsteht.

2 Lies deine Geschichte vor. Vergleiche mit deinen Mitschülern.

Umstell-Spielereien

1 Bei dem Vergleich eurer Ergebnisse habt ihr wahrscheinlich festgestellt, dass man die Sätze der Geschichte unterschiedlich bilden kann. Das sollt ihr jetzt genauer untersuchen:

1. Schreibt die Wörter des ersten Satzes mit einem dicken Stift jeweils einzeln auf ein großes Blatt Papier.
2. Einige von euch nehmen die Wortschilder. Die anderen sagen den Wortschildträgern, wie sie sich aufstellen sollen, damit ein sinnvoller Satz entsteht. Schreibt diesen Satz an die Tafel.

Bestimmte Wörter bleiben immer in der gleichen Reihenfolge zusammen.
Es geht leichter, wenn sich die Schüler mit diesen Wortschildern einhaken.

2 Stellt die Reihenfolge der Wörter so oft wie möglich um. Achtet darauf, dass der Satz grammatikalisch richtig bleibt und seinen Sinn nicht verändert.

3 Schreibt alle Möglichkeiten, die ihr beim ersten Satz gefunden habt, an die Tafel. Kreist die Wörter ein, die immer zusammengeblieben sind.

4 Untersucht die anderen drei Sätze der Geschichte genauso.

5 Probiere aus, welche Sätze du für deine Geschichte auswählen willst. Lies dafür alle Umstellmöglichkeiten der vier Sätze laut vor und überlege, welche in der Geschichte am besten klingen.

Tim und Rita spielen nach der Schule in Ritas wildem Garten.
Nach der Schule spielen Tim und Rita in Ritas wildem Garten.
In Ritas wildem Garten spielen Tim und Rita nach der Schule.

Sie finden heute auf dem Nachbargrundstück alte Bretter.
Heute finden sie ...
...

Sie bauen mit Ritas Vater ohne Pause bis spät abends.
Ohne Pause bauen sie ...
...

Sie weihen ...
...

Info-Punkt

Wörter und Wortgruppen, die man in einem Satz umstellen kann, ohne dass sich die Bedeutung verändert, heißen **Satzglieder**.

Beim Schreiben einer Geschichte könnt ihr oft durch Umstellen der Satzglieder Abwechslung in die Sätze bringen.

6 Schaue dir die Sätze noch einmal an. Welche Wörter bleiben beim Umstellen als Gruppe immer zusammen?
Du hast eine wichtige Entdeckung gemacht:
Teile eines Satzes lassen sich umstellen, ohne dass sich die Bedeutung des Satzes ändert. Diese Satzteile heißen Satzglieder.

+7 Überlege dir selbst zwei lange Sätze und schreibe sie auf. Versuche, herauszufinden, wie viele Satzglieder sie enthalten.
Gehe dabei so vor wie im Beispiel von Aufgabe 5.
Stelle die Sätze um und umrahme die Wörter oder Wortgruppen, die dabei immer zusammengeblieben sind. Verwende unterschiedliche Farben.

Auf der Suche nach Satzgliedern

8 So geht die Geschichte weiter:

Jeden Tag erleben sie etwas Neues in ihrem Baumhaus.

Heute finden sie in einem leeren Vogelnest einen glitzernden Gegenstand.

Die Nachbarin sucht ihre silberne Kette seit Tagen in der ganzen Wohnung.

Schreibe die drei Sätze auf. Suche durch Umstellen die Satzglieder heraus und trage sie in eine Tabelle ein, z. B.:

1. Satzglied	*Prädikat*	*2. Satzglied*	*3. Satzglied*	*4. Satzglied*
Jeden Tag	*erleben*	*sie*	...	...
Sie	...	...	...	...

9 Schreibe einen Schluss zu der Geschichte. Versuche dabei, Sätze mit mehreren Satzgliedern zu bilden. Probiere aus, wie sie am besten klingen.

Mit Sprache experimentieren

Anja angelt Aale in Albanien.

Dieter dressiert drollige Dackel in Deutschland.

Françoise feiert fröhliche Feste in Frankreich.

Gregor genießt große Granatäpfel in Griechenland.

Mohammed malt Moscheen in Marokko.

Indira isst indische Inselspezialitäten in Indien.

Raissa reitet riesige Rösser in Russland.

Zambo zerschneidet zehn Zitronen in Zaire.

Info-Punkt

Einfache Sätze haben in der Regel ein Subjekt und ein Prädikat. Das Prädikat enthält immer eine gebeugte Verbform. Diese steht im Aussagesatz immer an zweiter Stelle.

Anja angelt Aale in Albanien.
In Albanien angelt Anja Aale.
Aale angelt Anja in Albanien.

1 Bildet Arbeitsgruppen und untersucht diese Sätze: Ermittelt die Satzglieder durch Umstellen. Aus wie vielen Satzgliedern besteht jeder Satz? Versucht am Beispiel eines Satzes alle Umstellmöglichkeiten zu finden. Wie viele sind es?

2 An welcher Stelle steht in diesen Sätzen das Prädikat?

3 Schreibt alle Prädikate aus den Sätzen heraus.

Sprachspielereien mit Satzgliedern

In Albanien oder wo
hat Anja oder wer
Aale oder was
geangelt.

1 Trage das Gedicht laut vor. Überlegt gemeinsam, wie dieses Gedicht aus dem Satz

Anja angelt Aale in Albanien.

entstanden ist.
Untersucht das Prädikat. Wie hat es sich verändert?

2 Baue alle Sätze von Seite 232, Aufgabe 1, nach diesem Muster in kurze Gedichte um und schreibe sie auf.
Achte darauf, den verschiedenen Satzgliedern die richtigen Fragepronomen *(Wer oder was? Wen oder was? Wo?)* zuzuordnen.

3 Frage nach jedem einzelnen Satzglied der Sätze von Aufgabe 1, z. B.:

***Wer** (oder **was**) reitet riesige Rösser in Russland?*
***Wen** (oder **was**) reitet Raissa in Russland?*
***Wo** reitet Raissa riesige Rösser?*

Das Prädikat kann auch aus zwei Teilen bestehen, z. B. aus einem Hilfsverb (haben, sein, werden) und einer anderen Verbform oder einem anderen Wort:
Sie hat Feste gefeiert.
Er kommt ins Kino mit.

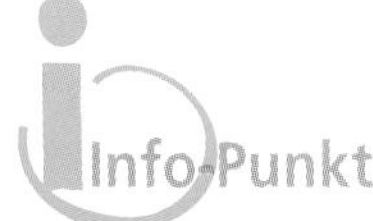

Das Satzglied, das man mit *Wer* oder *was*? erfragt, nennt man **Subjekt**.

Das Satzglied, das man mit *Wen* oder *was*? erfragt, heißt **Akkusativobjekt**.

Dieter	**dressiert**	**drollige Dackel**	**in Deutschland.**
Wer oder **was?** **Subjekt**	**Prädikat**	**Wen** oder **was?** **Akkusativobjekt**	**Wo?** Zusätzliche Angaben

4 Bilde neue Sätze mit folgenden Wörtern:

Dänemark	danken	Dörte	Direktorin
Lettland	lauschen	Lana	Lautenspieler
Frankreich	folgen	Frederik	Flötenspielerin
Griechenland	glauben	Georgios	Gemüseverkäufer
Schweden	schreiben	Söre	sein Schwager
Holland	helfen	Heintje	Holzschuhschnitzer
Mexiko	misstrauen	Maximilian	Medizinmann
Belgien	begegnen	Beatrice	Blasorchester

5 Baue diese Sätze wieder nach demselben Muster in kurze Gedichte um. Dabei musst du ein anderes Fragepronomen einsetzen. Welches?

In Holland oder wo
hat Heintje oder wer
dem Holzschuhschnitzer oder …
…

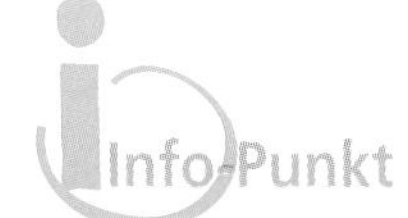

Das Satzglied, das man mit *Wem?* erfragt, nennt man **Dativobjekt**.

6 Schreibe solche Reime. Als Prädikate kannst du dabei die Verben *schenken, geben, bringen, kaufen* verwenden, z. B.:

Ich schenke Mohammed ein Wasserbett.

Mohammed ein Wasserbett	Tuncay einen weißen Hai	Eberhard ein Kinderrad	Sybille eine Sonnenbrille
Jeannette eine Kette	Kim Klimbim	Florian einen Pelikan	Zambo eine Mango
Christo ein Jo-Jo	Lambrini einen Bikini	Isabel ein Tigerfell	Simone eine Zitrone

Fragt nach den Objekten. Unterstreiche die Objekte mit unterschiedlichen Farben.

7 Bilde Sätze aus den Vornamen und den zusammengesetzten Nomen vom Rand. Frage nach dem Akkusativobjekt, z. B.:

Rudi radiert den Gummi.

Wen oder was radiert Rudi? Den Gummi.

Rudi – Radiergummi
Stefan – Steckrübe
Felix – Feierabend
Ruslana – Rufnamen
Walter – Waschmaschine
Berti – Bügeltisch
...

8 Schreibe nach folgendem Bauplan eine Geschichte auf. Verwende die Satzglieder aus den Päckchen.

Michaels Geburtstagsfeier 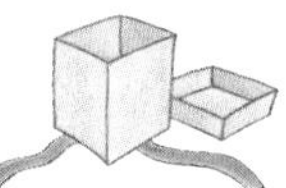

Wer?	Prädikat	Was?	Wo?
Wer?	Prädikat	Wem?	
Wer?	Prädikat	Wem?	Was?
Wem?	Prädikat	Was?	
Wer?	Prädikat	Was?	

9 Vergleicht eure Ergebnisse.

Freizeitgespräche

Luisa möchte mit Anna und Patrick ins Kino gehen. Anna möchte ihren Text noch zu Ende schreiben. Patrick ärgert sich und möchte, dass Anna aufhört zu schreiben.

Schreib doch nicht immer so viel!
Ich will noch den Text zu Ende schreiben.
Wollen wir heute nicht mal ins Kino gehen?

1 Erkläre die Situation der drei Kinder. Welche Arten von Sätzen benutzen sie bei ihrem Gespräch? Achte auf die Satzschlusszeichen.

2 Luisa, Anna und Patrick hätten ihren Satz auch anders formulieren können. Sucht jeweils die passenden Sprechblasen für die drei Kinder aus.

Was schreibst du denn immer so viel?

Lass uns heute ins Kino gehen!

Kann ich noch den Text zu Ende schreiben?

Du schreibst immer ziemlich viel.

Heute gehen wir mal ins Kino.

Lasst mich noch den Text zu Ende schreiben!

3 Schreibt nun alle drei Möglichkeiten für Luisa, Patrick und Anna.

Patrick:

„Du schreibst immer ziemlich viel."

„Was schreibst …?"

„Schreib …!"

Es gibt drei Satzarten:
Aussagesatz (.)
Fragesatz (?)
Aufforderungssatz (!)

4 Sprecht über die verschiedenen Möglichkeiten. Welche Unterschiede stellt ihr fest? Was bedeuten die Satzschlusszeichen?

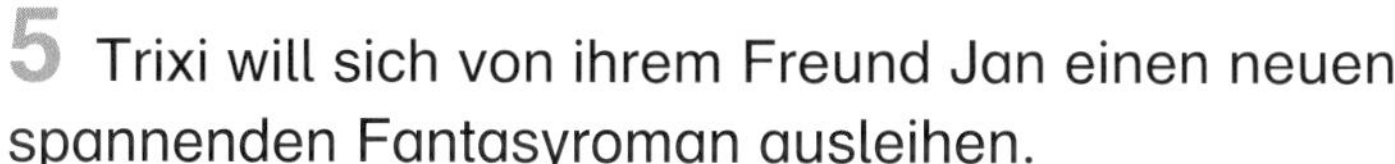

5 Trixi will sich von ihrem Freund Jan einen neuen spannenden Fantasyroman ausleihen.

1. Trixi fragt: „•••••••••••••••••••?"
2. Jan antwortet: „••••••••••."
3. Trixi sagt: „•••••••••••••••••••."
4. Jan sagt: „•••••••••••••!"

Wie könnte das Gespräch zwischen Trixi und Jan ablaufen? Ordne die folgenden Sätze den beiden zu. Schreibe das Gespräch in der richtigen Reihenfolge auf. Achte dabei auf die Satzschlusszeichen und die Anführungszeichen.

Kannst du mir heute dein neues Buch ausleihen

Aber denk daran, mach mir dieses Mal keine Flecken rein

Ja, ich habe es gestern ausgelesen

Prima, ich habe nämlich einfach keine Lust mehr, mit meinen Eltern abends fernzusehen

6 Stelle dir vor:
Alex hat ihre Musikanlage viel zu laut aufgedreht. Julia möchte, dass sie die Musik leiser stellt. Erfinde ein Gespräch. Bedingung: Mindestens ein Fragesatz, ein Aufforderungssatz und ein Aussagesatz müssen darin vorkommen. Achte auf die Satzschlusszeichen und die Anführungszeichen. Vergleiche dein Gespräch mit denen deiner Mitschüler.

Ein seltsames Interview

Viele Mädchen	**Ein wortkarger Junge**
„Dürfen wir dich etwas fragen?“	„Ja.“
„Bist du neu hier in der Klasse?“	„Ja.“
„Gefällt es dir hier?“	„Nein.“
„Bist du immer so schüchtern?“	„Nein.“
„Liest du gerne?“	„Ja.“
„Hast du auch einen tragbaren CD-Player?“	„Ja.“
„Hörst du gerne Rockmusik?“	„Nein.“
„Hörst du gerne deutsche Schlager?“	„Nein.“
„Ärgerst du dich über unsere Fragen?“	„Ja.“
„Redest du immer so wenig?“	„Nein.“
„Kommst du aus Italien?“	„Nein.“
„Kommst du aus Spanien?“	„Nein.“
„Kommst du aus Frankreich?“	„Nein.“
„Kommst …?“	

Seht euch die letzten Fragen an. Überlegt, wie ihr das Herkunftsland schneller erfragen könnt.

Stellung des Prädikats S. 232 f.

1 Was meint ihr zu diesem Interview?

2 Spielt die Szene nach.

3 Wie könnt ihr die Fragen ändern, um mehr zu erfahren?
Schreibt die geänderten Fragen auf, die nicht mit *Ja* oder *Nein* beantwortet werden können.

4 Vergleicht die beiden Arten von Fragesätzen. Welche Unterschiede stellt ihr fest?
Achtet auf die Satzanfänge und die Stellung des Prädikats.

Wortwörtlich

Julia sagt: „Die Musik ist aber laut."

Alex antwortet: „Was ist dabei?"

Julia fordert: „Mach das sofort leiser!"

1 Besprecht in der Klasse die Zeichensetzung (Satzschlusszeichen, Anführungszeichen) bei direkter Rede anhand der Beispiele oben.

2 Stellt die Sätze von Aufgabe 1 so um, dass der Begleitsatz jeweils nach der direkten Rede steht. Beachtet dabei folgende Regeln zur Zeichensetzung:

3 Schreibt die Sätze mit den richtigen Satzzeichen.

Die Musik – sagt Julia – ist aber laut.

Soll ich sie vielleicht – fragt Alex – etwas leiser stellen?

Nein – schreit Julia – mach sie sofort aus!

Beachtet dabei folgende Regeln zur Zeichensetzung:

AUF EINEN BLICK

Grammatik im Überblick

Grammatische Begriffe und Regeln, die du schon aus der Grundschule kennst

Wortarten

Die wichtigsten Wortarten der deutschen Sprache sind:

Nomen (Substantiv/Namenwort): *Affe, Liebe, Kind …*

Verb (Tätigkeitswort/Tunwort/Zeitwort): *lesen, üben …*

Adjektiv (Eigenschaftswort/Wiewort): *gelb, frech, nett …*

Artikel (Begleiter/Geschlechtswort): *der, die, das, ein, eine …*

Pronomen (Fürwort): *du, mein, wer …*

Nomen

- bezeichnen **Lebewesen** (Lehrerin), **Dinge** (Tür), **Ideen/Gefühle/ Zustände** (Fleiß).
- sind **maskulin/männlich** (Schirm), **feminin/weiblich** (Katze) oder **neutral/sächlich** (Haus). Dieses Genus/grammatische Geschlecht ist festgelegt.
- werden im Satz von **Artikeln** begleitet: *der Vogel, die Stadt, das Zelt.*
- der Artikel vor den Nomen gibt an, in welchem **Kasus/Fall** die Nomen stehen, ob in **Singular/Einzahl** oder in **Plural/Mehrzahl**:

Kasus/Fall	Singular/Einzahl	Plural/Mehrzahl
Nominativ/1. Fall	der Hund	die Hunde
Genitiv/2. Fall	des Hundes	der Hunde
Dativ/3. Fall	dem Hund	den Hunden
Akkusativ/4. Fall	den Hund	die Hunde

Verben

- bezeichnen **Tätigkeiten** (essen, spielen, rennen), **Vorgänge** (schneien, wachsen, donnern) und **Zustände** (liegen, sitzen, sein),

- haben einen **Infinitiv**/eine **Grundform** (hüpfen) und **Personalformen** (ich hüpfe, du hüpfst …),
- bilden **Zeitformen** (ich schwimme, ich schwamm, ich bin geschwommen …),
- werden **konjugiert** (gebeugt):

Person	Präsens	Präteritum	Perfekt
1. Pers. Singular	ich lache	ich lachte	ich habe gelacht
2. Pers. Singular	du lachst	du lachtest	du hast gelacht
3. Pers. Singular	er/sie/es lacht	er/sie/es lachte	er/sie/es hat gelacht
1. Pers. Plural	wir lachen	wir lachten	wir haben gelacht
2. Pers. Plural	ihr lacht	ihr lachtet	ihr habt gelacht
3. Pers. Plural	sie lachen	sie lachten	sie haben gelacht

Das Perfekt wird mit den **Hilfsverben** haben, sein, werden und dem **Partizip** (gelacht, gelesen, gegangen) gebildet: ich habe gelesen, ich bin gegangen.

Adjektive

- bezeichnen **Eigenschaften** und **Merkmale** (dick, schnell, grün).
- haben Endungen, wenn sie beim Nomen stehen (der große Turm, die flinken Mäuse, ein gruseliges Gespenst).
- viele Adjektive können gesteigert werden (dick, dicker, am dicksten).

Pronomen

- können anstelle eines Nomens stehen:

  Der Affe schält die Banane: Er schält sie.
- können Begleiter eines Nomens sein:

  Das sind meine Turnschuhe.
- können in verschiedene Klassen unterteilt werden:
  Personalpronomen (ich, du, er/sie/es, wir, ihr, sie)
  Possessivpronomen (mein, dein, sein/ihr/sein, unser, euer, ihr …)
  Fragepronomen (Wer? Was? Wessen? Wem? Wen? Welcher? …)
  Anredepronomen (du, ihr, Sie, Ihnen …)

AUF EINEN BLICK

Satzglieder

Die Wörter im Satz, die beim Umstellen zusammenbleiben, bilden ein Satzglied.
Durch das Umstellen kann man herausfinden, was alles zu einem Satzglied gehört, ob es aus nur einem Wort oder aus mehreren Wörtern besteht:

Isabella *isst* *ihren Ingwerkuchen.*

Ihren Ingwerkuchen *isst* *Isabella.*

Ein Satz enthält mindestens **Subjekt** und **Prädikat** (*Elisa schreibt.*).
Das Prädikat hat immer eine konjugierte (gebeugte) Verbform. Diese konjugierte Verbform steht in Aussagesätzen an der zweiten Stelle (*Elisa schreibt ihrer Freundin.*).
Das Prädikat kann auch aus zwei Teilen bestehen, z. B. aus einem Hilfsverb (haben, sein, werden) und einer anderen Verbform oder einem anderen Wort. (*Sie hat Geburtstag gefeiert. Er kommt ins Kino mit. Tilo ist seit langem Lehrer.*)

Oft besteht ein Satz aus Subjekt, Prädikat und Ergänzungen, den **Objekten** (*Elisa hat ihrer Freundin eine Einladung geschrieben.*).

Das Subjekt erfragt man mit **„Wer oder was?“**:
Elisa schreibt. – Wer (oder was) schreibt?

Das Dativobjekt erfragt man mit **„Wem?“**:
Elisa schreibt ihrer Freundin. – Wem schreibt Elisa?

Das Akkusativobjekt erfragt man mit **„Wen oder was?“**:
Elisa hat ihrer Freundin eine Einladung geschrieben. –
Wen (oder was) hat Elisa geschrieben?

Der Opa	**schenkt**	**seinem Enkel**	**ein Meerschweinchen.**
Wer oder was? Subjekt	Prädikat	Wem? Dativobjekt	Wen oder was? Akkusativobjekt

Satzarten

Es werden unterschieden:

- **Aussagesätze**

Sie werden verwendet, wenn man etwas mitteilen will:
Udo geht vom Platz.

- **Aufforderungssätze**

Sie werden verwendet, wenn man um etwas bitten oder jemanden zu etwas auffordern will:
Gib den Ball ab! Sei still!

- **Fragesätze**

Sie werden verwendet, wenn man etwas wissen will. Man unterscheidet zwischen:
Entscheidungsfragen und **W-Fragen:**
Spielst du heute Fußball?
(Entscheidungsfrage, man kann mit **Ja** oder **Nein** antworten)
Wer verlässt den Platz?
(W-Frage, man muss eine genauere Antwort geben)

Direkte Rede

In Texten wird ein Gespräch in **direkter/wörtlicher Rede** wiedergegeben und mit Anführungszeichen gekennzeichnet. Wer etwas sagt und wie etwas gesagt wird, steht im **Begleitsatz**.

Der Begleitsatz kann vor, nach und zwischen der direkten Rede stehen. Die Anführungszeichen stehen immer am Anfang der direkten Rede unten und am Schluss der direkten Rede oben.

Begleitsatz   direkte Rede

Begleitsatz vor der direkten Rede:

Claudia meint: „Ich möchte auch mitspielen.“ ——: „~~~~.“
Claudia fragt: „Darf ich auch mitspielen?“ ——: „~~~~?“
Claudia bittet: „Lasst mich auch mitspielen!“ ——: „~~~~!“

AUF EINEN BLICK

Begleitsatz nach der direkten Rede:

„Ich möchte den Ball haben“, sagt Stefan. „~~~~~“, ——.

„Kann ich bitte den Ball haben?“, fragt Stefan. „~~~~~?“, ——.

„Gib mir endlich den Ball!“, fordert Stefan. „~~~~~!“, ——.

Begleitsatz zwischen der direkten Rede:

„Wir werden bestimmt gewinnen“, stellt Bernd fest, „weil wir so gut vorbereitet sind.“ „~~~~~“, ——, „~~~~~.“

„Wir werden bestimmt gewinnen“, stellt Bernd fest. „Wir sind nämlich prima vorbereitet.“ „~~~~~“, ——. „~~~~~.“

„Werden wir gewinnen?“, überlegt Bernd. „Wir sind doch wirklich gut vorbereitet!“ „~~~~~?“, ——. „~~~~~!“

Komma bei Aufzählungen

Die einzelnen Wörter oder Wortgruppen einer Aufzählung werden durch Kommas getrennt:

Im Zirkus gab es Affen, Pinguine, Lamas, Elefanten, Zebras, Löwen.

Im Zirkus gab es lustige Affen, niedliche Pinguine, spuckende Lamas, Elefanten mit großen Ohren, eine Gruppe Zebras, mehrere Löwen.

Ein „und“ oder „oder“ ersetzt das Komma:

*Affen **und** Pinguine, Lamas **und** Elefanten, Zebras **und** Löwen haben wir früher schon im Zoo gesehen.*

*Miriam möchte Tierpflegerin **oder** Tierärztin **oder** Reitlehrerin werden.*

Wortbildung und Wortlehre

Wortfamilie
Zu einer Wortfamilie gehören verwandte Wörter mit gleichem oder ähnlichem Wortstamm: *fahren, wegfahren, Fahrrad, Auffahrt.*

Wortfeld
Zu einem Wortfeld gehören Wörter mit ähnlicher Bedeutung: *sagen, flüstern, sprechen, murmeln …*

Arbeitstechniken

→ Sprechen, Spielen, Zuhören

Ich habe
Irina interviewt.
Sie ist aus Kasachstan
und ...

→ Ein Interview führen

1. Überlege, welche Personen befragt werden sollen und welche Fragen du ihnen stellen willst.
2. Notiere die Fragen. (Wähle nur solche Fragen, die in der gegebenen Zeit auch beantwortet werden können!)
3. Vereinbare einen Termin für das Interview.
4. Beim Interview begrüßt du natürlich deinen Interviewpartner und erklärst kurz, warum du das Interview durchführst.
5. Stelle nun deine Fragen und notiere die Antworten in Stichworten (ein Aufnahmegerät wäre natürlich noch idealer). Achte darauf, was dein Interview-Partner sagt, damit du nicht Dinge fragst, die schon gesagt wurden.
6. Werte dein Interview aus. Überprüfe, ob du erfahren hast, was du wissen wolltest. Fehlt dir etwas, dann überlege, ob du vielleicht die betreffende Frage anders formulieren hättest sollen.

→ Anderen eine Geschichte erzählen

1. Wähle zum Erzählen etwas aus, das du selbst erlebt hast.
2. Fange nicht sofort mit dem Erzählen an. Warte, bis dir alle zuhören.
3. Denke daran, dass die Zuhörer deine Geschichte nicht kennen. Erzähle ihnen, wann und wo es geschehen ist, wer alles dabei war …
4. Erzähle der Reihe nach. Vermeide Gedankensprünge. Du kannst einen Stichwortzettel verwenden.

→ Stichwortzettel anfertigen

1. Schreibe nur die wichtigsten Wörter auf (Schlüsselwörter).
2. Achte auf die richtige Reihenfolge.
3. Markiere die einzelnen Abschnitte, den Anfang und das Ende.
4. Schreibe groß und deutlich.

→ Schreiben

→ Ein Wörternetz knüpfen

1. Wähle ein Schlüsselwort aus der Geschichte, die du schreiben willst, aus.
2. Schreibe es in die Mitte eines Blattes.
3. Überlege, welche Wörter dir dazu einfallen.
4. Schreibe sie um das Wort herum.

→ Interessant und spannend schreiben

1. Denke daran, dass die Leser deine Geschichte nicht kennen. Schreibe, wann und wo es geschehen ist, wer alles dabei war …
2. Die Geschichte wird spannender, wenn du folgende Zeitangaben verwendest: *plötzlich, auf einmal, gerade als* … Auch durch Adjektive kannst du die Spannung erhöhen: *stockdunkel, gefährlich* …
3. Erinnere dich daran, was du während des Erlebnisses gedacht und gefühlt hast z. B.: *Was war das? Ob das gut geht? Ich hatte Herzklopfen. Ich zitterte* …
4. Berichte auch darüber, was gesprochen wurde. Verwende die direkte (wörtliche) Rede.
5. Gib deiner Geschichte eine pfiffige Überschrift, die neugierig macht, aber nicht zu viel verrät.

→ Eine Schreibkonferenz durchführen

1. Setzt euch in Gruppen zusammen. Die Gruppe bildet eine Redaktion.
2. Einer aus der Gruppe liest seine Geschichte vor. Im Anschluss könnt ihr Fragen stellen, falls euch etwas in der Geschichte unklar sein sollte.
3. Sagt zuerst, was euch gefallen hat. Sprecht dann darüber, was verbessert werden sollte.
4. Als Autor überarbeitet ihr nun eure Geschichte.
5. Übertragt den Text in sauberer Schrift auf ein Blatt Papier. Ihr könnt dazu auch den Computer nutzen.

→ Eine Umfrage durchführen

1. Sammelt Fragen und entscheidet, welche auf dem Fragebogen gestellt werden sollen.
2. Schreibt unter jede Frage, welche Antworten wahrscheinlich gegeben werden.
3. Gestaltet den Fragebogen. Dabei verwendet ihr am besten den Computer.
4. Legt fest, welche Personen befragt werden sollen.
5. Druckt oder kopiert die Fragebögen.
6. Führt die Befragung durch.
7. Wertet die Fragebögen aus, indem ihr die Antworten auszählt und die Zahlen vergleicht.
8. Fasst die Ergebnisse schriftlich zusammen.

→ Lesen

→ Einen längeren Text lesen und verstehen

1. Lies die Überschrift und überlege, was du schon über den Inhalt des Textes erfährst.
2. Sieh dir die äußere Gestaltung des Textes genau an (Wie viele Abschnitte hat er? Sind Wörter hervorgehoben? Gibt es im Text Zwischen-Überschriften? …). Überlege, welche Informationen du daraus entnehmen kannst.

3. Lies jetzt Abschnitt für Abschnitt. Beantworte nach jedem Abschnitt die Frage „Was steht in diesem Abschnitt?“ Wenn du diese Frage nicht beantworten kannst, musst du den Abschnitt nochmals lesen.

→ Einen Textplan erstellen

Mit einem Textplan kann man sich auch über einen komplizierten Inhalt einen Überblick verschaffen.

1. Schreibt Kärtchen für die handelnden Figuren und für die Orte der Handlung.
2. Legt die Kärtchen zu einem Textplan. Überprüft ihn am Text.
3. Verbindet die Kärtchen durch Pfeile.

→ Sich über den Inhalt eines Buches informieren

1. Sieh dir den Titel und die äußere Gestaltung des Umschlages an. Überlege, was du daraus über den Inhalt entnehmen kannst.
2. Lies den Klappentext auf der Rückseite des Buches.
3. Überfliege das Inhaltsverzeichnis zu Beginn oder am Ende des Buches. Daraus erfährst du z. B., ob es um eine zusammenhängende Geschichte geht oder ob das Buch mehrere Geschichten enthält.
4. Prüfe, ob das Buch am Anfang oder Ende kurze Informationen zum Autor enthält. Auch sie verraten oft etwas über den Inhalt.

→ Einen Sachtext lesen und verstehen

1. Verschaffe dir zuerst einen Überblick: Was sagen die Überschriften aus? Welche Informationen sind aus den Bildern zu entnehmen?
2. Überfliege den Text: Suche nach Wörtern (meist Nomen), die ins Auge springen. Versuche, daraus so viele Informationen wie möglich zu gewinnen.

3. Lies danach den Text Abschnitt für Abschnitt genau. Kläre unbekannte Begriffe mit Hilfe eines Lexikons. Wenn du einen Sinnabschnitt gelesen hast, suche und notiere den wichtigsten Gedanken. Du kannst auch jedem Abschnitt eine Überschrift geben.

→ Freies Arbeiten nach einem Plan

1. Legt einen Bearbeitungszeitraum fest.
2. Stellt eine Materialkiste zum Thema zusammen: Besorgt euch Bücher und CDs zu den Themen. Ihr könnt auch im Internet nach interessanten Materialien suchen.
3. Richtet eine Leseecke ein.
4. Besorgt Schnellhefter und gelochtes DIN-A4-Papier für alle Schüler.
5. Richtet einen Kontroll- und Ablagekasten ein.

6. Arbeite selbstständig und frage nur, wenn es nötig ist.
7. Störe die anderen nicht bei der Arbeit.
8. Beende erst eine Aufgabe, bevor du mit einer neuen beginnst.
9. Nimm für jede Aufgabe ein DIN-A4-Blatt und trage die Überschrift, den Namen und das Datum ein.
10. Lege die fertigen Blätter in den Kontroll- und Ablagekasten.

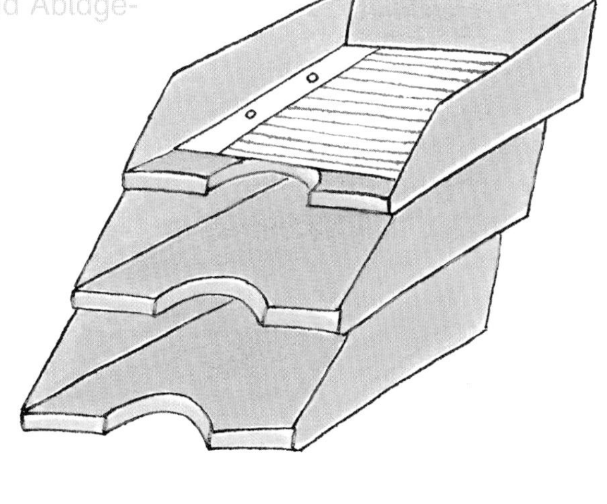

AUF EINEN BLICK

→ Rechtschreibung

→ Bei Schreiben mitsprechen

1. Schreibe bewusst langsam und schön.
2. Sprich beim Schreiben Laut für Laut und Silbe für Silbe wie ein Roboter mit.
3. Lies nach jeder Silbe und nach jedem Wort, was da steht.
4. Berichtige Verschreibungen.

→ Tests: Großschreibung

So kannst du prüfen, ob ein Wort großgeschrieben wird:

Test 1: Könnte man das, was das Wort bezeichnet, sehen oder anfassen?

Test 2: Kann man das Wort mit *„ich habe“* kombinieren?

Test 3: Kann man das Wort mit einem der Artikel *der, die, das* kombinieren?

Test 4: Endet das Wort auf *-keit, -nis, -schaft, -chen, -ung, -heit, -tum?*

Test 5: Lässt sich direkt vor das Wort ein Adjektiv setzen, welches sich dabei verändert?

Kannst du eine dieser Fragen mit „Ja“ beantworten, wird das Wort großgeschrieben.

→ Abschreiben

1. Lies zuerst den ganzen Text, damit du den Inhalt verstehst.
2. Lies jetzt den ersten Satz, präge dir die erste Wortgruppe ein, decke sie ab und schreibe sie auswendig auf.
3. So schreibst du Wortgruppe für Wortgruppe auf. Achte auf besondere und schwierige Wörter sowie auf die Satzzeichen.
4. Vergleiche jeden Satz genau und prüfe, ob du Fehler gemacht hast.
5. Berichtige den Text.

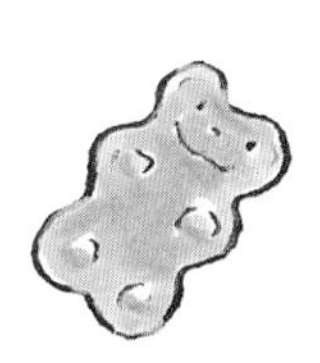

→ Grammatik

→ Tests zum Erkennen von Verben

So kannst du prüfen, ob ein Wort ein **Verb** ist:

Test 1: Kann man das Wort mit *ich* und *du* kombinieren?

Test 2: Verändert sich die Endung des Wortes?

Kannst du beide Fragen mit „Ja" beantworten, ist das Wort ein Verb.

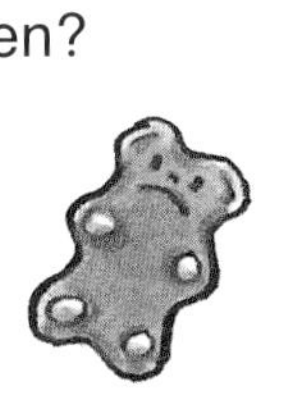

→ Tests zum Erkennen von Adjektiven

Test 1: Fast alle Adjektive kann man mit *sein (bin, bist, ist …)* kombinieren: *Robinson ist* ***einsam***.

Test 2: Die meisten Adjektive kann man steigern:
Auf der Insel war Robinson ***glücklich***.
Mit seinem Freund Freitag war er ***glücklicher***.
Nach der Rettung war er am ***glücklichsten***.

Test 3: Adjektive kann man zwischen einem Artikel und einem Nomen setzen. Dabei muss man an das Adjektiv eine Endung anfügen:
die ***tropische*** *Insel, die* ***dringende*** *Reparatur*

AUF EINEN BLICK

Übersicht über grammatische Grundbegriffe

Fachbegriff	Erklärung/deutscher Begriff	Beispiel
Vokal	Selbstlaut	a, e, i, o, u
Konsonant	Mitlaut	b, c, d, f, g, h, j, k, l, m, n, p, q, r, s, t, v, w, x, y, z
Diphthong	Doppellaut	au, äu, eu, ai, ei
Umlaut		ä, ö, ü
Wortstamm/ Stammsilbe	Der Wortstamm ist die sinntragende Silbe eines Wortes, wenn man Vor- und Nachsilben ausklammert.	fahren: Wortstamm: *fahr*
Silbe:	Teil eines Wortes	Arz-nei-mit-tel
Vorsilbe		ver-bieten, vor-machen, be-deuten
Nachsilbe		Bildchen, Schülerin, Heiterkeit, Sicherheit, modisch, brauchbar
Grundwort		todmüde
Bestimmungswort		todmüde
Wortarten:		
Nomen (Substantiv)	Hauptwort/Namenwort	Baum, Wärme, Angst
Singular	Einzahl	der Fluss
Plural	Mehrzahl	die Flüsse
Kasus Nominativ Genitiv Dativ Akkusativ	Fall 1. Fall 2. Fall 3. Fall 4. Fall	 Das Haus gehört mir. das Haus der Eltern Dem Haus fehlt das Dach. Ich gehe in das Haus.

Fortsetzung grammatische Grundbegriffe

Fachbegriff	Erklärung/deutscher Begriff	Beispiel
Artikel	Begleiter/Geschlechts-wort	der, die, das, ein, eine
Bestimmter Artikel	Bestimmter Begleiter	der, die, das
Unbestimmter Artikel	Unbestimmter Begleiter	ein, eine, ein
Pronomen	Fürwort	mein, sein, sich, du, …
Personalpronomen	Persönliches Fürwort	ich, du, er, sie, es, wir, ihr, sie
Possessivpronomen	Besitzanzeigendes Fürwort	mein, dein, sein, ihr, unser, euer
Demonstrativpronomen	Hinweisendes Fürwort	dieser, diese, dieses, der, die, das (Das ist eine Wolke.)
Relativpronomen	Bezügliches Fürwort	der, die, das, welcher, welche, welches (Der Hund, der meinem Vater gehört, ist gerade krank.)
Adjektiv	Eigenschaftswort	neu, teuer, hübsch
Vergleichsformen Positiv Komparativ Superlativ	 Grundstufe Vergleichsstufe/Höher-stufe Höchststufe	 gut besser am besten
Verb	Zeitwort regelmäßig unregelmäßig	tanzen, laufen, singen tanzen, malen laufen, singen
Die Zeiten:		
Präsens	Gegenwart	ich male, ich laufe
Präteritum	1. Vergangenheit	ich malte, ich lief

AUF EINEN BLICK

Fortsetzung grammatische Grundbegriffe

Fachbegriff	Erklärung/deutscher Begriff	Beispiel
Perfekt	2. Vergangenheit	ich habe gemalt, ich bin gelaufen
Plusquamperfekt	3. Vergangenheit	ich hatte gemalt, ich war gelaufen
Präposition	Verhältniswort	unter, auf, über, am, neben, bei, in
Adverb	Umstandswort	gern, oft, hier
Konjunktion	Bindewort	und, oder
Wortfeld	Sinnverwandte Wörter	sagen, rufen, reden
Wortfamilie	Wörter mit dem gleichen Wortstamm	beziehen, Zögling, zögerlich
Satz:		
Aussagesatz		Der Junge ist stark.
Aufforderungssatz		Komm doch endlich her!
Ausrufesatz		Das ist doch schön!
Fragesatz		Kommt er noch?
Satzglieder	durch die Umstellprobe bestimmbar	(Morgen) (fahren) (wir) (nach Italien). (Wir) (fahren) (morgen) (nach Italien).
Subjekt Prädikat Objekt	Satzgegenstand Satzaussage Satzergänzung	Der Vater kommt. Der Vater kommt. Das Haus gehört meinen Eltern.
Satzreihe	Hauptsatz + Hauptsatz	Es donnert, alle Tiere verstecken sich …

Fortsetzung grammatische Grundbegriffe

Fachbegriff	Erklärung/deutscher Begriff	Beispiel
Satzgefüge	Hauptsatz + Nebensatz	Ich merkte plötzlich, dass ich meine Armbanduhr verloren hatte.
Wörtliche Rede		Sie fragt: „Hilfst du mir?“ „Hilfst du mir?“, fragte sie. „Hilfst du mir“, fragte sie, „das Fenster zu schließen?“

AUTORENVERZEICHNIS
A BIS Z

Andersen, Hans Christian
wurde 1805 in Odense in Dänemark geboren und starb 1875 in der Hauptstadt Kopenhagen. Er wurde als Schriftsteller weltberühmt mit dem Buch „Märchen, für Kinder erzählt“. Seine bekanntesten Märchen sind „Das Mädchen mit dem Schwefelhölzchen“ und „Das hässliche Entlein“.
Der Schneemann, Seite 151

Äsop
lebte etwa um die Mitte des 6. Jahrhundert vor Christi Geburt in Thrakien (Griechenland) angeblich als Sklave. Nach seiner Freilassung soll er großen Ruhm erlangt haben. Er schrieb viele Tierfabeln (siehe Seite 95).
Wie sich Äsop mit einer Fabel rettete, Seite 96
Der alte Löwe und der Fuchs, Seite 101
Der aufgeblasene Frosch, Seite 102
Eine Schwalbe macht noch keinen Sommer, Seite 153

Bach, Bodo
heißt in Wirklichkeit Robert Treutel und wurde 1957 in Frankfurt am Main geboren.
Er ist Autor, Regisseur, vor allem aber der „Erfinder“ des Bodo Bach, der seine Gesprächspartner am Telefon häufig zum Vergnügen vieler Rundfunkhörer zur Verzweiflung bringt.
Spülmaschinenfest, Seite 20

Brecht, Bertolt
wurde 1898 in Augsburg geboren und starb 1956 in Berlin. Er schrieb viele bedeutende Theaterstücke und Gedichte, aber auch Texte für Kinder.
Der Kirschdieb, Seite 155

Britting, Georg
wurde 1891 in Regensburg geboren und starb 1964 in München. Er schrieb Gedichte, Romane und Theaterstücke.
Drachen, Seite 154

Busch, Wilhelm
wurde 1832 in Wiedensahl geboren und starb 1908 in Mechtshausen. Zunächst sollte Busch auf Wunsch seines Vaters Maschinenbauer werden. Später besuchte er aber die Kunstakademie in Düsseldorf. Die erste Bildergeschichte, die Busch schrieb, war Max und Moritz.
Max und Moritz, Seite 143/145

Bydlinksi, Georg
wurde 1956 in Graz geboren und ist vor allem als Autor von Kinderbüchern bekannt, die er auch selbst herausgibt. Er lebt mit seiner Frau und seinen vier Söhnen in Mödling bei Wien.
Das Löwenzahngedicht, Seite 82

Defoe, Daniel
wurde 1660 in London geboren, wo er 1731 auch starb. Er war Kaufmann, Politiker und Schriftsteller. Sein bekanntestes Buch ist „Robinson Crusoe“ (siehe Seite 222).

Dragt, Tonke
wurde 1930 in Batavia, dem heutigen Djakarta geboren und lebt in Den Haag. Sie ist nicht nur in den Niederlanden als erfolgreiche Jugendbuchautorin bekannt geworden.
Der Auftrag, Seite 112–114

Eichendorff, Joseph Freiherr von
wurde 1788 in Oberschlesien auf Schloss Lubowitz geboren und starb 1857 in Neiße. Er hatte großen Erfolg mit seinen Novellen und Erzählungen. Aufgrund seiner vielen wunderbaren Gedichte wird er heute als einer der bedeutendsten Vertreter der deutschen Romantik bezeichnet.
Die Sperlinge, Seite 152

Fontane, Theodor
wurde 1819 in Neuruppin geboren und starb 1898 in Berlin. Er schrieb mehrere berühmte

Romane sowie Reisebeschreibungen und Balladen.
Herr von Ribbeck auf Ribbeck im Havelland, Seite 154

Fried, Erich
wurde 1921 in Wien geboren. Er arbeitete nach dem Zweiten Weltkrieg unter anderem als Journalist und als Übersetzer. Seine Gedichte und Texte sind zumeist sehr kritisch. 1988 starb Fried in London.
Humorlos, Seite 22

Goethe, Johann Wolfgang (von)
wurde 1749 in Frankfurt am Main geboren und starb 1832 in Weimar. Er gilt als der berühmteste deutsche Dichter, viele seiner Theaterstücke (zum Beispiel „Faust") werden auch heute noch gespielt. Darüber hinaus schrieb er Romane, wissenschaftliche Abhandlungen und unzählige Gedichte, darunter auch viele bekannte Balladen.
Die Frösche, Seite 152

Goscinny, René
wurde 1921 in Paris geboren, wo er 1977 auch starb. Er arbeitete unter anderem als Werbetexter. Zusammen mit dem italienischen Illustrator Albert Uderzo (*1927) entstanden viele Comics: z. B. „Benjamin et Benjamine" und natürlich Asterix und Obelix.
Asterix und Kleopatra, Seite 144

Grimm, Jacob
wurde 1785 in Hanau geboren und starb 1863 in Berlin. Er war ein bedeutender Forscher und gilt als Begründer der Wissenschaft von der deutschen Sprache und Literatur. Zusammen mit seinem Bruder Wilhelm veröffentlichte er die Kinder- und Hausmärchen (1812–1815 in zwei Bänden).

Grimm, Wilhelm
wurde 1786 in Hanau geboren und starb 1859 in Berlin. Er gilt als der eigentliche Sammler der deutschen Märchen und Sagen, die er zusammen mit seinem Bruder Jacob herausgab.
Die Bienenkönigin, Seite 86–88

Grosche, Erwin
wurde 1955 in Berge/Lippstadt geboren und lebt in Paderborn. Er ist Schriftsteller, Kabarettist, Musiker und Schauspieler und veröffentlicht Gedichte, Lieder und Kinderbücher.
Das Fremde, Seite 161

Hagedorn, Friedrich von
wurde 1708 in Hamburg geboren, wo er 1754 auch starb. Er schrieb Gedichte und Fabeln.
Der ewige Friede, Seite 103

Halas, Frantisek
wurde 1901 in Brünn geboren und starb 1949 in Prag. Er schrieb zahlreiche Gedichte.
Was der Frühling alles tun muss, Seite 152

Hanisch, Hanna
wurde 1920 in Thüringen geboren und lebt in Goslar. Sie veröffentlicht Theaterstücke, Gedichte und Kinderbücher.
An einem Tag, Seite 21
Kein Freund für Kemal, Seite 158/159

Hebbel, Friedrich
wurde 1813 als Sohn eines Maurers geboren. Da seine Familie sehr arm war, brachte er sich sein Wissen weitgehend selbst bei. Er starb 1863. Er schrieb Gedichte und Dramen.
Herbstbild, Seite 153

Inkiow, Dimiter
wurde 1932 in Haskovo in Bulgarien geboren. 1965 emigrierte er nach Deutschland. Er hat über 100 Kinderbücher geschrieben, die in 17 Sprachen der Welt erschienen sind.
Sisyphos, Seite 108

Janosch
wurde 1931 unter dem Namen Horst Eckert in Zaborze/Oberschlesien geboren und lebt auf den Kanarischen Inseln. Er wurde vor allem durch seine illustrierten Kinderbücher berühmt.
Janosch erzählt Grimms Märchen: Der Fundevogel, Seite 92/93

AUTORENVERZEICHNIS

A BIS Z

Karl, Günter
wurde 1947 in Heidelberg geboren und lebt in Mannheim. Er illustriert Bücher, malt Bilder und arbeitet in einer Werbeagentur.
Der Erfinder Fritz Pullmann berichtet, Seite 73

Karpf, Walter
ist Umweltredakteur bei der Zeitschrift „HÖRZU" und schreibt Tierreportagen.
Eine raffinierte Spinnerin, Seite 126/127

Kilian, Susanne
wurde 1940 in Berlin geboren und lebt in Wiesbaden. Sie ist Lehrerin und Buchhändlerin und schreibt Kinder- und Jugendgeschichten.
Der Brief, Seite 67

Kipling, Rudyard
wurde 1865 in Bombay (Indien) geboren und starb 1936 in London. Er war zunächst Journalist in Indien, schrieb später zahlreiche Geschichten und Romane, so auch das weltberühmte „Dschungelbuch" . 1907 erhielt er die höchste literarische Auszeichnung, den Nobelpreis für Literatur.
Abenteuer im Dschungel, Seite 182

Kirsch, Rainer
wurde 1934 in Döbeln (Sachsen) geboren und lebt in Berlin. Er veröffentlichte in der ehemaligen DDR vor allem Gedichte, Märchen und Kinderbücher.
Die Flundern von Flandern, Seite 81

Kleberger, Ilse
wurde 1921 in Potsdam geboren und lebt in Berlin. Sie ist Ärztin und Schriftstellerin, bekannt geworden ist sie durch Romane, Reiseberichte, Biografien und Kinder- und Jugendbücher.
Sommer, Seite 153

Korschunow, Irina
wurde 1925 in Stendal/Altmark geboren und lebt in der Nähe von München. Sie ist eine der erfolgreichsten deutschen Kinderbuchautorinnen, besonders bekannt ist ihr Buch „Hanno malt sich einen Drachen" aus dem Jahre 1978.
Vielleicht wird alles gut, Seite 40/41

Lessing, Gotthold Ephraim
wurde 1729 geboren und starb 1781. Er war der wichtigste Vertreter der Epoche der Aufklärung. Seine berühmtesten Werke sind „Emilia Galotti" und „Nathan der Weise". Mit seinen Schriften über das Theater prägte er die Geschichte des Theaters.
Neidlose Freundschaft, Seite 103

Lutz, Herbert
wurde 1950 in Calw geboren und lebt in Bad Teinach. Er ist Verlagslektor und Autor.
Wie Till Eulenspiegel einem Esel das Lesen beibrachte, Seite 168/169
Wer am besten reimt wird Bürgermeister in Schilda, Seite 170/171

Maar, Paul
wurde 1937 in Schweinfurt geboren und lebt in Bamberg. Er schreibt fast nur für Kinder und Jugendliche und illustriert meistens seine Bücher selbst. Besonders bekannt sind seine Geschichten vom „Sams".
Lippels Fantasiegeschichte, Seite 46
In der neuen Klasse, Seite 54/55

Massive Töne
1993 gegründet, gehören sie zu den bekanntesten deutschen HipHop-Gruppen. Die Band veröffentlichte bereits mehrere erfolgreiche Tonträger.
Traumreise, Seite 82

Morgenstern, Christian
wurde 1871 in München geboren und starb 1914 in Meran. Er schrieb vor allem humorvolle und sprachspielerische Gedichte.
Wenn es Winter wird, Seite 150

Opgenoorth, Winfried
wurde 1939 in Düsseldorf geboren. Seit über 20 Jahren lebt er als Illustrator in Wien und erhielt zahlreiche Auszeichnungen.
Das Löwenzahngedicht, Seite 82

Ringelnatz, Joachim
wurde 1883 als Hans Bötticher in Wurzen geboren und starb 1934 in Berlin. Er war ein großer Humorist und Kabarettist und schrieb viele, meist heitere und sprachspielerische Gedichte.
Herbst, Seite 153

Ruck-Pauquèt, Gina
wurde 1931 in Köln geboren und lebt bei Bad Tölz. Sie schreibt Kinderbücher und Kinderlieder, aber auch Schlagertexte.
Ist ja auch nichts für ein Mädchen, Seite 59

Schubiger, Jürg
wurde 1936 in Zürich geboren und lebt in Zürich und im Tessin. Er ist Schriftsteller und Psychologe.
Was hast du?, Seite 59

Severin, Rüdiger
Handy-Verbot, Seite 166/167

Spohn, Jürgen
wurde 1934 geboren und starb im Frühjahr 1992. Durch seine Kinderbücher, internationale Ausstellungen und durch seine Plakate erlangte er weltweite Anerkennung.
Das Am-Ende-von-Gedicht, Seite 81
Wie Wo Wann Warum, Seite 83

Streit, Jakob
wurde 1910 in Spiez im Berner Oberland (Schweiz) geboren. Er veröffentlichte Jugendbücher und Werke der Kunstgeschichte. Seine Bücher wurden in 12 Sprachen übersetzt.
Ein blinder Junge erfindet die Blindenschrift, Seite 163

Tennigkeit, Uta
Die wilde Schwester aus dem Wald, Seite 124/125

Timm, Uwe
wurde 1940 in Hamburg geboren. Bekannt wurde er vor allem als Romanautor für Erwachsene, hat aber auch für Kinder geschrieben wie zum Beispiel das erfolgreich verfilmte Buch „Rennschwein Rudi Rüssel".
Rennschwein Rudi Rüssel, Seite 117–119

Vahle, Fredrik
wurde 1942 in Stendal geboren und lebt seit 1971 in Hessen. Bekannt ist er vor allem als einer der erfolgreichsten Liedermacher für Kinder.
Ayşe und Jan, Seite 160/161

Wendt, Irmela
wurde 1916 in Donop bei Detmoldt geboren und lebt in Dörentrup/Lippe. Sie war Rektorin und schreibt Kinder- und Jugendbücher.
Die Katastrophe, Seite 173

Wölfel, Ursula
wurde 1922 in Duisburg-Hamborn im Ruhrgebiet geboren und lebt in Neunkirchen bei Darmstadt. Sie schrieb viele Kinder- und Jugendbücher.
Hannes fehlt, Seite 10/11

TEXTARTEN UND THEMEN
A BIS Z

Textarten

Fabeln

In den kurzen anschaulichen Erzählungen sprechen und handeln fast immer zwei gegensätzliche Tiere. Sie verkörpern menschliche Eigenschaften, die der Leser erkennen soll (zum Beispiel Neid, Geiz, Dummheit, Klugheit oder Faulheit). Am Ende kommt es zu einer überraschenden Wendung (Pointe). Der Dichter formuliert außerdem eine Lehre (man spricht dann von einer Moral), die der Leser beherzigen soll.

Gedichte, Erzählgedichte

Gedichte sind zumeist kürzere literarische Texte in einer besonderen Gestaltung (zum Beispiel ein bestimmter Sprechrhythmus, Einteilung in Strophen/Verse, Wiederholungen oder Wörter, die sich reimen). Oft verwenden die Autoren dabei eine bildreiche Sprache. Gedichte sind aus Liedern hervorgegangen. In der Antike begleiteten fahrende Sänger ihren Vortrag auf der „Lyra", einem Saiteninstrument. Man spricht deshalb als Oberbegriff für alle Gedichtformen von der Lyrik. Die Balladen, die oft viele gereimte Strophen haben, werden heute häufig Erzählgedichte genannt.

Erzählungen, Geschichten

In der Literatur versteht man unter Erzählungen, im Gegensatz beispielsweise zum Roman, kürzere literarische Texte, die in einer Gruppe mit Märchen, Kurzgeschichten und Novellen erfasst werden. Inhaltlich gibt es dabei keine Einschränkungen. Eine exakte Zuordnung der Erzählung ist aber oft sehr schwer. So sollte sie zum Beispiel einen Umfang von etwa 6 bis 60 Seiten haben. Häufig spricht man deshalb bei kürzeren Texten auch von Geschichten.

Jugendbuchausschnitte

Als Kinder- und Jugendliteratur bezeichnet man Bücher, die für junge Menschen zwischen 3 und etwa 18 Jahren geschrieben werden. Allerdings gibt es nicht immer eine klare Alterstrennung.

So lesen auch viele Erwachsene zum Beispiel gerne Märchen oder Fantasy-Romane, während Jugendliche durchaus auch Gedichte oder Erzählungen verstehen, die ursprünglich nicht für sie geschrieben wurden.
Im 18. und 19. Jahrhundert dienten Jugendbücher nahezu ausschließlich der Erziehung. Die heutige Jugendliteratur möchte unterhalten, spannende und interessante Geschichten erzählen, die natürlich auch zum Nachdenken anregen sollen. Das Zusammenleben der Menschen, schulische und familiäre Probleme, geschichtliche Ereignisse, Freundschaft und erste Liebe, humorvolle Begebenheiten, abenteuerliche Expeditionen und kriminalistische Ermittlungen sind nur einige der vielfältigen Themen heutiger Kinder- und Jugendliteratur.

Lippels Fantasiegeschichte (aus: Lippels Traum), Paul Maar, ***47***

In der neuen Klasse (aus: Robert und Treber), Paul Maar, ***54/55***

Der Auftrag (aus: Der Brief für den König), Tonke Dragt ***111–114***

Rennschwein Rudi Rüssel, Uwe Timm, ***116–119***

Ein blinder Junge erfindet die Blindenschrift, Jakob Streit, ***163***

Abenteuer im Dschungel (aus: Das Dschungelbuch), Rudyard Kipling, ***182***

Konkrete Poesie

Experimente von Dichtern mit Buchstaben, Silben und Wörtern werden heute oft mit dem Begriff Konkrete Poesie bezeichnet. So gibt es Abzählverse, die keine inhaltliche Bedeutung haben (man nennt sie auch Lautgedichte). Manchmal kann die Bedeutung eines Wortes durch einen nicht mehr an eine Zeile gebundenen Buchstaben deutlich gemacht werden (Bildwörter). Wenn Silben und Wörter bildhaft angeordnet werden, spricht man auch von Sehgedichten. Schon im 17. Jahrhundert gab es die ersten so genannten Figurengedichte.

Die Flundern von Flandern, Rainer Kirsch, ***81***

Das Am-Ende-von-Gedicht, Jürgen Spohn, ***81***

Das Löwenzahngedicht, Georg Bydlinski/Winfried Opgenoorth, ***82***

Liedtexte

Zu einer Melodie wird ein Text verfasst, der sich entweder reimt oder in freien Versen erzählt. Besondere Beachtung wird dabei auch dem Rhythmus geschenkt. Es ist aber auch möglich, dass auf einen fertigen Text oder ein bereits vorhandenes Gedicht eine passende Melodie geschrieben wird.

Traumreise, Massive Töne, ***82***

Ayşe und Jan, Fredrik Vahle, ***160/161***

Märchen

„Es war einmal" – wenn eine Geschichte mit diesen Worten beginnt, weiß der Leser sofort, dass es sich nur um ein Märchen handeln kann. Die Handlung ist fantastisch, Tiere können sprechen, Hexen und Zauberer erfüllen Wünsche oder bestrafen böse Menschen. Über Jahrhunderte hinweg haben sich die Menschen immer wieder diese Geschichten erzählt. Jeder hat die Handlung etwas ausgeschmückt. Diese so genannten Volksmärchen wurden erstmals im 19. Jahrhundert von den Brüdern Grimm gesammelt und veröffentlicht. Später haben Dichter wie Hans Christian Andersen oder Wilhelm Hauff neue Märchen geschrieben (sie heißen deshalb Kunstmärchen). Sie sind heute bei Jung und Alt genauso beliebt, zumal man kaum einen Unterschied zu den überlieferten Märchen erkennen kann.

Die Bienenkönigin, Gebrüder Grimm, ***86–88***

Janosch erzählt Grimms Märchen: Der Fundevogel, Janosch, ***92/93***

Der Schneemann, Hans Christian Andersen, ***151***

Von dem Mädchen, das alles zurückfordert, ***156/157***

Sachtexte

Sachtexte sind keine literarischen Texte wie Romane oder Erzählungen. Man bezeichnet sie oft auch als Gebrauchstexte. Sie befassen sich zumeist mit einem Thema (zum Beispiel Geschichte, Geografie, Sport usw.). Sachtexte sind also keine „erfundenen" Geschichten,

sondern in erster Linie Informationsquellen für den Leser und existieren in vielfältiger Art – vom Lexikonartikel bis zum Fachbuch, von Gesetzestexten bis hin zu Protokollen, Anleitungen oder Unfallberichten. Darüber hinaus können sie Fotos, Illustrationen oder grafische Übersichten enthalten.

Sagen

Märchen und Sagen haben manche Gemeinsamkeiten, wie zum Beispiel die mündliche Überlieferung. Sagen sind jedoch fast immer an einen bestimmten Ort gebunden oder spielen in einer mehr oder weniger genau bestimmten Zeit. Geschichtliche Ereignisse oder Gestalten stehen im Mittelpunkt der Handlung, die im Gegensatz zum Märchen weniger ausschmückend. Oft wird so sachlich erzählt, dass der Leser selbst die unglaubwürdigsten Ereignisse als wahr empfindet.

Schelmengeschichten

In der Literatur werden Schelmengeschichten meistens als Schwänke bezeichnet. Sowohl die derb-komischen Streiche des Till Eulenspiegel als auch die Lügengeschichten des Baron Münchhausen zählen dazu. Viele Schwänke haben eine turbulente, manchmal übertriebene Handlung, bei der auch schon mal der Schwächere durch eine List einen Stärkeren überrumpelt. Auch heute gibt es noch solche anspruchslosen, aber unterhaltsamen Schwänke, die in Boulevardtheatern (häufig auch in Mundart) aufgeführt werden.

Spielszenen

In einem Theaterstück spricht man häufig von einer Szene, wenn Personen (Figuren) die Bühne neu betreten oder sie verlassen. Mehrere Szenen werden dann oft auch Akt genannt. Spielszenen sind daher in gewissem Sinne sehr kurze Theaterstücke ohne großen Aufwand. Zu den Spielszenen zählt man zum Beispiel die Pantomime (eine Szene ohne Worte nur mit Gestik und Mimik), das Stegreifspiel (eine Szene, die vorher nicht geprobt wird) oder einen Dialog (eine Szene, in der zwei Personen miteinander ein Gespräch führen). Ohne Publikum sollte eine Spielszene natürlich nicht aufgeführt werden.

Themen

Abenteuer

TEXTARTEN UND THEMEN
A BIS Z

Angst

Außenseiter

Betrug

Diebstahl

Dummheit

Einsamkeit

Eitelkeit

Fantasie

Freundschaft

Gefahr

Gefühle

Geiz

Gemeinheit

Gewalt

TEXTARTEN UND THEMEN
A BIS Z

Großzügigkeit

Hilfsbereitschaft

Humor, Witz

Jahreszeiten

Klugheit

Leichtsinn

List

Miteinander leben

Mühsal

Mut

Naturkunde

Neugierde

Pech

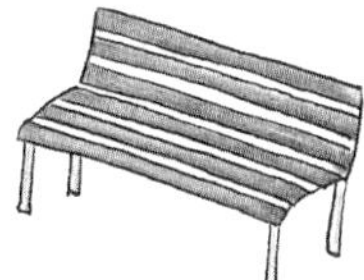

Sport

Streit

Tiere

Träume

Überheblichkeit

Unsicherheit

Vorurteile

Wissen

Wut

KLEINES COMPUTERLEXIKON
A BIS Z

Chat
Das englische Verb „chat" bedeutet reden, plaudern oder schwatzen. Im Internet kannst du dich mit Hilfe der Tastatur mit anderen Menschen „unterhalten". In den meisten Fällen geschieht das schriftlich, die entsprechende Antwort erhältst du unmittelbar auf deinem Bildschirm angezeigt.

Datei
Eine Datei ist eine Sammlung von Informationen mit jeweils ähnlichem Inhalt. Das können zum Beispiel Zeichen, Texte oder Bilder sein. Man nennt diese Informationen Daten. Sie werden in einem „Speicher" aufbewahrt, damit man sie wieder lesen oder auch verändern kann. Der Begriff Datei ist von dem Wortpaar Karte/Kartei abgeleitet. Man spricht deshalb von einem Kunstwort.

E-Mail
Im Internet kannst du blitzschnell ohne Briefmarken Nachrichten absenden oder erhalten. Mit der elektronischen Post (electronic mail = E-Mail) lassen sich aber nicht nur Texte, sondern auch Bilder, Musik und sogar Videos mit Hilfe von angehängten *Dateien* in die ganze Welt verschicken.

Homepage
Im Internet heißen alle Seiten „page". Die Homepage ist die Startseite (Auftaktseite), mit der sich die Benutzer im Internet vorstellen. Von dieser Seite aus gibt es oftmals so genannte „Links" (Querverweise) zu anderen Seiten.

Internet
Das Internet ist ein weltweiter Verbund von Computersystemen. Den Inhalt des Internets bestimmen seine Dienste. Der World Wide Web (WWW) oder auch kurz nur Web ist der wichtigste und bekannteste Dienst. Häufig wird er daher auch als Bezeichnung für das Internet gebraucht.

Kindersuchmaschine
Speziell für Kinder gibt es im Internet *Suchmaschinen* (zum Beispiel www.blinde-kuh.de), die dir bei der Suche nach Informationen helfen.

Rechtschreibprüfung
Wenn du in einem *Textverarbeitungsprogramm* arbeitest, lassen sich Rechtschreib-, Tipp- und grammatische Fehler leicht erkennen und korrigieren. Dabei hilft dir die Rechtschreibprüfung, die du so einstellen kannst, dass sie dir schon während des Schreibens die jeweiligen Fehler anzeigt. Aber auch eine Überprüfung nach Beendigung des Schreibens ist möglich.

Suchmaschine
Diese *Webadressen* helfen dir bei der Suche nach Informationen im Internet. Du kannst Begriffe, Themen oder Namen eingegeben und erhältst dann eine geordnete Übersicht aller Internetseiten, auf denen du etwas zu deinem Suchwort findest. In Deutschland sind besonders Yahoo (www.yahoo.de) und Lycos (www.lycos.de) bekannt und beliebt.

Textverarbeitungsprogramm
Diese Programme ermöglichen dir das Schreiben und Verändern von Texten im Computer. Der von dir über die Tastatur eingegebene Text wird auf dem Bildschirm angezeigt. Jederzeit kannst du während des Schreibens zum Beispiel Wörter ändern, einen Satz an eine andere Stelle setzen, Text löschen oder an jeder beliebigen Stelle einfügen. Häufig ist auch eine *Rechtschreibprüfung* möglich.

Thesaurus
Die meisten *Textverarbeitungsprogramme* enthalten ein Wörterbuch. Mit Hilfe dieser Wortschatzsammlung (= Thesaurus) kannst du nicht nur die *Rechtschreibung* überprüfen, sondern dir auch Wörter ähnlicher Bedeutung für einen Text vorschlagen lassen.

Webadresse
Um zu einer ganz bestimmten Seite im Internet zu gelangen, benötigst du die genaue Adresse. Sie erfährst du zum Beispiel entweder über *Suchmaschinen* oder durch Veröffentlichungen in Zeitschriften, in Büchern oder im Fernsehen.

REGISTER
A BIS Z

TEXT- UND BILDQUELLENVERZEICHNIS

Textquellenverzeichnis

S. 10 Ursula Wölfel: Hannes fehlt. Aus: Die grauen und die grünen Felder, Anrich, Mühlheim 1970 • S. 20: Bodo Bach: Spülmaschinenfest. Aus Bodo Bach: Ich verabscheu' mich – Special Edition, Sony 2001, CD3788419 • S. 21: Hanna Hanisch: An einem Tag. Aus: Geh und spiel mit dem Riesen. Hrsg. von H.-J. Gelberg. Weinheim und Basel: Beltz Verlag 1971, S. 20 • S. 22: Erich Fried: Humorlos. Aus: Anfechtungen, Klaus Wagenbach, Berlin 1987 • S. 35: Nach Martina Beranek: Der Marathonläufer. Aus: Sketche und Einakter. Eva Bernhart-Kopp, Sandra Klaucke. Grafenstein Verlag, München 1987, S. 228 f. (gekürzt und sprachlich vereinfacht) • S. 40: Irina Korschunow: Vielleicht wird alles gut. Aus: Petzen ist gemein und andere Schulgeschichten. Arena Verlag, Würzburg 1997 • S. 46: Paul Maar: Lippels Fantasiegeschichte. Aus: Paul Maar: Lippels Traum. Verlag Friedrich Oetinger, Hamburg 1981, S. 61 • S. 53: Das riesengroße Ei. Aus: Der bunte Hund. Nr. 47, Beltz & Gelberg, Weinheim 1997, S. 10 • S. 53: Jana im Ei. Aus: Der bunte Hund. Nr. 47, Beltz & Gelberg, Weinheim 1997, S. 10 • S. 54: Paul Maar: In der neuen Klasse. Aus: Robert und Trebor. Jugendroman. Oetinger Verlag, Hamburg 1985, S. 29 ff. • S. 59: Jürg Schubiger: Was hast du? Aus: Der Bunte Hund 2/1981. Weinheim und Basel: Beltz & Gelberg, S. 44 • S. 55: Gina Ruck Pauquèt: „Ist ja nichts für ein Mädchen". Aus: KinderBilderLese-Buch. Wir sind Freunde. Elefanten-Press-Verlag, Berlin 1983, S. 112 • S. 67: Susanne Kilian: Der Brief. Aus: Kinderkram. Kinder-Gedanken-Buch. Erzählungen und Texte. Beltz & Gelberg Verlag, Weinheim und Basel 1987, S. 82 • S. 73: Günter Karl: Der Erfinder Fritz Pillmann berichtet. Aus: Der fliegende Robert. Viertes Jahrbuch der Kinderliteratur. Hrsg. von H. J. Gelberg. Verlag Beltz & Gelberg, Weinheim 1977, S. 17 • S. 79: EinschwerzulesenderText. Aus: Leo 5, S. 6, EKL, 2000 • S. 81: Rainer Kirsch: Die Flundern von Flandern. Aus: Alberts bunte Bilderbude, Bd. 1, Der Kinderbuchverlag, Berlin 1989 • S. 81: Jürgen Spohn: Das-Am-Ende-von-Gedicht. Aus: Ders.; Co. Barbara Spohn: Drunter & Drüber, Verse zum Vorsagen, Nachsagen, Weitersagen. Omnibus Verlag, München 1996 • S. 82: Georg Bydlinski: Das Löwenzahngedicht (Originalüberschrift: Mit einem abgeblühten Löwenzahn). Aus: Macht die Erde nicht kaputt. Herder Verlag, Freiburg 1984 • S. 82: Massive Töne: Traumreise. Ritter, Jean-Christoph/Caiola Dos Santos, Joao © FROM HERE TO FAME; EDITIOB DELABEL EDITIONS SARLEM/Music Publishing (Germany GmbH), Hamburg • S. 83: Bertolt Brecht: Drachenlied. Aus: Drachenlied. Gesammelte Werke. Gesammelte Werke 8 Bd., Gedichte (Bd. 4,3), Edition Suhrkamp, Frankfurt a. M. 1967, S. 970/971 • S. 83: Jürgen Spohn: Wie Wo Wann Warum. Aus: Ders.; Co. Barbara Spohn: Drunter & Drüber. Verse zum Vorsagen, Nachsagen, Weitersagen. Omnibus Verlag, München 1996 • S. 85: Märchenauszüge: Der Wolf und die sieben Geißlein, Der Froschkönig, Die Bremer Stadtmusikanten, Rotkäppchen, Aschenputtel, Tischlein deck dich. Aus: Kinder- und Hausmärchen, gesammelt durch die Gebrüder Grimm, Winkler Verlag, München 13. Aufl. 1990 • S. 86: Die Bienenkönigin. Aus: Kinder- und Hausmärchen, gesammelt durch die Gebrüder Grimm, Winkler Verlag, München 13. Aufl. 1990, S. 362–364 • S. 92: Janosch: Der Fundevogel. Janosch erzählt Grimms Märchen. Neu erzählt für Kinder von heute. Beltz & Gelberg Verlag, Weinheim und Basel 1977, S. 17 • S. 95: Äsop. Nach: Heinrich Steinhöwel. Aus: http://www.laurentianum.waf-online.de/lgphae03.htm#aesop2. Die Originaltexte in lateinisch-frühneuhochdeutscher Fassung von Heinrich Steinhöwel aus Ulm (um 1476!) wurden hier von einer Lateinklasse des Gymnasiums in Warendorf (Gymnasium Laurentianum) übersetzt. • S. 96: Wie sich Äsop mit einer Fabel rettete. Nach: http://www.laurentianum.waf-online.de/lgphae03.htm#aesop2 • S. 101: Äsop: Der alte Löwe und der Fuchs. Aus: http://gutenberg.spiegel.de/aesop/loewfuch.htm • S. 102: Äsop: Der aufgeblasene Frosch. Aus: Gudrun Raab-Demski: Die Fabel. Ernst Klett Verlag, Stuttgart 2002, S. 12 • S. 103: Friedrich von Hagedorn: Der ewige Friede. Aus: Gudrun Raab-Demski: Die Fabel. Ernst Klett Verlag, Stuttgart 2002, S. 12 • S. 104: Reltis: Die Steinerne Brücke zu Regensburg. Aus: Ludwig Schwab: Regensburg – Heimat und Welt. Mittelbayerische Druckerei und Verlagsgesellschaft, Regensburg 1950 • S. 106: Josef Rappl; Otto Eichenseer: Warum die Duggendorfer keinen Hl. Geist mehr haben. Aus: Gustl Motyka (Hrsg.): Sagen und Legenden aus dem Land um Regensburg. Buchverlag der Mittelbayerischen Zeitung, Regensburg 1989, S. 39 • S. 107: Gustl Motyka: Die Sage von der Burg Löweneck. Aus: Gustl Motyka (Hrsg.): Sagen und Legenden aus dem Land um Regensburg. Buchverlag der Mittelbayerischen Zeitung, Regensburg 1989, S. 39 • S. 107: Otto Rammelmaier, Dieter Posset: Das Zwergenloch. Aus: Gustl Motyka (Hrsg.): Sagen und Legenden aus dem Land um Regensburg. Buchverlag der Mittelbayerischen Zeitung, Regensburg 1989 • S. 108: Sisyphos. Nach: Dimiter Inkiow. Orpheus,Sisyphos & Co., Gabriel Verlag 2001, Stuttgart/Wien • S. 112: Tonke Dragt: Der Auftrag. Aus: Der Brief für den König, Beltz & Gelberg Verlag, Weinheim 1977 (Neuausgabe 1998) S. 5–8 • S. 117: Uwe Timm: Rennschwein Rudi Rüssel (Auszug), DTV junior, München 15. Aufl. 2001, S. 28–31 • S. 122: Der Alaskan Husky. Aus: SWR-Olis Wilde Welt-Tierlexikon. http://www.kindernetz.de/oli/tier-dbdateien • S. 124: Uta Tennigkeit: Die wilde Schwester aus dem Wald. Aus: Abenteuer Wildnis. Die schönsten Tierreportagen aus aller Welt. Edition Pro Terra, Garbsen 1993, S. 178 • S. 126: Walter Karpf: Eine raffinierte Spinnerin. Aus: Abenteuer Wildnis. Die schönsten Tierreportagen aus aller Welt. Edition Pro Terra, Garbsen 1993, S. 56 (gekürzt und sprachlich vereinfacht) • S. 129/130: Wo sucht die Blinde Kuh überhaupt? Aus: www.blinde-kuh.de (sprachlich vereinfacht) • S. 136: Shelley Tanaka; Laurie McGaw: Eine sensationelle Entdeckung. Aus: Die Welt des Gletschermanns, Carlsen Verlag, Hamburg 1997, S. 4 u. 7 • S. 138: Shelley Tanaka; Laurie McGaw: Der Gletscher als Tiefkühltruhe. Aus: Die Welt des Gletschermanns, Carlsen Verlag, Hamburg 1997, S. 6 • S. 140: Shelley Tanaka; Laurie McGaw: Die Ausrüstung des Gletschermannes. Aus: Die Welt des Gletschermannes, Carlsen Verlag Hamburg 1997, S. 12 • S. 141: Shelley Tanaka; Laurie McGaw: Wie Ötzi wirklich aussah. Aus: Archäologie. Gerstenberg Verlag, Hildesheim 1995, S. 42–44 und aus: Die Welt des Gletschermanns, Carlsen Verlag, Hamburg 1997, S. 45 • S. 143: Wilhelm Busch: Max und Moritz. Eine Bubengeschichte in sieben Streichen. (Auszug). Pestalozzi Verlag, München 2000 • S. 144: Goscinny: Asterix und Kleopatra. Ein großes Abenteuer in vielen bunten Bildern (Auszug). Delta Verlag, Stuttgart 1992 • S. 145: Wilhelm Busch: Max und Moritz (Auszug). Pestalozzi Verlag, München 2000 • S. 150: Hans Christian Morgenstern: Wenn es Winter wird. Aus: Klein Irmchen. Zbinden Verlag Basel 1978, S. 51 • S. 151: Hans Christian Andersen: Der Schneemann. Aus: Gesammelte Märchen. Manesse Verlag, Zürich ohne Jahresangabe • S. 152: Johann Wolfgang von Goethe: Die Frösche. Aus: Goethe. Werke. Hrsg. von Erich Trunz, Wegener Verlag, Hamburg 1958, Band 1, S. 336 • S. 152: Joseph von Eichendorff: Die Sperlinge. Aus: Eichendorff. Werke. Hrsg. von G. Baumann Cotta'sche Buchhandlung, Stuttgart 1953, S. 190 • Frantisek Halas: Was der Frühling alles tun muss. Aus: Ein Reigen geht um die Welt. Hrsg. von Hans Baumann, Sigbert Mohn Verlag, Gütersloh 1965, S. 14 (© 1988 Elisabeth Baumann, Murnau) • S. 153: Äsop: Eine Schwalbe macht noch keinen Sommer. Aus: Der Ochse und das Harfenspiel. Fabeln. Verlag Neues Leben, Berlin 1974 • S. 153: Ilse Kleberger: Sommer. Aus: WDR Lachgeschichten. http://www.die-maus.de/lachgeschichten/sommer/ • S. 153: Joachim Ringelnatz: Herbst. Aus: Das Gesamtwerk. Hrsg. von Walter Pape, Hensel Verlag Berlin 1982 ff. • S. 153: Friedrich Hebbel: Herbstbild. Aus: http://hor.de/anthologie/friedrich_hebbel/herbstbild.htm • S. 154: Georg Britting: Drachen. Aus: Gesamtausgabe in Einzelbänden. Gedichte 1919–1939. Nymphenburger Verlagshandlung, München 1957, S. 91 • S. 154: Theodor Fontane: Herr von Ribbeck auf Ribbeck im Havelland. Aus: Sämtliche Werke. Abt. 1 Bd. 6, Carl Hanser Verlag, München 1964, S. 255 • S. 155: Bertolt Brecht: Der Kirschdieb. Aus: Bertolt Brecht. Gesammelte Werke in 8 Bänden, Bd. 4, Suhrkamp Verlag, Frankfurt a. M. 1967, S. 816 • S. 156: Von dem Mädchen, das alles zurückforderte. Südafrikanisches Märchen. Aus: Östlich der Sonne – westlich vom Mond. Artia Verlag, Prag 1981, S. 80/81 • S. 158: Hanna Hanisch: Kein Freund für Kemal. Aus: Am Montag fängt die Woche an. Hrsg. von H. J. Gelberg, Beltz Verlag, Weinheim & Basel 1990, S. 42 ff. • S. 160: Fredrik Vahle: Ayçe und Jan. Aus: Aktive Musik Verlagsgesellschaft mbH, Dortmund • S. 161: Erwin Grosche: Das Fremde. Aus: Oder die Entdeckung der Welt. 10. Jahrbuch der Kinderliteratur. Beltz & Gelberg Verlag, Weinheim und Basel 1997, S. 56 • S. 162: Das Leben des Louis Braille. Aus: www.ph-heidelberg.de/wp/hu-neke/hils/lernumg/blischri/Blind6 • S. 163: Jakob Streit: Ein blinder Junge erfindet die Blindenschrift. Aus: Verlag Freies Geistesleben, Stuttgart 2002, Auszüge: S. 70–72; S. 75–77 • S. 166: Rüdiger Severin: Handy-Verbot. Aus: Klasse Lesen5, S. 46, Ernst Klett Schulbuchverlag, Leipzig 2000 • S. 168: Wie Till Eulenspiegel einem Esel das Lesen beibrachte. Gesetzt von Herbert Lutz. Aus: Leo 6, Ernst Klett Schulbuchverlag, Leipzig 2000, S. 62 f. • S. 170: Wer am besten reimt, wird Bürgermeister in Schilda. Gesetzt von Herbert Lutz. Aus: Leo 6, Ernst Klett Schulbuchverlag, Leipzig 2000, S. 64 f. • S. 173: Irmela Wendt: Die Katastrophe. Aus: Lernen ist wie Atmen. Irmela Wendt: Die Schatzkiste, München 2001, S. 32 • S. 182: Rudyard Kipling: Abenteuer im Dschungel. Aus: Das Dschungelbuch. Co. Arena Verlag Würzburg 1993 • S. 192: Hans-Werner Huneke: Rezepte (Originalbeitrag)

Bildquellenverzeichnis

S. 28: Jeff Rotman, Lawrenceville, NJ 08648; Corbis (Kennan Ward), Düsseldorf; Jeff Rotman, Lawrenceville, NJ 08648 • S. 29: DPA (Ingo Wagner) • S. 47: Cover Paul Maar: Lippels Traum. Friedrich Oetinger Verlag Hamburg • S. 48: Nikolaus Heidelbach, Köln • S. 69: Günter Karl: Die Flugmaschine. Aus: Hans-Joachim Gelberg (Hrsg.): Der fliegende Robert, Beltz & Gelberg Verlag, Weinheim und Basel 1991; Günter Karl, Mannheim • S. 75: www.bmu-kids.de/muellspiel • S. 111: Cover Tonke Dragt: Der Brief für den König Beltz & Gelberg Verlag, Weinheim und Basel 1998/2000 • S. 116: Cover Uwe Timm: Rennschwein Rudi Rüssel. © für das Umschlagbild von Gunnar Matysiak: Deutscher Taschenbuchverlag, München 1993 • S. 120: MEV • S. 121: Cover Das große Tierlexikon. © Dorling Kindersley Verlag; • S. 120/121: © Ulrich Schlotterbeck • S. 124: Corbis Düsseldorf (Yves Forestier), Düsseldorf • S. 125: Corbis • S. 126: Tierbildarchiv Angermayer, Holzkirchen • S. 128: www.br-kinderinsel.de • S. 129/130/132: www.blinde-kuh.de • S. 138: Shelley Tanaka; Laurie McGaw: Die Welt des Gletschermannes, Carlsen Verlag Hamburg 1997 • S. 137/140: Südtiroler Archäologiemuseum, Bozen, www.icemean.it. Foto: Au • S. 139: aus: Die Herkunft von Ötzi, in: Spektrum der Wissenschaft, Juli 2003, S. 30–39 • S. 141: aus: Die Gletschermumie, G. Sulzenbacher, Folio Verlag • S. 142: Oswald Watzke (Hrsg.): Auer Lesebuch 6. Auer Verlag, Donauwörth 1986. • S. 143: aus: Wilhelm Busch: Max und Moritz. Eine Bu-bengeschichte in sieben Streichen. (Auszug). Pestalozzi Verlag, München 2000 • S. 144: Goscinny: Asterix und Kleopatra. Ein großes Abenteuer in vielen bunten Bildern (Auszug). Delta Verlag, Stuttgart 1992 • S. 145: aus: Wilhelm Busch: Max und Moritz. Eine Bubengeschichte in sieben Streichen. (Auszug). Pestalozzi Verlag, München 2000 • S. 145: aus: Klaus Sauerbeck: 's Lem si a Radl. Verlag Lassleben, Kallmünz 2. unveränd. Aufl. 2002 • S. 148/149: aus: Kurt Lange; Max Hirmer (Hrsg.): Ägypten. Architektur, Plastik, Malerei. Hirmer Verlag, München und Zürich 1978 (Sonderausgabe) • S. 218: Regenwaldhaus Hannover Herrenhausen: © Landschaftsarchitektur Diekmann. Hannover • S. 222/223: MEV • S. 226: Corbis (Craig Tuttle), Düsseldorf